打造中国经济增长第四极
长江中游城市群发展战略研究

长江中游城市群发展战略研究课题组　著

中国社会科学出版社

图书在版编目（CIP）数据

打造中国经济增长第四极：长江中游城市群发展战略研究／
长江中游城市群发展战略研究课题组著 . —北京：中国社会科学
出版社，2016.6

ISBN 978 - 7 - 5161 - 8125 - 6

Ⅰ.①打…　Ⅱ.①长…　Ⅲ.①长江中下游—城市群—发展—
研究　Ⅳ.①F299.275

中国版本图书馆 CIP 数据核字（2016）第 099850 号

出 版 人　赵剑英
责任编辑　张　林
责任校对　高建春
责任印制　戴　宽

出　　　版　中国社会科学出版社
社　　　址　北京鼓楼西大街甲 158 号
邮　　　编　100720
网　　　址　http://www.csspw.cn
发 行 部　010 - 84083685
门 市 部　010 - 84029450
经　　　销　新华书店及其他书店

印刷装订　三河市君旺印务有限公司
版　　　次　2016 年 6 月第 1 版
印　　　次　2016 年 6 月第 1 次印刷

开　　　本　710×1000　1/16
印　　　张　17
插　　　页　2
字　　　数　262 千字
定　　　价　66.00 元

课题组名单

课题研究指导小组

王伟光　中国社会科学院院长

李鸿忠　湖北省委书记、人大常委会主任

王国生　湖北省委副书记、人民政府省长

李培林　中国社会科学院副院长

郭生练　湖北省人民政府副省长

尹汉宁　湖北省委原常委、原宣传部部长

王晓东　湖北省委常委、人民政府常务副省长

晋保平　中国社会科学院原副秘书长

课题研究工作小组

组　　长：晋保平　中国社会科学院原副秘书长

姚中凯　湖北省委副秘书长

程用文　湖北省人民政府副秘书长

副组长：潘家华　中国社会科学院城市发展与环境研究所所长

喻立平　湖北省委宣传部副部长

宋亚平　湖北省社会科学院院长

课题研究参与名单（按姓氏笔划为序）

王　果　　王业强　　王利伟　　王凌燕　　王海成

邓　洲　　叶振宇　　白　洁　　冯永晟　　朱焕焕

刘佳骏　　齐　飞　　齐国占　　江秋凤　　孙育平

苏红键　　李国庆　　李晓华　　何　超　　宋亚平

张　宁　　张　莹　　张　静　　张小乙　　张宜红

张晓梅　　陈　昭　　陈　耀　　林　琳　　罗　勇

胡　雷　　侯小菲　　姜　玮　　姜俊华　　贺培育

秦尊文　　袁北星　　晋保平　　夏杰长　　黄　铉

黄群慧　　龚建文　　麻智辉　　梁本凡　　彭智敏

潘家华　　魏后凯　　魏登才

目　录

序　一

当前我国正处于加快转变经济发展方式的关键时期。实现经济发展方式的转变，保持中国经济的长期平稳较快发展，关键在于如何利用好城镇化，走出一条具有中国特色的新型城镇化发展道路。改革开放 30 多年来，国内经济格局深刻调整，中部效应日益凸显。顺应这一态势加速中部崛起，需要核心板块和支点发挥支撑、引领和带动作用，形成新的经济增长极。长江中游城市群作为湘鄂赣三省加强合作，推进工业化、城镇化和农业现代化协调发展提供操作平台，已显现出巨大的聚合带动效应。湘鄂赣三省联手推进长江中游城市群发展，正是因时顺势之举，对于促进中部地区加快崛起，构建我国东、中、西部区域经济协调发展的新格局，具有重大战略意义。

为贯彻落实《国家新型城镇化规划 2014—2020》和国务院《关于依托黄金水道推动长江经济带发展的指导意见》，2014 年以来，中国社会科学院和湖北省人民政府联合发起并支持相关单位开展长江中游城市群发展战略研究。课题组在大量调研分析的基础上，完成了研究报告，提出了许多政策建议，对国家实施一带一路建设和长江经济带建设，推进长江中游城市群在"十三五"时期成为创新、协调、绿色、开放和共享发展的基地和经济增长的引擎有着积极的参考价值。

一是要促进城市群产业对接合作，打造世界级产业集群。加强产业对接协作是长江中游城市群形成更紧密经济联系和提升区域经济竞争力的有效途径，是促进长江经济带产业协同发展与优化布局的重要抓手。根据长江中游城市群产业发展基础，可以围绕汽车、轨道交通、工程机械、金属材料加工等主导产业，依托武汉、长沙、南昌等省会城市以及株洲等工业基础较好的城市，建设企业总部基地、研发设计中心以及整机组装和关键零部件加工制造基地，其他城市则可利用自身优势发展关联配套产业，抓住零部件加工、元器件制造、外包制造、铸锻件加工等生产环节，并与总部基地或主机厂之间形成紧密的产业链协作。在长期专业分工的基础上，支持一批专业特色城市专注产业高附加值生产环节的生产。为此，要加快编制长江中游城市群产业发展规划，重点从培育世界级产业集群、支持优势企业开展跨地区产业整合、建设省际产业合作区等方面着手，促进长江中游城市群产业一体化发展。

二是要在产业合作的同时，加快推进城市群商品市场、要素市场、金融市场等一体化，最终实现城市群经济一体化。商品市场一体化方面，要积极建设全国性粮食、棉花、油脂等农产品大型中心批发市场，巩固发展一批全国性、区域性的大型工业品批发市场，形成 3—5 个交易额过百亿、现代化管理程度较高的消费品市场。要素市场建设方面，要积极发展城市群劳动力市场，优化整合城市群人力资源，构筑人力资源共享平台。加强武汉等中心城市科技人才对区域发展的支持，拓展周边城市劳动力资源在中心城市的就业空间，同时充分利用中心城市的科教资源，为周边城市培养高素质劳动力资源。加强产权交易市场建设，发展一体化的技术市场，以市场为导向，建设区域性的技术创新体系，提高城市群技术创新能力。金融市场方面，要充分发挥中心城市金融服务功能，打破城市之间金融市场方面人为设置的各种障碍，形成城市群内统一的金融市场体系，促进金融资源在城市群内自由、快速流动及合理、高效配置。

三是要优化城市群城镇体系、促进就近城镇化，支撑国家新型城镇化战略。根据长江中游城市分布现状和未来发展趋势，要在做大做强武汉市的基础上，加强武汉与长沙、岳阳、南昌、九江的经济联系与合作，共同促进长江中游城市群快速发展，带动中部地区崛起。要在"大中小城市和小城镇协调发展"原则的指导下，因地制宜，分类指导，构建合理的城镇体系。与此同时，长江中游城市群具有良好的就近城镇化基础，要加快促进产业发展，提高对本地劳动力的吸纳能力，促进外出务工人员回乡就业、创业，为实现国家新型城镇化规划中 "引导约 1 亿人在中西部地区就近城镇化"的战略目标做出积极贡献。

四是要加快推进基础设施网络化建设，优化区域合作载体。要发挥长江中游城市群整体优势，按照统一规划、合理布局、分步实施的原则，加快机场、公路、铁路、航道、港口、防洪等基础设施网络建设。同时要加快信息网建设，发展邮电通信和信息网络，建设以中心城市为枢纽的"信息高速公路"，构建数字化、宽带化、智能化、综合化的信息化基础设施，加快建设城市群一体化的金融、电子商务、电子政务等信息系统，积极推进教育科研信息化进程，规划和建设城市群公用信息交换平台，大力推动城市群企业信息化、农业信息化和公共领域的信息化建设。

五是要加快建立完善城市群公共服务和社会治理协调机制，促进社会事业繁荣发展。要积极适应长江上中下游劳动力转移流动的现状和趋势，加强跨区域职业教育合作和劳务对接，推进统一规范的劳动用工、资格认证和跨区域教育培训等就业服务制度。加快推进落实基本养老保险、基本医疗保险等社会保险关系在城市群内的转移接续政策。应对长江事故灾难、环境污染、公共卫生等跨区域突发事件，构建协同联动的社会治理机制。建立区域协调配合的安全监管工作机制，加强跨区域重点工程项目的监管，有效预防和减少生产安全事故。完善集中连片特殊困难地区扶贫机制，加大政策支持力度。

六是要加快生态补偿机制创新，合作推进城市群生态文明建设。长江中游城市群依托江湖，分散在长江及支流沿岸，兼负经济发展和生态屏障双重功能。生态建设和环境保护是实现长江中游城市群健康发展的核心。针对长江中游城市群的特点，重点需要创新生态补偿机制，强化生态文明建设，促进经济环境协调发展。要从耕地、湿地、水环境、空气污染等方面建立联防与生态补偿机制，完善长江环境污染联防联控机制和预警应急体系。鼓励和支持沿江省市共同设立长江水环境保护治理基金，加大对环境突出问题的联合治理力度。按照"谁受益谁补偿"的原则，探索上中下游开发地区、受益地区与生态保护地区试点横向生态补偿机制，依托耕地、湿地等重点生态功能区开展生态补偿示范区建设。

长江中游城市群发展意义重大，任务繁重。希望这一研究成果的出版，有助于进一步深化和拓展研究。

王伟光

序　二

2014 年 9 月，国务院出台《关于依托黄金水道推动长江经济带发展的指导意见》；12 月，中央经济工作会议将"一带一路"、京津冀协同发展、长江经济带确定为三大区域战略重点；2015 年 3 月，在全国"两会"上，国务院《政府工作报告》明确提出统筹实施"一带一路"、京津冀协同发展、长江经济带"三个支撑带"战略；4 月，国务院批复同意《长江中游城市群发展规划》，这是《国家新型城镇化规划（2014—2020 年）》出台后国家批复的第一个跨区域城市群规划。《长江中游城市群发展规划》的颁布，为加快长江经济带开放开发明确了一个更加凸显的焦点，为湘赣鄂三省发展带来了千载难逢的战略机遇。

万里长江的开发关系着中华民族子孙后代的福祉，作为长江中游地区重要省份，湖北肩负着长江开发与保护的重任，必须正确处理好人文、生态与经济之间的关系，努力做好文化长江、生态长江和经济长江三篇大文章。

要涵养文化长江。长江最鲜明的特征，就是流淌了数千年的历史文化，从《诗经》中《周南》《召南》的吟唱，到屈原《离骚》的高歌；从谪仙李白的"千里江陵"，到诗圣杜甫的"不尽长江"；从无数革命志士的矢志不渝，到一代伟人毛泽东的挥斥方遒，长江文化深深扎根于民族文化之中，滋润着华夏文明的发展壮大。长江中游城市群建设离不开长江文化的支撑，只有将长江文化研究透彻、发展壮大，才能在历史长河中看清当前所处的形势，明确未来发展的方向，才能充分发挥文化凝聚力，跳出区域建设的局限性，发挥时代竞争的优越性，真正为长江中游城市群的发展定准位、谋好局、铺平路。

要建设生态长江，长江的发展历经了自然长江、治理长江和生态长江三个阶段。在自然长江阶段，长江为沿岸百姓提供丰富自然馈赠的同时，也因洪水泛滥造成了深重的灾难。在治理长江阶段，为使长江安澜，长江流域各个地区积极改造长江，疏浚河道、修筑堤坝，给百姓生活带来了福祉，但也造成了一定程度的生态破坏。如今，进入生态长江阶段，只求索取不加保护的开发方式已经不合时宜，必须正确处理好长江保护与开发之间的关系，将促进人水和谐作为长江中游城市群建设的战略选择，树立绿色标准、把好绿色关口、守住绿色门槛。

要繁荣经济长江。加快推进长江中游城市群建设，是区域经济一体化的必然选择，是产业梯度转移的内在要求，是区域协调发展的客观需要，对于促进中部地区全面崛起、探索新型城镇化建设道路、提高长江全流域开放开发水平具有重要的现实意义。国务院批复同意《长江中游城市群发展规划》，这是中央推动长江经济带发展的重要举措，为中部地区经济社会发展带来了前所未有的重大机遇。湖北将始终秉持"发展共赢"的原则，积极携手长江中游各兄弟省份，不断拓展合作领域，提升合作层次，努力把长江中游城市群打造成为我国继长三角、珠三角、环渤海之后新的增长极，为长江经济带开放开发作出新的更大贡献！

李鸿忠

第一章

长江中游城市群发展基础与潜力[①]

　　长江中游城市群是新常态下中国经济持续快速发展的重要战略支撑，是确保未来较长时期中国长江经济带实现持续中高速增长的核心主导地区和最大潜力所在。从长远发展看，长江中游城市群与长三角、珠三角、京津冀三大城市群在同一层面，均位于全国城市群体系的顶端，具备建设世界级特大城市群的基础和条件，未来的发展潜力巨大。如果长江中游城市群能够充分发挥其交通区位、科技教育、要素成本、承载能力和后发优势，凝聚成一股强大的合力，将完全有条件和能力建设成为继长三角、珠三角（含港澳）和京津冀之后，引领中国经济持续快速发展的第四极，成为支撑中国经济增长的四大核心区之一，由此进一步扩展中国经济的发展空间。

一　长江中游城市群范围的界定

（一）关于长江中游城市群范围的争论

　　所谓城市群（Urban Agglomerations），是指在特定地域范围内，若干不同规模等级的城镇及其腹地，依托发达的基础设施网络，共同发展形成的集约紧凑、联系紧密、功能互补、等级有序，并最终实现一体化的城镇群体。可以说，城市群就是众多城镇在特定地域范围形成的有机体。一般地讲，城市群具有五个基本特征，即拥有核心城市、形成等级体系、形成一体化格局、

---

　　① 本章领衔专家魏后凯，执笔王业强、苏红键、朱焕焕、王利伟，罗勇等参加了调研和讨论。

范围不断演变和具有不同的层级。较高层级的城市群一般由多个相互邻近的较低层级的城市群有机组合而成（魏后凯、成艾华，2012）。所以，通常也把城市群称为城市集群（Urban Cluster）。长江中游城市群就是由武汉城市圈、长株潭城市群和环鄱阳湖城市群有机组成的城市集群。由于长江中游城市群仍处于不断发展和演变之中，无论是政界还是学术界，目前对长江中游城市群的空间范围均存在较大争论。

从政府层面讲，关于长江中游城市群空间范围的争议主要集中在"三省论"，还是"四省论"（表1-1）。2006年4月，中共中央、国务院颁布《关于促进中部地区崛起的若干意见》提出"以省会城市和资源环境承载力较强的中心城市为依托，加快发展沿干线铁路经济带和沿长江经济带"，为长江中游城市群的建设奠定了基础。2007年武汉城市圈、长株潭城市群"两型社会"综合配套改革试验区同时获批，2009年鄱阳湖生态经济区又获得国务院批准，这标志着长江中游地区已经全面上升到了国家战略层面。2010年12月，国务院颁布《全国主体功能区规划》，首次明确提出长江中游地区"位于全国'两横三纵'城市化战略格局中沿长江通道横轴和京哈京广通道纵轴的交汇处，包括湖北武汉城市圈、湖南环长株潭城市群、江西鄱阳湖生态经济区"。2012年2月，为落实国家主体功能区规划，加快构建长江中游城市群建设，鄂湘赣三省共同签署了《加快构建长江中游城市集群战略合作框架协议》，提出以武汉、长沙、南昌为核心，组合沿长江、环洞庭湖、环鄱阳湖的若干城市，通过整体规划和集成，形成跨省域的经济一体化城市集群。 2012年8月27日，国务院颁布《国务院大力促进中部地区崛起战略的若干意见》，第一次在政府文件中明确了"长江中游城市群"的概念，提出"鼓励和支持武汉城市群、长株潭城市群和环鄱阳湖城市群开展战略合作，促进长江中游城市群一体化发展"。2012年12月，时任国务院副总理李克强在九江主持召开区域发展与改革座谈会，在谈到长江中游城市群时，建议将安徽纳入。2013年2月，鄂湘赣皖四省省会城市达成《武汉共识》，倡议联手打造以长江中游城市群为依托的中国经济增长"第四极"。同年9月，为全面落实《国务院关于大力实施促进中部地区崛起战略的若干意见》的有关要求，国家发改委在武汉召开长江中游城市群一体化发展规划前期工作会议，并组织鄂湘赣皖四省相关部门就推进一体化规划编制工作进行部署,这标志着长江中游城市群规划建设步入"务实"阶段。在这次会议上,安徽省发改委党组成员、总工程师刘健则建议,"中四角"应在武汉城市圈、长株潭城市群、鄱阳湖生态经济区、皖江城市带等四省核心区域的基础上,延伸到周边地区,"具体到安徽,应将以皖江城市带为主体的江淮城市群整体纳入"。2014年9月25日国务院颁布的《关于依托黄金水道推动长江经济带发展的指导意见》明确指出,要"增强武汉、长沙、南昌中心城市功能,促进三大城市组团之间的资源优势互补、产业分工协作、城市互动合作,把长江中游城市群建设成为引领中部地区崛起的核心增长极和资源节约型、环境友好型社会示范区",并将安徽省纳入长江三角洲城市群进行规划。由此,在政府层面结束了长江中游城市群的"三省"与"四省"、"中三角"与"中四角"之争。

表1-1　　　　指导长江中游城市群建设的相关文件及会议

发布时间	文件(会议)名称	内容
2006 年 4 月	《关于促进中部地区崛起的若干意见》	以省会城市和资源环境承载力较强的中心城市为依托,加快发展沿干线铁路经济带和沿长江经济带
2010 年 12 月	《全国主体功能区规划》	长江中游地区"位于全国'两纵三横'城市化战略格局中沿长江通道横轴和京哈京广通道纵轴的交汇处,包括湖北武汉城市圈、湖南环长株潭城市群、江西鄱阳湖生态经济区"
2012 年 2 月	《加快构建长江中游城市集群战略合作框架协议》	以武汉、长沙、南昌为核心,组合沿长江、环洞庭湖、环鄱阳湖的若干城市,通过整体规划和集成,形成跨省域的经济一体化城市集群
2012 年 8 月	《国务院大力促进中部地区崛起战略的若干意见》	鼓励和支持武汉城市圈、长株潭城市群和环鄱阳湖城市群开展战略合作,促进长江中游城市群一体化发展
2012 年 12 月	李克强"九江区域发展与改革座谈会"上的讲话	建议将安徽纳入长江中游城市群发展规划
2013 年 2 月	《武汉共识》	鄂湘赣皖四省联手打造以长江中游城市群为依托的中国经济增长"第四极"
2013 年 9 月	长江中游城市群一体化发展规划前期工作会议	鄂湘赣皖四省参加,共同商讨长江中游城市群一体化发展

发布时间	文件（会议）名称	内容
2014年2月	《长沙宣言》	鄂湘赣皖四省将积极放大长江中游城市群的国家战略优势，共同建设具有国际竞争力的特大城市群，共同推动区域开发融合、创新发展
2014年9月	《关于依托黄金水道推动长江经济带发展的指导意见》	增强武汉、长沙、南昌中心城市功能，促进三大城市组团之间的资源优势互补、产业分工协作、城市互动合作，把长江中游城市群建设成为引领中部地区崛起的核心增长极和资源节约型、环境友好型社会示范区

从学术界看，关于长江中游城市群范围的争议主要集中在"究竟哪些城市应该纳入"的问题上（表1-2）。早在1995年，国内就有学者提出依托鄂湘赣"加速建设长江中游城市群区"（吕桦等，1995）。随后，一些学者从不同角度对推进长江中游城市群建设进行了探讨。但由于长江中游城市群还处于不断形成发展之中，因而不同学者对其范围界定具有较大差异。归纳起来，主要有五种观点：一是早期的湘鄂赣城市密集区观点，并把其范围限定在长江中游下段，南北向京广线、京九线与东西向浙赣线交汇范围内（吕桦等，1995）。二是长江中游城市带的观点，其范围包括长江中游沿线的九江、黄石、鄂州、岳阳、荆州、武汉、宜昌等7个城市，以及邻近的常德、益阳、仙桃、孝感、咸宁、随州、黄冈等城市（伍新木、黄宏伟，2002）。三是大武汉都市圈的观点，其范围以武汉城市圈为中心，向东至九江，向西至荆州，向南至岳阳，向北至信阳，包括湖北省的武汉、黄石、鄂州、黄冈、仙桃、潜江、孝感、咸宁、天门、随州、荆门、荆州，河南省的信阳，江西省的九江和湖南省的岳阳等15个城市（肖金成、汪阳红，2008）。四是"三圈合一"的观点，即以武汉城市圈、湘东北城市圈和赣北城市圈为基础构建长江中游城市群，后又把湖北宜荆荆（宜昌、荆州、荆门）城市群加入进来（秦尊文，2003，2010）。考虑到地理邻近性、功能互补性、联系紧密度、共同利益诉求、发展基础和潜力等因素，将江西省萍乡、宜春和新余纳入长江中游城市群（魏后凯、成艾华，2012）。五是"四圈（区）合一"的观点，即在湖北、

湖南、江西三省的基础上将安徽纳入，构建以武汉城市圈（含宜荆荆城市群）、长株潭城市群、环鄱阳湖生态经济区和江淮城市群为基础的长江中游城市群（湖北省社会科学院课题组，2013）。

表1-2　　　　　　**学术界关于长江中游城市范围的主要观点**

作者（时间）	主要观点
吕桦等（1995）	湘鄂赣城市密集区：“建设以武汉为中心，长沙、南昌为次中心的长江中游城市群区，加速中游经济崛起”。
伍新木、黄宏伟（2002）	长江中游城市带（14个）：以武汉为一级核心，以岳阳、宜昌、九江、黄石四城市为次级核心，以常德、益阳、鄂州、荆州为三级核心，以仙桃、孝感、咸宁、随州、黄州等城市为四级核心。
肖金成、汪阳红（2008）	大武汉都市圈（15个）：以武汉为核心，涵盖湖北的黄石、鄂州、黄冈、仙桃、潜江、孝感、咸宁、天门、随州、荆门、荆州；河南的信阳；江西的九江和湖南的岳阳。
秦尊文（2003，2010）	“三圈（区）合一”：以武汉城市圈、湘东北城市圈、赣北城市圈为基础构建长江中游城市群，后将宜荆荆城市群纳入。
魏后凯、成艾华（2012）	“三圈（群）融合”（29个）：武汉城市圈以1+8为基础将宜昌、荆州、荆门纳入；长株潭城市群以3+5为基础，将联系密切的江西萍乡纳入；环鄱阳湖城市群以南昌、九江、景德镇、鹰潭、上饶、抚州6市为基础，将邻近的宜春、新余纳入。
湖北省社会科学院课题组（2013）	“四圈（区）合一”：以武汉城市圈（含宜荆荆城市群）、长株潭城市群、环鄱阳湖生态经济区和江淮城市群为基础的长江中游城市群。

　　综上所述，关于长江中游城市群范围的界定不论是省域层面还是更具体的城市层面仍存在较大的争论。虽然国务院的指导意见已明确将安徽纳入长江三角洲城市群进行规划建设，但学术界并未就此达成一致的共识。尤其是，在具体的城市层面，长江中游城市群究竟包括哪些城市，不同学者从不同视角出发提出的范围界定差别很大。就安徽而言，从经济联系和吸引力看，各个城市究竟是趋向长江三角洲城市群还是长江中游城市群，这些均需要进行深入细致的分析研究。在下面的分析中，我们将安徽的城市也纳入进来进行

比较分析，以便从经济联系强度的角度来把握长江中游城市群的范围。

（二）长江中游城市群范围的确定

1. 模型的选取

城市群的形成与发展依托于区域经济联系的发展演化。经济联系强度空间分异特征则表征了城市群的大体空间范围。本研究采用引力模型公式衡量城市经济联系强度并确定城市群内可能的中心城市，在分析各城市与中心城市的经济隶属度的基础上确定城市群的腹地层次。

$$T_{ij}=kQ^{\alpha}_i Q^{\beta}_j /d^r_{ij} \qquad （1）$$

$$F_{ij}=T_{ij}/ \sum_{j=1}^{n} T_{ij} \qquad （2）$$

式中，T_{ij} 为 i 城市对 j 城市的经济联系强度；d_{ij} 为 i 城市到 j 城市的距离；Q_i 为 i 城市的质量（城市质量是城市经济联系强度的基础），Q_j 表示 j 城市的质量；F_{ij} 为城市 i 与城市 j 之间的经济联系强度占区域经济联系总量的比例，通常叫作经济联系隶属度。k、α、β、r 为系数，根据德尔菲法确定：$k=1$、$a=1$、$\beta=1$、$r=2$。因此，对于两城市间的经济联系强度来说，可直接写成：

$$T_{ij}=Q_i Q_j /d^2_{ij} \qquad （3）$$

2. 指标设计

（1）城市质量。利用 SPSS 软件对四省 55 个地级市（除湖北恩施自治州、神农架林区和湖南的湘西自治州外）反映城市质量高低的 14 个指标（常住人口、地区生产总值、二三产业增加值比重、财政预算收入、全社会固定资产投资、公路客运量、公路货运量、电信业务总量、本地电话年末用户数、移动电话年末用户数、国际互联网用户数、医院卫生院床位数、社会消费品零售总额、当年实际使用外资金额）做因子分析，计算出 55 个地级市的综合得分值。由于综合得分值出现负数，需要对数据进行一定的调整，以使得调整后的数据均为正值，并与原始数据大小次序特征保持一致。这里，我们选取区间[1,10]对各地级市的综合实力得分进行数据变换，数据变换公式为：

$$V'=\frac{V-\min A}{\max A-\min A}*(newmaxA-newminA)+newminA \qquad (4)$$

V'表示规范化处理后的数据，V 表示原始数据，maxA 和 minA 分别表示原数据列的最大值和最小值；newmaxA 和 newminA 分别表示数据变换映射区间的最大值和最小值。

（2）城市间的距离。考虑到在对城市经济联系强度进行测算时，城市间的直线距离并不能完全体现彼此之间的相互影响力。因此，本书采用公路交通行程距离和空间直线距离的几何平均值来衡量城市间的距离。

3．四省城市间经济联系强度分析

（1）长江中游城市群中心城市的确定

城市群是区域经济活动空间集聚的结果，其形成和发展与中心城市对腹地人口要素和经济资源的集聚及辐射和扩散有着密切的联系。基于社会经济联系、资源优化配置和空间系统组织的需要，绝大多数城市群在空间形态上都表现为核心—边缘结构，以大城市为核心，以中小城市为支撑，以周边区域为边缘腹地，形成一个完整的城市群地域空间组织。然而，考虑到长江中游城市群发展水平、空间组织结构及兼顾空间均衡原则，我们认为单中心的极核模式并不能满足长江中游城市群的发展需要，对发展水平差异不大、跨越多个省份的长江中游城市群而言，多中心将更有利于对区域的整体拉动和辐射。从表 1-3 可以看出，在四省各城市综合经济实力得分中，武汉、长沙、合肥和南昌的综合得分较高，这四个城市作为省会城市，发展水平较高，综合实力较强，能够对周边地区起到辐射带动作用，可以作为长江中游城市群中心城市的备选对象。相比较而言，在这些中心城市中，武汉的综合经济实力最强，其得分值是长沙的 1.46 倍、合肥的 2.03 倍、南昌的 2.07 倍。这表明，在长江中游城市群的规划建设中，以武汉为主中心、长沙和南昌等为副中心，共同打造多中心复合型极核（魏后凯、成艾华，2012），是完全具备条件的，也是可行的。

表 1-3　　　　　　　　长江中游地区各城市的综合经济实力得分

城市	初始得分	变换后得分	城市	初始得分	变换后得分
武汉市	**410.22**	**10.00**	**南昌市**	**134.27**	**4.83**
黄石市	5.96	2.43	景德镇市	-11.29	2.11
十堰市	-8.73	2.16	萍乡市	-11.47	2.10
宜昌市	17.98	2.66	九江市	28.53	2.85
襄阳市	22.93	2.75	新余市	-1.71	2.29
鄂州市	-18.62	1.97	鹰潭市	-23.95	1.87
荆门市	-29.52	1.77	赣州市	13.25	2.57
孝感市	-23.09	1.89	吉安市	-15.72	2.02
荆州市	-23.87	1.87	宜春市	-16.52	2.01
黄冈市	-42.34	1.53	抚州市	-36.29	1.64
咸宁市	-31.66	1.73	上饶市	-9.40	2.14
随州市	-43.92	1.50	**合肥市**	**139.28**	**4.93**
仙桃市	-47.37	1.43	淮北市	-12.92	2.08
潜江市	-45.05	1.48	亳州市	-61.01	1.18
天门市	-63.19	1.14	宿州市	-58.69	1.22
长沙市	**241.31**	**6.84**	蚌埠市	-27.04	1.81
株洲市	24.36	2.77	阜阳市	-70.42	1.00
湘潭市	10.39	2.51	淮南市	-3.47	2.25
衡阳市	-3.77	2.25	滁州市	-28.28	1.79
邵阳市	-54.85	1.29	六安市	-60.75	1.18
岳阳市	13.98	2.58	马鞍山市	26.60	2.82
常德市	4.18	2.40	芜湖市	47.98	3.22
张家界市	-37.59	1.61	宣城市	-22.06	1.91
益阳市	-40.71	1.56	铜陵市	-5.21	2.22
郴州市	11.09	2.53	池州市	-39.66	1.58
永州市	-42.64	1.52	安庆市	-13.05	2.07
怀化市	-19.17	1.96	黄山市	-19.68	1.95
娄底市	-27.63	1.80			

（2）各中心城市与其他城市间的经济联系强度分析

在四省范围内，与武汉市经济联系强度较高（表1-4），经济联系隶属度较大的城市依次为孝感市、鄂州市、黄冈市、黄石市、咸宁市和仙桃市，经济联系隶属度均高于 5%；长沙市、九江市、随州市、潜江市、岳阳市、天门市、荆州市、南昌市、合肥市、襄阳市、荆门市、宜昌市与武汉经济联系隶属度也较为密切，其经济联系隶属度均超过了1%。

表1-4　　　　武汉市与四省其他城市间的经济联系强度及隶属度

	孝感市	鄂州市	黄冈市	黄石市	咸宁市	仙桃市	长沙市	九江市	随州市
联系强度	29.47	27.78	23.84	22.38	18.01	11.08	5.21	4.83	4.67
隶属度	14.32	13.49	11.58	10.87	8.75	5.38	2.53	2.34	2.27
	潜江市	岳阳市	天门市	荆州市	南昌市	合肥市	襄阳市	荆门市	宜昌市
联系强度	4.61	4.33	3.81	3.46	3.44	2.97	2.95	2.68	2.06
隶属度	2.24	2.10	1.85	1.68	1.67	1.44	1.43	1.30	1.00
	株洲市	湘潭市	安庆市	常德市	景德镇市	新余市	六安市	芜湖市	淮南市
联系强度	1.70	1.53	1.47	1.39	1.39	1.22	1.12	1.09	1.08
隶属度	0.82	0.74	0.71	0.68	0.67	0.59	0.55	0.53	0.52
	十堰市	宜春市	马鞍山市	铜陵市	萍乡市	池州市	益阳市	衡阳市	吉安市
联系强度	0.99	0.95	0.94	0.91	0.89	0.79	0.79	0.77	0.74
隶属度	0.48	0.46	0.46	0.44	0.43	0.39	0.38	0.37	0.36
	蚌埠市	抚州市	娄底市	鹰潭市	滁州市	上饶市	郴州市	阜阳市	赣州市
联系强度	0.71	0.70	0.69	0.65	0.64	0.61	0.57	0.55	0.54
隶属度	0.34	0.34	0.34	0.32	0.31	0.30	0.28	0.27	0.26
	宣城市	张家界市	黄山市	淮北市	亳州市	怀化市	邵阳市	宿州市	永州市
联系强度	0.51	0.51	0.51	0.51	0.42	0.38	0.37	0.34	0.33
隶属度	0.25	0.25	0.25	0.25	0.21	0.19	0.18	0.17	0.16

与长沙市经济联系强度较高，经济联系隶属度较大的城市依次为湘潭市、株洲市和益阳市，经济联系隶属度均在 5%以上；岳阳市、萍乡市、常德市、武汉市、娄底市、衡阳市、宜春市、南昌市、新余市与长沙市经济联系隶属度也较高，均在 1%以上（表 1-5）。

表 1-5　　　　　长沙市与四省其他城市间的经济联系强度及隶属度

	湘潭市	株洲市	益阳市	岳阳市	萍乡市	常德市	武汉市	娄底市	衡阳市
经济强度	49.45	33.97	15.79	6.38	5.85	5.37	5.21	4.81	3.80
隶属度	30.46	20.92	9.72	3.93	3.60	3.31	3.21	2.96	2.34
	宜春市	南昌市	新余市	郴州市	邵阳市	咸宁市	黄石市	吉安市	张家界市
经济强度	3.04	2.51	2.12	1.55	1.46	1.34	1.14	1.05	0.97
隶属度	1.87	1.54	1.31	0.96	0.90	0.82	0.70	0.65	0.60
	潜江市	永州市	荆州市	仙桃市	九江市	鄂州市	宜昌市	天门市	孝感市
经济强度	0.95	0.95	0.89	0.89	0.88	0.83	0.78	0.78	0.72
隶属度	0.59	0.59	0.55	0.55	0.54	0.51	0.48	0.48	0.45
	怀化市	赣州市	黄冈市	合肥市	荆门市	襄阳市	抚州市	鹰潭市	随州市
经济强度	0.64	0.62	0.60	0.58	0.57	0.56	0.51	0.47	0.45
隶属度	0.40	0.38	0.37	0.35	0.35	0.34	0.31	0.29	0.28
	景德镇市	上饶市	安庆市	芜湖市	十堰市	铜陵市	马鞍山市	淮南市	黄山市
经济强度	0.42	0.39	0.32	0.30	0.28	0.25	0.23	0.22	0.21
隶属度	0.26	0.24	0.20	0.18	0.17	0.15	0.14	0.14	0.13
	池州市	六安市	蚌埠市	滁州市	宣城市	淮北市	阜阳市	亳州市	宿州市
经济强度	0.20	0.16	0.16	0.15	0.15	0.14	0.11	0.10	0.09
隶属度	0.12	0.10	0.10	0.10	0.09	0.08	0.06	0.06	0.05

与南昌市经济联系强度较高，经济联系隶属度较大的城市依次为九江市、抚州市、新余市、武汉市和鹰潭市，经济联系隶属度均在 5%以上；长沙市、宜春市、吉安市、景德镇市、黄石市、上饶市、萍乡市、合肥市、株

洲市、鄂州市、湘潭市、安庆市、咸宁市、赣州市、黄冈市、岳阳市和芜湖市与南昌的经济联系隶属度也较高，均超过了1%（表1-6）。

表1-6　　　　　　南昌市与四省其他城市间的经济联系强度及隶属度

	九江市	抚州市	新余市	武汉市	鹰潭市	长沙市	宜春市	吉安市	景德镇市
经济强度	6.53	4.43	4.26	3.44	2.60	2.51	2.03	1.93	1.80
隶属度	12.94	8.78	8.44	6.82	5.16	4.96	4.01	3.82	3.56
	黄石市	上饶市	萍乡市	合肥市	株洲市	鄂州市	湘潭市	安庆市	咸宁市
经济强度	1.43	1.37	1.30	1.15	1.02	1.02	0.81	0.80	0.79
隶属度	2.84	2.72	2.57	2.27	2.03	2.02	1.59	1.58	1.56
	赣州市	黄冈市	岳阳市	芜湖市	铜陵市	黄山市	孝感市	池州市	衡阳市
经济强度	0.73	0.73	0.64	0.51	0.48	0.47	0.43	0.42	0.40
隶属度	1.45	1.45	1.26	1.01	0.95	0.94	0.86	0.84	0.79
	马鞍山市	常德市	娄底市	益阳市	淮南市	仙桃市	郴州市	六安市	襄阳市
经济强度	0.38	0.38	0.36	0.36	0.35	0.31	0.29	0.28	0.28
隶属度	0.75	0.75	0.71	0.71	0.69	0.61	0.57	0.56	0.55
	宜昌市	滁州市	荆州市	宣城市	潜江市	蚌埠市	随州市	荆门市	天门市
经济强度	0.26	0.26	0.25	0.24	0.24	0.24	0.23	0.21	0.19
隶属度	0.52	0.51	0.50	0.48	0.48	0.47	0.46	0.42	0.38
	邵阳市	淮北市	永州市	张家界市	怀化市	十堰市	阜阳市	宿州市	亳州市
经济强度	0.19	0.18	0.17	0.15	0.15	0.15	0.14	0.12	0.11
隶属度	0.37	0.36	0.33	0.30	0.30	0.29	0.27	0.24	0.23

与合肥市经济联系强度较高，经济联系隶属度较大的城市依次为淮南市、芜湖市、马鞍山市、六安市、滁州市、铜陵市、蚌埠市、安庆市，经济联系隶属度均在5%以上；武汉市、宣城市、池州市、九江市、南昌市、淮北市、黄山市、宿州市、阜阳市、景德镇市和黄石市也较为紧密，经济联系

隶属度均超过了 1%(表 1-7)。

表 1-7　　　　　　合肥市与四省其他城市间的经济联系强度及隶属度

	淮南市	芜湖市	马鞍山市	六安市	滁州市	铜陵市	蚌埠市	安庆市	武汉市
经济强度	8.13	6.44	5.35	4.76	4.36	3.76	3.27	3.15	2.97
隶属度	12.94	10.25	8.52	7.58	6.95	5.99	5.20	5.02	4.72
	宜城市	池州市	九江市	南昌市	淮北市	黄山市	宿州市	阜阳市	景德镇市
经济强度	1.90	1.84	1.35	1.15	1.14	1.05	0.91	0.89	0.83
隶属度	3.03	2.93	2.14	1.82	1.82	1.66	1.45	1.41	1.32
	黄石市	鄂州市	长沙市	孝感市	亳州市	黄冈市	鹰潭市	咸宁市	上饶市
经济强度	0.79	0.58	0.58	0.49	0.49	0.48	0.36	0.36	0.35
隶属度	1.25	0.92	0.92	0.78	0.78	0.77	0.58	0.57	0.55
	襄阳市	岳阳市	新余市	仙桃市	随州市	抚州市	宜昌市	荆州市	荆门市
经济强度	0.31	0.31	0.30	0.27	0.26	0.25	0.25	0.23	0.22
隶属度	0.50	0.49	0.48	0.43	0.41	0.40	0.39	0.37	0.35
	宜春市	吉安市	潜江市	株洲市	萍乡市	天门市	湘潭市	常德市	十堰市
经济强度	0.22	0.22	0.22	0.21	0.19	0.19	0.19	0.18	0.17
隶属度	0.35	0.35	0.35	0.34	0.31	0.30	0.30	0.28	0.28
	赣州市	衡阳市	郴州市	益阳市	娄底市	张家界市	怀化市	永州市	邵阳市
经济强度	0.17	0.13	0.11	0.11	0.11	0.09	0.08	0.06	0.06
隶属度	0.27	0.20	0.17	0.17	0.17	0.14	0.12	0.10	0.10

　　4．长江中游城市群的具体范围

　　由此可见，在四省范围内，汉长昌三个中心城市之间以及鄂湘赣三省城市之间的联系强度，要远大于与合肥和安徽其他城市之间的联系。事实上，在四省现有四个城市群中，武汉城市圈、长株潭城市群和环鄱阳湖城市群之间联系相对密切一些,而江淮城市群具有一定独立性,其经济联系方向更倾向于长江三角洲。因此,在现阶段,长江中游城市群应以鄂湘赣三省为主,不应将安徽省整体纳入。首先,从地理空间看,长江中游是指从湖北宜昌至江西湖口一带,安徽处于长江下游;其次,从城市群发展来看,安徽省与长三角已有一定的合作基础。实际上,早在 2005 年安徽就开始实施"向东发展战略",利用区位上与长三角的"无缝对接"优势,在基础设施、体制创新和产业发展等方面正式全方位接轨长三角。2010 年,合肥市、马鞍山市成为"长三角"城市群俱乐部成员。2013 年,芜湖市、滁州市、淮南市作为新成员,正式加入长三角城市经济协调会。再次,从经济联系度看,长江中游城市群作为国家振兴中部崛起的重要战略举措,2011 年,武汉、长沙、南昌对中部其他省会城市的经济联系分别列中部六省省会城市的前三位,达到 67.81、44.52、31.56。合肥仅为 26.45,在中部六省省会城市中排名第五位。武汉、长沙、南昌三个城市之间的相互引力之和为 50.84,高于其他任意三个省会城市组合之间的相互引力之和(朱丽萌,2014)。因此,以武汉、长沙、南昌为中心建设长江中游城市群,促进中部崛起是正确的,也是合适的。

研究结果表明,武汉、长沙、南昌为长江中游城市群的中心城市,其中武汉为主中心,长沙和南昌为副中心,三个中心城市共同构成一个多中心的复合型极核。以武汉、长沙和南昌为中心,按照中心城市与其他城市的经济联系强度及隶属度大小,可以划出其辐射影响的核心区、紧密腹地和竞争腹地(见表 1-8)。其中,核心区包括武汉市、孝感市、鄂州市、黄冈市、黄石市、长沙市、湘潭市、株洲市、南昌市、九江市,共有 10 个城市;紧密腹地包括咸宁市、仙桃市、益阳市、岳阳市、抚州市、新余市、鹰潭市,共有 7 个城市;竞争腹地包括随州市、潜江市、天门市、荆州市、襄阳市、荆门市、宜昌市、萍乡市、常德市、娄底市、衡阳市、宜春市、吉安市、景德镇市、上饶市、赣州市,共有 16 个城市。

表1-8　　　　　　　　　长江中游城市群各中心城市的影响范围

腹地范围＼中心城市	以武汉为中心	以长沙为中心	以南昌为中心	综合考虑
核心区	武汉市、孝感市、鄂州市、黄冈市、黄石市	长沙市、湘潭市、株洲市	南昌市、九江市	武汉市、孝感市、鄂州市、黄冈市、黄石市、长沙市、湘潭市、株洲市、南昌市、九江市
紧密腹地	咸宁市、仙桃市	益阳市、岳阳市	抚州市、新余市、鹰潭市	咸宁市、仙桃市、益阳市、岳阳市、抚州市、新余市、鹰潭市
竞争腹地	长沙市、九江市、随州市、潜江市、岳阳市、天门市、荆州市、南昌市、襄阳市、荆门市、宜昌市	萍乡市、常德市、武汉市、娄底市、衡阳市、宜春市、南昌市、新余市	长沙市、宜春市、吉安市、景德镇市、黄石市、上饶市、萍乡市、株洲市、鄂州市、湘潭市、咸宁市、赣州市、黄冈市、岳阳市	随州市、潜江市、天门市、荆州市、襄阳市、荆门市、宜昌市、萍乡市、常德市、娄底市、衡阳市、宜春市、吉安市、景德镇市、上饶市、赣州市

　　长江中游城市群是武汉城市圈、长株潭城市群和环鄱阳湖城市群三圈（群）融合的产物。从研究结果看，目前三圈（群）内的城市均在各中心城市的核心区、紧密腹地和竞争腹地内，应该包括在长江中游城市群之中。同时，考虑到长江中游是指从湖北宜昌至江西湖口一带，而宜昌作为长江中游的重要节点城市，理应将宜昌及其紧密相连的荆州和荆门（即宜荆荆）纳入长江中游城市群的空间范围。1+8体系下的小武汉城市圈，加上宜荆荆城市群，共同构成大武汉城市圈。这样，长江中游城市群将包括湖北省的武汉、孝感、鄂州、黄冈、黄石、咸宁、仙桃、潜江、天门、荆州、荆门和宜昌；湖南省的长沙、株洲、湘潭、岳阳、益阳、常德、娄底和衡阳；江西省的南

昌、九江、抚州、新余、鹰潭、宜春、景德镇、上饶和萍乡,共计 29 个城市,其中湖北仙桃、潜江和天门虽然为省直管市,市主要领导高配为副地级,但行政区划上仍然为县级市。

需要指出的是,湖北的随州、襄阳和江西的吉安、赣州,虽然按照经济联系强度及隶属度指标属于其竞争腹地范围,但考虑到它们距离中心城市较远,与群内其他城市联系不够密切,且赣州等城市更多的是南向联系,因此我们在研究中没有将这些城市纳入长江中游城市群的范围。2015 年 4 月国家发展改革委印发的《长江中游城市群发展规划》,基于区域协调和联动发展方面的考虑,将湖北的襄阳市和江西吉安市的部分县(区)也纳入了规划的范围,规划内容还涉及了赣南、安庆、六安、池州等周边地区。其目的在于打破行政区划,构建开放的多层次城市群,促进城市群核心地区与汉江生态经济带、鄂西生态文化旅游圈、赣南等原中央苏区、大别山革命老区、省际毗邻城市组团等的联动发展。

二 长江中游城市群发展现状特征

结合《国务院关于依托黄金水道推动长江经济带发展的指导意见》中对长江中游城市群的范围界定,根据长江流域范围、经济联系、地缘关系、历史渊源等,将长江中游城市群的范围划定为 29 个城市,主要包括:湖北省武汉市、黄石市、鄂州市、黄冈市、孝感市、咸宁市、仙桃市、潜江市、天门市、宜昌市、荆州市、荆门市;湖南省长沙、株洲市、湘潭市、岳阳市、益阳市、常德市、衡阳市、娄底市;江西省南昌市、九江市、景德镇市、鹰潭市、新余市、宜春市、萍乡市、上饶市、抚州市(见表 1-9)[①]。

[①] 2015 年 4 月公布的《长江中游城市群发展规划》范围为 31 个城市,面积 31.7 万平方公里,比我们研究的范围多 1.1 万平方公里,特此说明。

表1-9   研究区域范围的划分

区域	次级区域	包含城市
长江中游城市群	武汉城市圈（含宜荆荆）	武汉、黄石、鄂州、黄冈、孝感、咸宁、仙桃、天门、潜江、宜昌、荆州、荆门
	环长株潭城市群	长沙、株洲、湘潭、岳阳、益阳、常德、娄底、衡阳
	环鄱阳湖城市群	南昌、九江、景德镇、鹰潭、上饶、抚州、宜春、新余、萍乡
珠三角城市群	—	广州、深圳、佛山、东莞、中山、珠海、惠州、江门、肇庆
长三角城市群	—	上海、苏州、杭州、无锡、宁波、南京、绍兴、南通、常州、嘉兴、镇江、扬州、泰州、湖州、舟山、台州
京津冀都市圈	—	北京、天津、石家庄、秦皇岛、唐山、廊坊、保定、沧州、张家口、承德
成渝城市群	—	重庆、成都、德阳、绵阳、眉山、资阳、遂宁、乐山、雅安、自贡、泸州、内江、南充、宜宾、达州、广安

（一）经济发展阶段分析

1. 整体处于工业化中期的快速发展阶段，是支撑中国经济增长的潜力地区

判断一个区域所处的经济发展阶段是调控和引导区域经济发展的根本要求。根据区域发展阶段的一般判别法则，选取人均地区生产总值、三次产业结构和城镇化率等指标综合判断，长江中游城市群当前整体处于工业化中期的快速发展阶段（见表1-10）。从经济增速来看，2005—2012年，长江中游城市群地区生产总值年均增长率超过了全国平均增速，也高于京津冀都市圈、长三角城市群和珠三角城市群的平均增速（详见第四部分——长江中游城市群发展潜力分析与趋势预测），显示出后发赶超的强劲态势和板块效应。

2008年国际金融危机后，长三角、珠三角、京津冀三大经济增长极受到

"两升两降"(即产业转型升级、劳动力成本升高,外需动力下降、资源承载力下降)因素的掣肘,经济增速明显放缓,2012—2013 年北京、上海的经济增速均在 8% 以下,远低于各地区平均增速。在此背景下,长江中游城市群的快速发展,将有助于推动其成为未来优化我国区域结构、支撑国民经济增长的重点地区。

表 1-10　　　　长江中游城市群与其他主要城市群的经济发展阶段划分

2012 年	人均GDP (美元)	三次产业结构 (%)	城镇化水平 (%)	整体发展阶段判断
工业化初期	1 500—3 000	一产高,二产低,三产高	<20	阶段划分
工业化中期	3 000—6 000	一产<20%,二产>三产且比重最大	20—50	
工业化后期	6 000—11 000	一产<10%,二产保持高水平,三产继续上升	50—70	
后工业化阶段	11 000—18 000	一产低,二产相对稳定或下降,三产比重最高	>70	
长江中游城市群	6 430	10.3:53.0:36.7	50.2	工业化中期
武汉城市圈	6 878	10.8:49.5:39.7	53.5	工业化中期
环长株潭城市群	6 935	10.1:54.4:35.5	51.7	工业化中期
环鄱阳湖城市群	5 218	9.8:56.8:33.4	49.4	工业化中期
珠三角城市群	13 305	2.1:46.2:51.7	83.4	工业化后期
长三角城市群	13 197	3.2:48.6:48.2	71.4	工业化后期
京津冀都市圈	9 570	5.3:42.3:52.4	62.5	工业化中后期
成渝城市群	5 439	10.9:52.9:36.2	49.8	工业化中期

资料来源:根据《中国城市统计年鉴(2013)》和各省市年鉴(2013)计算。

2. 经济发展水平与沿海发达城市群差距巨大,投资驱动型经济特征明显

与其他四个主要城市群比较,长江中游城市群地域最广、人口最多,但

地区生产总值、规模以上工业总产值、社会消费品零售总额、实际利用外资水平、地方财政收入、职工平均工资等经济指标均位列五大城市群的第四位，仅高于成渝城市群，与长三角城市群、珠三角城市群和京津冀都市圈的经济发展水平差距巨大（见表1-11）。

从固定资产投资指标对比看，2012年长江中游城市群固定资产投资突破3万亿，位列五大城市群第二位，仅次于长三角城市群。2013年长江中游城市群固定资产投资增速达22.8%，位列五大城市群首位，远高于长三角城市群（16.7%）、珠三角城市群（17.3%）、京津冀都市圈（15.3%）和成渝城市群（17.7%）。从固定资产投资率（固定资产投资占GDP的比重）看，长江中游城市群为80.1%，位居第一位，远高于长三角城市群（48.3%）、珠三角城市群（30.3%）和京津冀都市圈（64.9%），也高于成渝城市群（77.8%）。由此可见，投资驱动仍然是长江中游城市群经济发展的主要方式。

表1-11　　　　　　2012年长江中游城市群总量指标及与其他城市群的对比

指标	长江中游城市群	珠三角城市群	长三角城市群	京津冀都市圈	成渝城市群
人口（万人）	11 553.0	5 682.0	10 919	8 684	10 047
面积（万平方公里）	30.6	5.5	10.9	18.4	23.9
地区生产总值（亿元）	47 042	47 780	90 114	52 018	33 258
规模以上工业总产值（亿元）	67 417.0	81 163.9	103 009.0	72 825.3	39 723.3
固定资产投资（亿元）	31 160.8	13 974.2	41 553.3	29 393.3	23 878.4
社会消费品零售总额（亿元）	16 796.1	16 799.4	31 625.9	18 848.5	12 170.6
当年实际利用外资金额（亿美元）	178.0	217.3	560.9	276.7	204.2
地方财政一般预算收入（亿元）	3 632.4	4 129.1	10 365.4	6 420.7	3 226.3
职工平均工资（元）	34 765.0	50 570.6	53 662.6	47 100.3	39 774.7

资料来源：根据《中国城市统计年鉴（2013）》和各省市年鉴（2013）计算。

（二）产业发展情况分析

1．土地规模经济水平低，农产品精深加工程度不足

长江中游城市群地区农业生产条件较好，耕地资源丰富，以江汉平原、洞庭湖平原、鄱阳湖平原等为核心的农业区是中国优势农业空间格局"七区二十三带"的重要组成部分，是保障国家粮食安全的重要功能区。从长江中游城市群农业发展现状看，粮食生产主要建立在一家一户分散经营的传统生产方式上，土地规模生产面积小，集约化程度低，分散经营使得粮食作物布局规划、优质粮食的生产、新品种新技术的推广、大型农业机械的应用和病虫害的统防统治等各项措施难以得到大面积推广落实，单位耕地面积生产成本高，产出效率和经济效益低。

长江中游城市群粮食生产以农业原材料生产为主，农产品加工业与农业产值之比较低，远低于发达国家 5：1 的比例，而且现有粮食加工大多是初级加工，加工产业链条短，粮食深加工增值能力低，产销衔接不紧密，优质不优价，农民积极性不高。此外，农技推广体系不健全，信息网络不完善，公益性事业投入不足，农业科技创新渠道少，科技支撑能力弱，技术推广手段落后，技术服务不到位等也是导致长江中游城市群农产品精深加工程度低的重要原因。

2．产业结构层次不高，现代服务业发展滞后

从三次产业结构来看，2012 年，长江中游城市群三次产业增加值比重为36.7：53.0：10.3，二产比重居五大城市群之首，三产比重仅高于成渝城市群，比全国平均水平低近 8 个百分点，整体产业结构层次不高（见图 1-1）。2008年国际金融危机后，沿海发达地区产业加速向中西部地区转移，长江中游城市群依托良好的工业基础和区位优势，积极对接珠三角和长三角两大城市群，成为承接产业转移的重要地区，二产比重不断攀升，处于工业化加速发展期。长江中游城市群也是五大城市群中人口规模最大的城市群，内需潜力巨大，以批发零售、仓储物流、旅游服务等传统服务业为主，2013 年社会消费品零售总额增速达 13.8%，比全国平均水平高 0.7 个百分点，位列五大城市群增速第二位，发展迅速（见表 1-12）。但以科技研发、金融保险、营销服务、现代物流为代表的现代服务业发展滞后，传统产业升级困难，优化产

业结构、提升产业发展层次是长江中游城市群未来发展的重要方向。

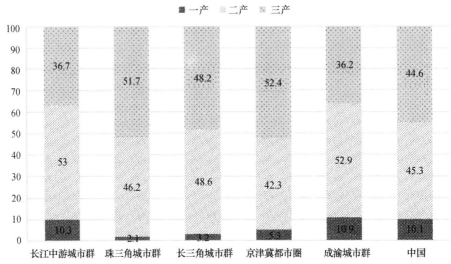

图 1-1　2012 年中国五大城市群三次产业增加值构成（%）

表 1-12　　　　　　　　2013 年五大城市群社会消费品零售总额及增速

城市群	绝对额			增长速度	
	亿元	位次	占全国的比重（%）	比去年同期增长（%）	位次
全国	234 380	—	—	13.1	—
长江中游城市群	17 277.32	4	7.4	13.8	2
长三角城市群	35 449.00	1	15.1	12.2	4
珠三角城市群	18 933.00	3	8.1	12.7	3
京津冀都市圈	23 362.25	2	10.0	11.9	5
成渝城市群	13 759.01	5	5.9	13.9	1

资料来源：根据《中国城市统计年鉴》（2013、2014）整理。

　　从长江中游城市群内部产业结构来看，2012 年，武汉城市圈三次产业增加值比重为 10.8∶49.5∶39.7，长株潭城市群为 10.1∶54.4∶35.5，环鄱阳湖城市群为 9.8∶56.8∶33.4，三大区域板块一产比重均为 10% 左右，二产比重较高，处于工业化中期加速发展阶段，但武汉城市圈的三产比重明显高于长株潭城市群和环鄱阳湖城市群，长株潭城市群产业结构层次居中，环鄱阳湖城市群则处于较低水平。

3．城市群三大板块间产业同构程度低，但板块内非首位城市间产业同构现象突出

通过计算长江中游城市群的产业区位熵可知，武汉城市圈有 9 个比较优势行业，长株潭城市群有 12 个比较优势行业，环鄱阳湖城市群有 4 个比较优势行业（见表 1-13）。武汉城市圈和长株潭城市群共有 5 个优势产业，占全部行业数量的比重约 23%，包括化学原料及化学制品制造业、农副食品加工业、食品制造业、饮料制造业以及烟草制造业。武汉城市圈和环鄱阳湖城市群共有 1 个优势产业，即医药制造。长株潭城市群和环鄱阳湖城市群共有 1 个优势产业，即非金属矿物制品。整体来看，长江中游城市群内部三大区域板块之间的产业同构程度较低，产业同构主要集中在依托农业资源优势的农副食品加工、饮料制造和烟草制造等，属于具有优势的良性同构，未来应着重建立产业合作协调机制，引导优势产业实现集群化发展。

表 1-13　长江中游城市群三大区域板块工业行业比较优势产业

城市群	比较优势产业
武汉城市圈	电力热力生产和供应（1.1）、黑色金属加工（1.4）、化学原料及化学制品（1.1）、交通设备制造（2.1）、农副产品加工（1.3）、食品制造（1.1）、饮料制造（1.8）、烟草制造（2.0）、医药制造（1.2）
长株潭城市群	非金属矿物制品（1.3）、化学原料及化学制品（1.2）、农副食品加工（1.5）、石油炼焦加工（1.1）、食品制造（1.4）、饮料制造（1.1）、烟草制造（4.1）、有色金属加工（2.2）、造纸（1.5）、专用设备制造（2.2）
环鄱阳湖城市群	非金属矿物制品（1.5）、纺织服装鞋帽制造（1.2）、医药制造（2.1）、有色金属冶炼及压延加工（4.3）

资料来源：2012 年湖北、湖南和江西统计年鉴以及王磊、沈丹（2014）。

从长江中游城市群三大区域板块内部城市间产业同构看，除武汉、长沙、南昌等区域板块首位城市外，其他城市间的产业同构现象明显。由于区域板块首位城市经济基础较好、服务业发达，发展水平高于区域板块内其他城市，所以与其他城市间的产业同构程度较低。而其他城市产业层次低、产业链条较短，由于地理区位、自然条件和经济社会文化特点类似，导致区域板块内城市产业定位趋同，经济联系松散，低水平同质竞争大于必要的经济协作，高效合理的产业分工协作关系尚未形成。比如有学者（白红涛，2011）通过计算武汉城市圈的九大城市的产业同构系数，研究结果表明，除武汉与其他城市产业同构系数较低外，其他城市间的产业同构系数多数超过 0.95，城市间产业分工处于水平同质化竞争阶段，尚未形成合理的产业分工协作体系，影响产业综合竞争力的提升。

（三）城镇化状况分析

1. 城镇化率居全国平均水平，与沿海发达城市群差距明显

长江中游城市群人口规模大，属于典型的人口净输出地区，本地城镇化与异地城镇化交织混杂，目前仍处于城镇化快速推进时期。2012 年，长江中游城市群城镇化率为 50.2%，低于全国 52.6% 的城镇化水平，与珠三角城市群（83.4%）和长三角城市群（71.4%）的城镇化水平差距较大（见图1-2）。在长江中游城市群三大区域板块中，环鄱阳湖城市群的城镇化水平最低，仅有 49.4%，甚至低于成渝城市群。从城镇化水平看，目前长江中游城市群仍处于发育阶段，需要进行积极培育。近年来，长江中游城市群城镇化率增速保持在年均 2 个百分点，远快于全国城镇化增速平均水平。随着长江中游城市群本地工业化进程的加速推进，未来城镇化发展应该围绕人口城镇化积极提高城镇化质量，坚持走质、量并举的健康城镇化道路。

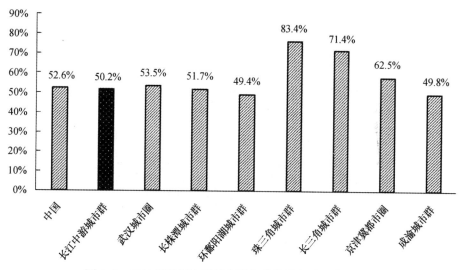

图 1-2　2012 年长江中游城市群与其他城市群城镇化水平比较

2. 初步形成了"一极两心四轴多点"的圈层嵌套式空间结构

　　在中国当前行政体制和政绩考核体系背景下，行政区经济仍然是长江中游城市群的重要特点。受省际行政边界切割的制约，长江中游城市群三个省份之间的经济资源要素仍难以通畅自由流动，经济社会发展基本停留在省内自组织的发展状态，武汉城市圈、长株潭城市群、环鄱阳湖城市群三大区域板块各自形成了以武汉、长沙和南昌为核心的圈层式嵌套空间结构。从经济规模、功能分工、腹地范围等指标看，武汉作为国家中心城市将成为长江中游城市群最重要的增长极，并与长沙和南昌两个区域性中心城市，共同形成以长江黄金水道、京广铁路、京九铁路、沪昆铁路四条区域交通廊道为依托的圈层嵌套式空间结构（见图 1-3、图 1-4）。

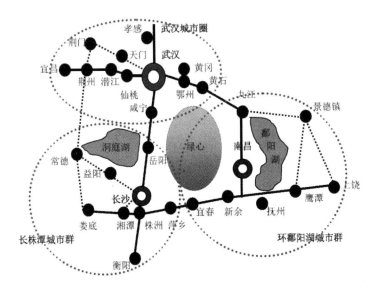

图1-3 长江中游城市群空间结构

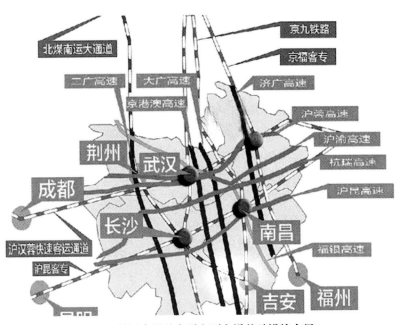

图1-4 长江中游城市群主要交通基础设施布局

3. 人口吸纳能力不足，整体仍属于人口净流出区域

根据 2010 年全国第六次人口普查数据统计，长江中游城市群整体处于人口净流出地区。但武汉和长沙由于其经济辐射力较强，人口吸纳能力突出，属于长江中游城市群中仅有的两个人口净流入地区，其中武汉属于净流入 10%—20% 的城市，长沙属于净流入 2%—10% 的城市。宜昌、株洲、岳阳、萍乡、南昌、九江属于人口净流入流出相对均衡的 6 个城市，流入流出比率在 2% 以内。其他城市均属于净流出较大的地区，其中净流出 2%—10% 的城市高达 14 个，包括黄石、鄂州、湘潭、常德、景德镇、抚州等，净流出 10%—20% 的城市包括咸宁、天门、荆州、上饶 4 个城市，净流出超过 20% 的城市包括黄冈、仙桃、娄底 3 个城市（见表 1-14）。

表 1-14　　　　　　　　长江中游城市群各城市人口流动类型划分

人口流动类型	包括城市
净流入 10%—20%	武汉
净流入 2%—10%	长沙
流入流出在 2% 以内	宜昌、株洲、岳阳、萍乡、南昌、九江
净流出 2%—10%	黄石、鄂州、孝感、潜江、荆门、湘潭、衡阳、常德、益阳、景德镇、新余、鹰潭、宜春、抚州
净流出 10%—20%	咸宁、天门、荆州、上饶
净流出超过 20%	黄冈、仙桃、娄底

4. "两头小、中间大"的纺锤形城镇规模体系结构特征突出

从长江中游城市群的城镇规模体系结构看，"两头小、中间大"的城镇体系规模结构突出（见表 1-15）。从城区人口规模来看，500 万人以上的特大城市仅武汉市一座，2012 年城区总人口达到 628 万；100 万—500 万人的大城市有 4 个，分别是长沙市、南昌市、衡阳市和株洲市；绝大部分城市城区人口规模集中在 20 万—100 万之间，没有 20 万人以下的小城市。其中，武汉、长沙、南昌等城市城区人口密度均在 1000 人/平方公里以上。

表 1-15　　　　长江中游城市群城市人口规模与密度分布（2012）

城区人口规模	包含城市	城区人口密度	包含城市
500 万以上	武汉	1 000 人以上/平方公里	武汉、长沙、荆州、南昌、孝感、娄底、湘潭、黄石、益阳、天门
100 万—500 万	长沙、南昌、衡阳、株洲		
50 万—100 万	宜昌、湘潭、荆州、黄石、益阳、九江、岳阳、常德、宜春、抚州	500—1 000 人/平方公里	衡阳、抚州、黄冈、仙桃、宜春、荆门、上饶、株洲、吉安、常德、岳阳、鄂州、潜江、鹰潭、宜昌、九江、新余、景德镇、咸宁
20 万—50 万	荆门、景德镇、娄底、新余、上饶、鄂州、仙桃、天门、孝感、潜江、吉安、咸宁、黄冈、鹰潭		
20 万以下	无	500 人以下/平方公里	无

资料来源：根据《中国城市建设统计年鉴》（2012）整理。

（四）开放合作状况分析

1. 对外开放度低，内需潜力大

长江中游城市群进出口总量和利用外资规模相对较小，对外开放程度低。2012 年，长江中游城市群进出口总额仅有 775 亿美元，外贸依存度为 10.6%，2013 年也只有 12.4%，进出口总量和外贸依存度均位列五大城市群最后一位（见表 1-16）。长江中游城市群 2012 年实际利用外资金额也只有 178 亿美元，人均实际利用外资 154 美元，外资依存度为 3.6%，这三项指标均位列五大城市群倒数第一位。相比之下，长江中游城市群人均实际利用外资仅相当于长三角城市群的 30%、珠三角城市群的 40%、京津冀都市圈的 48%、成渝城市群的 76%。在当前全球化向纵深推进的时代背景下，扩大对外开放将是长江中游城市群的重要发展方向。

从五大城市群的社会消费品零售总额看，长江中游城市群排第四位，与珠三角城市群基本持平，但增速较快（见表 1-12）。而且，长江中游城市群人均社会消费品零售总额较低，2012 年只有珠三角城市群的 49%、长三角城市群的 50%、京津冀都市圈的 67%（见表 1-16）。随着长江中游城市群的快速发展，基于人口规模优势的内需潜力巨大。

表 1-16　　　　　　　　　五大城市群对外开放和内需潜力比较

城市群	2012 年人均社会消费品零售总额（元）	2012 年进出口总额（亿美元）	2012 年外贸依存度（%）	2013 年外贸依存度（%）	2012 年外资依存度（%）	2012 年人均实际利用外资（美元）
长江中游城市群	14 555	775	10.6	12.4	3.6	154
珠三角城市群	29 586	9 433	124.6	122.5	9.8	383
长三角城市群	28 985	10 378	72.7	78.8	8.5	514
京津冀都市圈	21 815	6 629	80.4	61.2	5.9	320
成渝城市群	12 114	1 001	19.0	22.5	5.4	203

注：外贸依存度为进出口总额与地区生产总值之比；外资依存度为实际利用外资金额与固定资产投资总额之比。

资料来源：根据《中国城市统计年鉴》（2013）整理。

2. "一心七港"港口功能格局初步形成，腹地辐射能力有待提升

长江中游城市群目前已经形成了"一心七港"的港口功能布局。"一心"指武汉长江航运中心，"七港"包括九江港、南昌港、黄石港、荆州港、宜昌港、岳阳港、长沙港。从沿江港口发展现状看，受航行水深条件限制，航道冬季通行能力不高，除武汉、九江等交通枢纽型城市的港口具有较为完善的交通集疏运体系外，其他城市的港口集疏运体系建设严重滞后，制约了港口辐射功能的发挥。此外，各港口建设尚未形成合理的分工协作体系，无序竞争特征突出。

目前，长江中游城市群只拥有 1 个国务院批复的综合保税区——武汉东湖综合保税区，武汉新港空港综合保税区、昌九综合保税区、长沙临空综合保税区正积极申请批复。因此，要依托三个省会城市的综合保税区，努力扩大对外开放的深度和广度，建成深化区域合作开放的重要平台，构建承东启西、连南接北、多向合作、共赢发展的区域开放新格局。

（五）生态环境状况分析

1. 城镇空间扩展迅速，对耕地林地湿地等生态功能区侵蚀严重

近年来，长江中游城市群工业化和城镇化进程快速推进，城市建成区扩展迅速。2002—2012 年间，长江中游城市群城市（市辖区）建成区面积由 1 446 平方公里扩展到 3 025 平方公里，扩展了近 109.2%（见表 1-17），其中武汉城市圈城市（市辖区）建成区面积扩展了 136.0%，长株潭城市群城市（市辖区）建成区面积扩展了 80.6%，环鄱阳湖城市群城市（市辖区）建成区面积扩展了 116.6%。城镇空间向外拓展迅速，大量侵蚀了城镇周边的湿地、耕地等生态用地空间，造成湖面、湿地面积缩减，生物多样性锐减，生态功能退化。

表 1-17　　　　　长江中游城市群城市（市辖区）建成区扩展情况

城市群	2002 年建成区面积（平方公里）	2012 年建成区面积（平方公里）	2002—2012 年建成区扩展（平方公里）	2002—2012 年建成区扩展比例（%）
长江中游城市群	1 446	3 025	1 579	109.2
其中：武汉城市圈	557	1 315	758	136.0
环长株潭城市群	600	1 084	484	80.6
环鄱阳湖城市群	289	626	337	116.6

资料来源：根据《中国城市统计年鉴》（2003、2013）计算。

2. 单位地区产值能耗迅速下降，三废处理率有待提升

从长江中游城市群所在的三省资源能源消耗情况看，2005—2011 年间，三个省份的单位GDP能耗均出现大幅下降的趋势，其中湖北省下降了39.7%，湖南省下降了36.4%，江西省下降了38.6%（见表 1-18），均大于全国 35.0% 的平均下降幅度。2011 年，三省万元工业增加值能耗也出现了 6%—9% 的下降，万元地区生产总值电耗除江西由于工业结构重型化而出现上升外，其他省份也出现下降态势。总体来看，长江中游城市群资源能源消耗总量虽然随着经济的发展而不断攀升，但单位产出能耗呈现快速下降的趋势。

表 1-18　　　　　　　　鄂湘赣三省单位产出能耗变动趋势

省份	2005 年 单位 GDP 能耗 （吨标准煤/万元）	2011 年 单位 GDP 能耗 （吨标准煤/万元）	2011 年万元工业增加值能耗 （±%）	2011 年万元地区生产总值电耗 （±%）
湖北	1.51	0.91	-6.88	-4.20
湖南	1.40	0.89	-8.61	-2.10
江西	1.06	0.65	-6.87	2.30

资料来源：根据国家统计局发布的数据整理。

表 1-19　　　　　　2012 年长江中游城市群三废排放及处理情况

城市群	工业废水排放量 （万吨）	工业二氧化硫排放量 （万吨）	工业烟尘排放量 （吨）	一般工业固体废物综合利用率 （%）	污水处理厂集中处理率 （%）	生活垃圾无害化处理率 （%）
武汉城市圈	74 511	637 828	2 521 901	82.67	82.87	80.99
环长株潭城市群	68 879	426 152	207 590	92.52	84.18	100.00
环鄱阳湖城市群	53 917	380 824	195 234	77.89	90.69	98.63
长江中游城市群	197 307	1 444 804	2 924 725	84.36	85.91	93.21

资料来源：根据《中国城市统计年鉴（2013）》整理。

　　从长江中游城市群三废排放情况看，2012 年武汉城市圈的工业废水排放量、工业二氧化硫排放量、工业烟尘排放量均处于三大区域板块之首，长株潭城市群各项指标均处于第二位（见表 1-19）。长江中游城市群三废排放空间分布特征，整体表现出与经济总量匹配和沿长江水流方向由上游向下游递减的趋势，流域生态环境协同治理的需求强烈。

　　再从长江中游城市群三废处理情况看，2012 年长江中游城市群的生活垃圾无害化处理率较高，达到了 93.21%，但一般工业固体废物综合利用率只有84.36%，污水处理厂集中处理率也只有 85.91%（见表 1-19）。在长江中游水体生态环境日益恶化的生态背景下，必须尽快提升污水处理厂的集中处理率，严格控制向水体的污染排放，努力优化沿岸重化工业的技术生产流程，大力发展循环经济，减少工业污染排放，加大对水环境和水生态的保护力度。

（六）社会事业发展状况分析

1．社会事业设施规模总量高，人均水平低

从长江中游城市群与其他城市群社会事业发展情况的对比分析看，长江中游城市群由于人口总量规模大，社会事业指标如普通高等学校数、中等职业教育学校数、普通高等学校在校生数、中等职业教育学校人数、医院卫生院床位数等总量指标均位列中国五大城市群之首（见表 1-20）。但从人均指标看，每万人在校大学生数和每百人公共图书馆藏书等均低于珠三角、长三角等沿海发达城市群。整体来看，长江中游城市群社会事业发展与长三角、珠三角城市群仍有较大的差距。未来随着以人为本新型城镇化的推进，长江中游城市群应努力提升社会公共服务水平，引导人口有序向城镇转移。

表 1-20　　　2012 年长江中游城市群与其他城市群社会事业发展情况

	普通高等学校（所）	中等职业教育学校（所）	普通高等学校在校生（万人）	中等职业教育学校人数（万人）	每万人在校大学生数（人）	每百人公共图书馆藏书（册）	医院卫生院床位数（万张）
长江中游城市群	270	897	302.0	123.8	277.9	235.5	42.1
珠三角城市群	125	281	139.1	71.8	431.1	370.6	13.4
长三角城市群	256	571	264.3	107.9	325.4	221.7	44.3
京津冀都市圈	253	751	211.6	105.0	307.4	145.6	32.2
成渝城市群	152	671	183.6	161.6	189.9	32.0	41.5

资料来源：根据《中国城市统计年鉴（2013）》计算整理。

2．武汉城市圈社会事业发展水平领先

从长江中游城市群三大区域板块的社会事业发展情况来看，武汉城市圈在教育、文化等方面无论是总量指标，还是人均指标，均位列三大区域板块

之首（见表 1-21）。长株潭城市群在医疗社会事业领域领先其他城市群，在教育、文化社会事业领域，仅次于武汉城市圈，位列第二位。整体来看，长江中游城市群三大区域板块的社会事业发展的空间差异是建立在各区域板块经济空间差异基础上的，社会事业的发展水平依赖于经济活动的强度和密度。

表 1-21　　　　　2012 年长江中游城市群三大区域板块社会事业发展情况

城市群	普通高等学校（所）	中等职业教育学校（所）	普通高等学校在校生（万人）	中等职业教育学校人数（万人）	每万人在校大学生数（人）	每百人公共图书馆藏书（册）	医院卫生院床位数（万张）
武汉城市圈	106	289	130.9	36.5	345.0	552.7	15.2
长株潭城市群	96	354	98.3	53.9	235.1	45.8	17.5
环鄱阳湖城市群	68	254	72.8	33.4	241.3	44.1	9.3
长江中游城市群	270	897	302.0	123.8	277.9	235.5	42.1

资料来源：根据《中国城市统计年鉴（2013）》整理。

三　长江中游城市群发展的巨大优势

（一）独特的交通区位优势

长江中游城市群地处长江中游地区，沿长江两岸连绵相接，京广、京九、沪昆铁路与长江黄金水道穿越其境，共同构成"井"字形交通大动脉，形成全方位、立体式的大交通网络格局。从地理上看，鄂湘赣三大城市圈（群）的核心城市，武汉、长沙、南昌呈等边三角形分布，相互毗邻，形成一个天然的"金三角"，核心城市之间交通便利，铁路、公路和水路相互连接形成一个立体网络。

汉长昌高速环路的建成，把三大城市圈（群）连接在一起，为长江中游城市群的形成奠定了高等级公路主骨架。从武汉出发，沿线经过 22 座县以上城市，平均不到 50 公里一座。京港澳（G4）、大广（G45）、二广（G55）、福银（G70）、济广（G35）、沪昆（G60）、沪蓉（G42）、沪渝（G50）、杭瑞（G56）等高速国道穿境而过，再加上随岳高速、长张高速、长株高速、衡邵高速、漳吉高速等交通通道，长江中游地区已经成为全国高速公路最密集的地区之一，为汉长昌核心城市扩大经济辐射范围提供了有利条件。

目前，京广、京九、武九、浙赣、焦柳等国家铁路干线沟通了三大城市圈（群），基本形成了铁路环线。武广、京武客运专线的相继开通，加快了京广经济带的形成，大大缩短了沿线城市间的时空距离，有力推动了武汉城市圈与长株潭城市群的融合对接，使二者间联系更加方便密切。即将通车的沪昆客运专线将把环鄱阳湖城市群与长株潭城市群紧密连接起来，而正在建设的武九客运专线将推动武汉城市圈与环鄱阳湖城市群加速融合，使武汉与九江、南昌间形成快速城际交通圈。

（二）科技教育优势

首先，长江中游城市群高新技术优势凸显。截至 2014 年 1 月，长江中游城市群拥有武汉东湖、长沙、株洲、湘潭、景德镇、新余、益阳、衡阳、孝感、鹰潭共 10 个国家级高新技术产业开发区。其中，武汉东湖高新区为第二个国家自主创新示范区，2013 年拥有高新技术企业 2 883 家，从业人员41.90 万人，实现总收入 6 517.21 亿元，分别居全国第四、第五和第四位。目前，东湖高新区已形成电子信息、生物技术与新医药、新材料、先进制造技术等优势领域。东湖高新区是全国最大的光纤光缆生产基地，光纤光缆生产规模居世界第二位，国内市场占有率达 50%，国际市场占有率为 12%；同时，还是全国最大的光电器件生产基地、光通信产品研发制造基地和激光设备生产基地。长株潭城市群是国家级综合性高新技术产业带，拥有 3 个国家级高新区，10 多个国家级高新技术产业化基地，是全国六大综合性高新技术产业基地之一，目前已经形成了电子信息、新材料、先进制造、生物与医药、航空航天、生产性服务业等优势领域。

其次，长江中游城市群科技教育力量雄厚（表 1-22）。2011 年，长江中游城市群拥有普通高等学校 264 所，中等职业技术学校 1 033 所，在校学生数分别达 298.72 万人和 160.32 万人，是全国重要的科教和智力资源密集区。其中，武汉是全国重要的科技、教育中心，科技教育实力仅次于北京、上海，居全国第三位；拥有国家级重点实验室 23 家，国家工程（技术）研究中心 20 家，普通高校 78 所，在校本专科学生 92 万人，各类专业技术人员 50 多万名。长沙也是全国的科教重地，科技、人才和智力资源较为密集。

表 1-22　　　　　　　　　　2011 年中国四大城市群教育情况比较

	长江中游城市群				长三角城市群	珠三角城市群	京津冀城市群
	武汉城市圈	环长株潭城市群	环鄱阳湖城市群	合计			
小学（所）	8 185	4 759	6 836	19 780	4 909	3 769	10 800
在校生（万人）	302	275.81	263.47	841.28	505.1	390.65	475.4
普通中学（所）	1 804	1 843	2 204	5 851	3 700	1 869	3 401
在校生（万人）	194.56	219.63	161.95	576.14	389.45	262.61	330.28
普通高等学校（所）	69	105	90	264	243	120	250
在校生（万人）	74.25	126.06	98.41	298.72	278.28	131.63	201.80
中等职业技术学校（所）	334	322	377	1 033	599	296	777
在校生（万人）	50.94	55.29	54.09	160.32	112.38	74.99	111.52

注：武汉城市圈按地级市计算。

资料来源：根据《中国城市统计年鉴》（2012）整理。

（三）要素成本优势

长江中游城市群有 1.15 亿人口，且近一半是农村人口，农村剩余劳动力充足，工资成本较低。2012 年，长江中游城市群城镇职工平均工资为 34 765.0 元，比长三角城市群低 35.2%，比珠三角城市群低 31.3%，比京津冀都市圈低 26.2%，也比成渝城市群低 12.6%（见表 1-11）。大量廉价的劳动力资源，为长江中游城市群承接东部沿海产业转移提供了有利条件。同时，与长三角、珠三角和京津冀等沿海发达城市群相比，长江中游城市群在土地、房屋价格和租金等方面也具有较大优势。根据中国城市地价动态监测数据，2014年第四季度，中部地区城市综合地价只有长三角地区的 49.1% 和珠三角地区的 44.6%，其中商服地价分别只有 44.4% 和 21.5%，住宅地价分别只有 38.0% 和 31.5%，工业地价分别只有 69.2% 和 60.6%。这种优势不仅有利于产业承接和集聚，而且也降低了农业转移人口市民化的成本，有利于推进人口向城镇集聚和就地城镇化进程。

（四）生态与资源优势

长江中游城市群是国家粮食主产区和农业现代化的重点地区，肩负着国家粮食安全和生存安全的重要任务，也是保障中国资源安全和生态安全的重要区域。武汉城市群和长株潭城市群是国家"两型"社会建设配套改革试验区，环鄱阳湖城市群是国家大湖流域综合开发示范区，共同肩负着国家资源节约型和环境友好型社会建设示范的历史使命。良好的生态环境、深厚的历史文化底蕴及众多山川名胜为该地区提供了丰富的旅游资源。目前，长江中游城市群内部共有世界文化景观遗产 1 处、世界自然遗产 1 处、国际重要湿地 6 处、国家自然保护区 28 处、国家 5A 级景区 11 处、全国优秀旅游城市 24 处、全国红色旅游经典景区 12 处。按照《武汉共识》，三省在共同建设文化旅游强区、加强旅游精品线路对接、旅游产品开发与合作等方面已达成共识，提出要建立互为旅游目的地的客源联动机制，着力打造"长江中游无障碍旅游区"，这就为三省旅游业发展带来了前所未有的机遇和挑战。

同时，长江中游城市群腹地广阔，自然矿产资源丰富。长江黄金水道横穿该区域，全国第一和第二大淡水湖洞庭湖和鄱阳湖，以及湘江、赣江、汉水等水系分布其中，使得该地区成为中国水资源最丰富的区域之一。区域内野生动植物资源丰富、种类繁多，是中国生物多样性重要的"基因库"。世界上公认的濒临灭绝的天然珍稀抗癌植物红豆杉，珍贵树种银杏、水杉、珙桐、秃杉、黄衫、杜仲、伯乐树等，世界特有野生动物扬子鳄和白鳍豚等均分布在该区域内。长江中游地区矿产资源丰富，湖北省已发现矿产 136 种，矿产地 2 700 余处。其中探明储量的矿产有 90 种，已探明储量的矿产地 1 363 处，查明大中型矿床 359 个。主要优势矿产有磷矿、岩盐、石膏、石灰石、白云岩、膨润土、大理岩、花岗岩、重晶石、累托石黏土等。湖南省已发现矿产 143 种，其中探明储量的矿藏达 80 多种，锑的储量居世界首位，钨、锡、铋、锑、石煤、普通萤石、海泡石黏土、石榴子石、玻璃用白云岩等矿种的保有资源储量居中国之首，钒、重晶石、隐晶质石墨、陶粒页岩等矿种居中国第二，锰、锌、铅、汞、金刚石、水泥用灰岩、高岭土等矿种也在中国具有重要地位。江西省已发现各种矿产资源 140 多种，其中探明储量的有 89 种，矿产地 700 余处，大中型矿床 180 余处。

（五）良好的合作基础

首先，鄂湘赣三省文化相近、人缘相亲。长江中游地区一水相连，而且历史上长江中游地区，是楚文化重要发源地，人文地理交相辉映，文化魂脉广为传承，同宗、同源的文化属性使区域合作交流具有坚实的社会基础。同时，长江中游地区历史上人口流动比较频繁，奠定了长江中游地区人缘相亲的特定基础。地理毗邻拉近了空间距离，文化相近减少了交流障碍，人缘相亲增加了彼此认同，这些都为区域交流与合作提供了充分的便利，有利于人员、物资、信息和资金的流动，为长江中游城市群建设奠定了坚实的自然和历史基础。

其次，经济联系密切。一直以来，鄂湘赣三省在经济上存在密切的经济往来。如近代史上著名的"汉冶萍"，由汉阳铁厂、大冶铁矿和江西萍乡煤矿组成，是中国第一代新式钢铁联合企业。1987 年 5 月成立的武汉经济协作区是中部地区最大的经济合作组织，横跨湘鄂赣豫四省的 31 个城市，几乎囊括了长江中游城市群的所有城市。如今国家设在武汉的华中电网、长江水利委员会、人民银行等机构，仍管辖鄂湘赣等省份，外国驻武汉总领事馆和外资银行武汉分行，业务通常也覆盖三省。近年来，三省经济合作日益活跃。据统计，目前在鄂赣经商的湖南人有 20 多万人，注册企业 5 000 多家，投资超过 700 亿元；2010 年，江西引进的湖北资金达 58.43 亿元。

再次，共同的利益诉求。武汉城市圈、长株潭城市群和环鄱阳湖城市群地理位置临近，要素禀赋和政策机遇较为相似，经济发展水平相近，其在经济社会发展中面临的问题大体相同，有着众多的共同利益诉求。例如，三大城市圈（群）都属于国家重点开发区域，又处于传统的粮食主产区，在加快工业化和城镇化的过程中，如何保护好耕地、同步推进农业现代化，这是三地面临的共同难题；长江中游地区拥有"一江两湖"和众多湿地，在长江"黄金水道"综合整治、港口开发、湖泊和湿地保护等方面，三地有着共同的利益诉求；武汉城市圈和长株潭城市群都是国家批准的两型社会建设综合配套改革试验区，在推进试验区建设方面，两地需要加强合作，相互交流经验；在招商引资和产业发展方面，如何加强信息沟通和分工合作，打造统一的投资信息发布平台，避免恶性竞争和低水平重复建设，也是三地亟待研究解决的问题；此外，在基础设施、市场建设、旅游开发、科技教育等方面，也具有广阔的合作空间。因此，加快推进长江中游城市群建设，整合三大城市圈（群）的资源，统筹谋划、发挥优势、扬长避短、合理分工，构建互惠互利、共同发展的新格局，这是鄂湘赣三省的共同利益诉求。

四　长江中游城市群发展潜力分析与趋势预测

长江中游城市群在交通区位、科技教育、要素成本、生态与资源、合作基础等方面优势明显，表现出巨大的发展潜力。下面，我们将利用系统数据和计量方法，深入分析长江中游城市群未来的发展潜力和趋势，重点对城市群 GDP、人均 GDP、人均收入水平、城镇化率、产业结构等进行分析，并与沿海三大城市群进行比较，以明确长江中游城市群在未来中国区域经济发展中的潜力、功能和地位。

（一）长江中游城市群 GDP 增长潜力与趋势预测

从 GDP 总量来看，自 1978 年以来，长江中游城市群与京津冀都市圈、珠三角城市群基本保持同步增长态势，但与长三角城市群差距显著（见图 1-5）。以武汉城市圈（含宜荆荆）、环长株潭城市群、环鄱阳湖城市群之和核算的长江中游城市群，包含的城市数最多，达到 29 个（含 3 个省直管县级市），而实现的 GDP 总量最低，2012 年仅有 47 042 亿元，只相当于长三角城市群 16 个城市 GDP 总量的 52.2%，与京津冀都市圈 10 个城市（52 018 亿元）和珠三角城市群 9 个城市（47 780 亿元）的经济规模大体接近。如果把香港和澳门包括在内，2012 年珠三角城市群 GDP 总量将达到 66 335 亿元，是长江中游城市群的 1.41 倍；如果包括河北南部三个城市（衡水、邢台、邯郸），2012 年京津冀都市圈 GDP 总量将达到 57 585 亿元，是长江中游城市群的 1.22 倍。

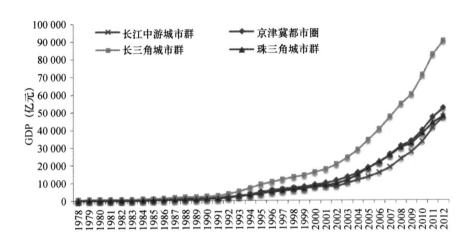

图 1-5　1978—2012 年四大城市群 GDP 增长情况

资料来源：根据 CNKI 中国统计年鉴数据库中相关统计数据计算。

　　然而，从近年来经济增长速度看，2008—2012 年长江中游城市群名义GDP 年均增长率最高，达 20.12%，远高于京津冀都市圈（15.08%）、长三角城市群（13.76%）和珠三角城市群（13.19%）的平均增速，表现出较快的增长势头。从长江中游城市群三大区域板块来看，武汉城市圈（含宜荆荆）的GDP 总量最高，而环长株潭城市群的名义 GDP 增长率最高（见表 1-23 和图1-6）。

表 1-23 　　　　　　　　　　2000—2012 年四大城市群 GDP 增长情况

年份	长江中游城市群		长三角城市群		珠三角城市群		京津冀都市圈	
	数值 (亿元)	增长率 (%)	数值 (亿元)	增长率 (%)	数值 (亿元)	增长率 (%)	数值 (亿元)	增长率 (%)
2000	7 552		16 038		8 424		8 759	
2001	8 227	8.95	17 903	11.63	8 532	1.28	10 038	14.60
2002	8 867	7.78	20 330	13.56	9 615	12.70	11 332	12.89
2003	9 933	12.02	24 247	19.26	11 749	22.19	13 212	16.59
2004	11 772	18.51	28 757	18.60	14 618	24.41	15 869	20.11
2005	13 446	14.22	34 130	18.69	18 299	25.18	18 573	17.04
2006	15 563	15.74	40 006	17.22	21 706	18.62	21 627	16.44
2007	18 809	20.86	47 301	18.24	25 715	18.47	25 768	19.15
2008	23 460	24.73	54 409	15.03	29 976	16.57	30 781	19.46
2009	27 224	16.04	60 000	10.28	32 162	7.29	33 536	8.95
2010	33 107	21.61	70 675	17.79	37 673	17.14	39 599	18.08
2011	41 002	23.85	82 139	16.22	43 721	16.05	47 024	18.75
2012	47 042	14.73	90 114	9.71	47 780	9.28	52 018	10.62
2000—2012 年平均		16.47		15.47		15.56		16.00
2008—2012 年平均		20.12		13.76		13.19		15.08

注：增长率为名义增长率。

资料来源：根据 CNKI 中国统计年鉴数据库相关数据计算。

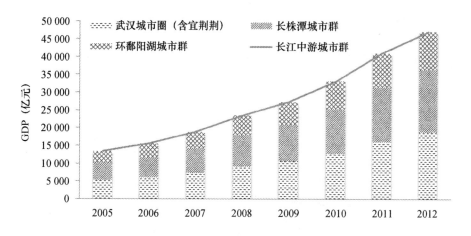

图 1-6　2005—2012 年长江中游城市群 GDP 增长情况

　　综合考虑时间序列的稳定性及其预测的时效性，采用 2000—2012 年四大城市群 GDP 数据，利用曲线拟合法对 GDP 增长趋势进行模拟（至 2020年），图 1-7 显示了模拟曲线及其拟合方程，结果显示指数函数的拟合优度最好。从四大城市群时间序列系数来看，长江中游城市群的系数最大，与其最高的增长率相对应。图 1-8 根据曲线拟合方程对四大城市群 2015 年和 2020年的增长趋势进行了模拟，结果表明，如果维持近年来的增长趋势，到 2015年长江中游城市群 GDP 总量将超过珠三角城市群（不含港澳），到 2020 年将超过京津冀都市圈，仅次于长三角城市群，这一预测与现阶段较小的总量差距和较快的增长速度是相符的。这一结果与增长率法的预测结果基本一致（如表 1-24 所示）。即使将港澳和河北南部三市包括在内，从长远发展看，长江中游城市群由于面积大、发展水平低、增长速度快，其经济总量超过珠三角城市群和京津冀都市圈也是迟早的事情。

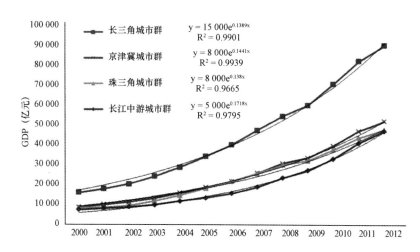

图 1-7 四大城市群 GDP 增长曲线拟合

表 1-24		四大城市群 GDP 增长预测			单位：亿元
		长江中游城市群	长三角城市群	珠三角城市群	京津冀都市圈
2012	实际值	47 042	90 114	47 780	52 018
2015	曲线拟合法	78 119	138 442	72 780	80 242
2015	增长率法	62 613	63 724	110 394	60 189
2020	曲线拟合法	176 825	257 059	146 159	170 535
2020	增长率法	100 839	89 376	154 833	88 437
备注	拟合函数	$y = 5\,000e^{0.1718x}$	$y = 15\,000e^{0.1389x}$	$y = 8\,000e^{0.138x}$	$y = 8\,000e^{0.1441x}$
	增长率	10%	7%	7%	8%

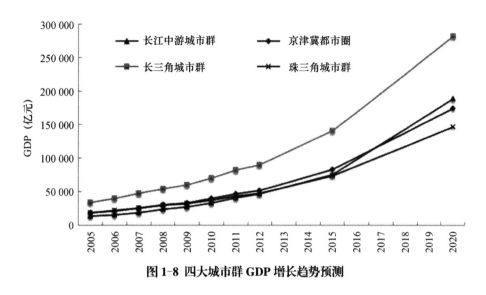

图 1-8 四大城市群 GDP 增长趋势预测

长三角、珠三角和京津冀地区是目前中国三大经济核心区。与沿海三大城市群相比，长江中游城市群 GDP 总量最低，其中，与长三角城市群差距较大，与京津冀都市圈和珠三角城市群大体接近，但其增长率最高，根据近年增长情况，利用曲线拟合法和增长率法，预计在 2020 年前长江中游城市群 GDP 总量将相继超过珠三角城市群和京津冀都市圈，仅次于长三角城市群。可以预见，近中期内长江中游城市群将会成为中国经济的重要核心区和拉动经济增长的重要引擎，成为新常态下支撑中国经济较长时期内保持中高速增长的中坚力量。因此，支持长江中游城市群加快发展和转型跨越是一项重大的国家战略。

（二）长江中游城市群人均 GDP 及其增长潜力

与沿海发达城市群相比，长江中游城市群人均 GDP 水平低。2012 年，长江中游城市群人均 GDP 只有 40 589 元，按当年平均汇价计算，合 6 430 美元，仅相当于长三角城市群的 49%，珠三角城市群的 48% 和京津冀都市圈的 67%，略高于成渝城市群（见表 1-25）。相比较而言，长江中游城市群刚刚越过 5 000 美元的拐点，而沿海三大城市群已经越过或者接近 1 万美元，二者处于不同的发展阶段。在长江中游城市群内部，环长株潭城市群人均

GDP 水平最高，环鄱阳湖城市群最低，而武汉城市圈（含宜荆荆）处于居中水平，略低于长株潭城市群。更重要的是，与其他城市群相比，长江中游城市群内部空间差异较大，人均 GDP 最高的城市与最低的城市之比高达 4.71，其中武汉城市圈（含宜荆荆）为 4.14，环长株潭城市群为 3.81，环鄱阳湖城市群为 3.79，均远高于长三角、珠三角和成渝城市群的水平。从空间结构看，长江中游城市群的"两极化"倾向比京津冀都市圈更为严重，城市群内中心城市与外围城市的发展差距很大。这表明，至今为止，长江中游城市群的一体化程度还很低，仍处于不断发育和演变之中。这种低水平的后发优势，也是其未来发展的巨大潜力所在。

表 1-25　　　　　　　　2012 年主要城市群人均 GDP 情况

城市群	人均 GDP		最高值		最低值		最高/最低
	元	美元	城市	人均 GDP（元）	城市	人均 GDP（元）	
长三角城市群	83 303	13 197	无锡	117 357	台州	48 505	2.42
珠三角城市群	83 989	13 305	深圳	123 247	肇庆	36 864	3.34
京津冀都市圈	60 410	9 570	天津	93 173	保定	24 053	3.87
成渝城市群	34 336	5 439	成都	57 624	南充	18 757	3.07
长江中游城市群	40 589	6 430	长沙	89 903	上饶	19 077	4.71
武汉城市圈（含宜荆荆）	43 420	6 878	武汉	79 482	黄冈	19 220	4.14
长株潭城市群	43 775	6 935	长沙	89 903	益阳	23 572	3.81
环鄱阳湖城市群	32 937	5 218	新余	72 266	上饶	19 077	3.79

资料来源：根据《中国城市统计年鉴》（2013）计算。

表 1-26 和图 1-9 对主要中心城市的人均 GDP 变化情况进行了比较分析。结果表明，武汉和长沙的人均 GDP 水平与其他中心城市比较接近，都在 80 000 元左右及以上水平，而南昌的人均 GDP 水平最低，而且差距较大。2012 年，南昌的人均 GDP 不到深圳的一半，也不到杭州和广州的 60%。然而，从名义增长率来看，2006—2012 年长沙、武汉、南昌人均 GDP 年均增长率分别居前三位，尤其是长沙和武汉增长速度迅猛。这期间长沙的增速是上海的 2.9

倍，北京的 2.2 倍，广州和深圳的 2.0 倍，南京和杭州的 1.5 倍。这也显示了长江中游城市群各中心城市未来发展的巨大潜力。

表 1-26 城市群中心城市人均 GDP 及名义增长率比较

中心城市	人均 GDP（元）				名义年均增长率（%）		
	2000 年	2005 年	2010 年	2012 年	2001—2012 年	2001—2005 年	2006—2012 年
武汉市	15 082	26 279	58 961	79 482	14.86	11.75	17.13
长沙市	11 699	23 968	66 464	89 903	18.52	15.42	20.79
南昌市	10 774	22 390	43 961	58 715	15.18	15.75	14.77
北京市	24 127	45 993	73 856	87 475	11.33	13.77	9.62
天津市	17 353	35 783	72 994	93 173	15.03	15.57	14.65
上海市	30 047	52 535	76 074	85 373	9.09	11.82	7.18
杭州市	22 342	44 853	86 691	111 758	14.36	14.96	13.93
南京市	19 838	36 112	65 273	88 525	13.27	12.73	13.67
广州市	25 626	53 809	87 458	105 909	12.55	15.99	10.16
深圳市	32 800	60 801	94 297	123 247	11.66	13.14	10.62

资料来源：根据《中国城市统计年鉴》（2001、2006、2011、2013）计算。

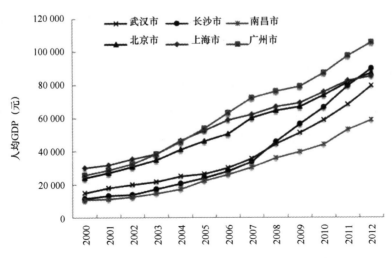

图 1-9 长江中游城市群中心城市与北上广人均 GDP 增长情况

由此可以看出，在长江中游城市群中，武汉、长沙人均 GDP 与沿海三大城市群各中心城市比较接近，南昌的人均 GDP 较低，但由于增长速度较快，预计到 2020 年三大中心城市人均 GDP 将逐步接近或达到沿海三大城市群中心城市的水平。但是，整个长江中游城市群人均 GDP 要逐步赶上或接近沿海三大城市群的难度较大。假如沿海三大城市群人均 GDP 年均增长 7%，长江中游城市群即使增速高 3 个百分点，要赶上京津冀都市圈也需要 15 年，赶上长三角和珠三角城市群则需要 26 年。对长江中游城市群而言，目前的关键问题并非在于中心城市，而主要在于中心城市之外的其他城市发展水平较低，区域一体化进程较慢。因此，加快推进长江中游城市群建设，一定要重视发挥武汉、长沙、南昌三大中心城市对周边地区的辐射带动作用，加快推进区域经济一体化进程，切实提高城市群的整体水平尤其是外围城市的发展水平，尽快消除"两极化"倾向。从总体上看，长江中游城市群要逐步缩小与沿海三大城市群人均 GDP 的差距，还需要花费相当长的时间，进行长期不懈的努力。

（三）长江中游城市群居民收入及其增长潜力

由于缺乏全部居民收入的系统数据，我们采用城市群城镇居民人均可支配收入指标来进行比较分析。从表 1-27 中可以看出，与沿海城市群尤其是长三角和珠三角城市群相比，长江中游城市群城镇居民人均可支配收入水平较低。2012 年，长江中游城市群城镇居民人均可支配收入为 20 571 元，只有长三角和珠三角城市群的 60%左右。在长江中游城市群内部，武汉城市圈（含宜荆荆）城镇居民收入水平最低，约比长株潭城市群低 16%。但是，长江中游城市群各城市之间的收入差距并不大，低于珠三角城市群和京津冀都市圈。尤其是，环鄱阳湖城市群城际收入差距系数最低，处于一种低水平相对均衡状态。

表 1-27　　　　　　　　2012 年四大城市群城镇居民人均可支配收入情况

城市群	人均可支配收入（元）	最高值		最低值		最高/最低	异方差
		城市	人均收入（元）	城市	人均收入（元）		
长三角城市群	33 845	上海	40 188	扬州	25 712	1.56	0.13
珠三角城市群	33 240	东莞	42 944	肇庆	21 754	1.97	0.20
京津冀都市圈	23 746	北京	36 469	张家口	18 441	1.98	0.24
长江中游城市群	20 571	长沙	30 288	天门	15 685	1.93	0.15
武汉城市圈（含宜荆荆）	19 122	武汉	27 061	天门	15 685	1.73	0.15
长株潭城市群	22 633	长沙	30 288	娄底	19 194	1.58	0.17
环鄱阳湖城市群	20 672	南昌	23 602	宜春	18 896	1.25	0.08

注：城市群城镇居民人均可支配收入为各城市的算术平均值。

资料来源：根据《中国城市统计年鉴》（2013）计算。

作为长江中游城市群的中心城市，除长沙外，武汉和南昌城镇居民人均可支配收入也明显偏低，尤其是南昌 2012 年城镇居民人均可支配收入不到深圳、上海的 60%，也比长沙低 22%（见表 1-28 和图 1-10）。从收入增长来看，2006—2012 年三个中心城市城镇居民人均可支配收入名义年均增长率虽然要高于其他中心城市，但差别不是太大，这与其人均 GDP 的高速增长态势形成鲜明对照。由于长江中游城市群人口规模大，城镇化率和居民收入水平较低，在经济快速增长的拉动下，未来城乡居民收入增长和内需扩大的潜力巨大。

表 1-28　　　　　　城市群中心城市城镇居民人均可支配收入及名义平均增长率

	城镇居民人均可支配收入（元）				名义年均增长率（%）		
	2000	2005	2010	2012	2001—2012	2001—2005	2006—2012
武汉市	6 761	10 850	20 806	27 061	12.29	9.95	13.96
长沙市	7 986	12 434	22 814	30 288	11.80	9.30	13.58
南昌市	5 734	10 301	18 276	23 602	12.55	12.47	12.61
北京市	10 350	17 653	29 073	36 469	11.08	11.29	10.94
天津市	8 141	12 639	24 293	29 626	11.41	9.23	12.98

续表

	城镇居民人均可支配收入（元）				名义年均增长率（%）		
	2000	2005	2010	2012	2001—2012	2001—2005	2006—2012
上海市	11 718	18 645	31 838	40 188	10.86	9.80	11.61
杭州市	9 668	16 601	30 035	35 704	11.53	11.44	11.59
南京市	8 233	14 997	27 383	35 092	13.00	13.07	12.96
广州市	13 622	18 287	30 659	38 054	9.10	6.38	11.05
深圳市	21 577	28 665	32 381	40 742	10.31	7.92	12.01

资料来源：根据《中国城市统计年鉴》（2001、2006、2011、2013）计算。

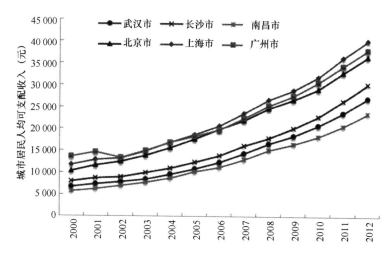

图1-10　长江中游城市群中心城市与北上广城镇居民收入增长情况

通过以上分析，可以发现，长江中游城市群城镇居民收入水平与沿海三大城市群还存在较大的差距，即使是长江中游城市群的三大中心城市，也与沿海中心城市的差距较大。自2006年以来，虽然长江中游城市群城镇居民收入平均增长速度较快，但要实现赶超还需要较长时间，不是短期内能够实现的。假如今后长三角和珠三角城镇居民收入年均增长8%，即使长江中游城市群年均增速提高 3 个百分点，到 2020 年，其城镇居民人均收入水平也只能达到长三角和珠三角的 76%左右，到 2030 年也只能达到 85%左右。但是，可以预见，在今后一段时期内，随着工业化的快速推进和经济的快速发展，长江中游城市群城镇居民收入与沿海三大城市群的差距将会逐步缩小，尤其是与京津冀都市圈的收入水平将逐步接近。

（四）长江中游城市群城镇化潜力分析

在四大城市群中，长江中游城市群总人口最多，2012 年为 11 153 万人，城镇人口 5 796 万人，城镇化率 50.2%，远低于其他城市群 2012 年的城镇化水平；但从城镇化率的增速来看，长江中游城市群 2012 年之前处于城镇化加速推进阶段，城镇化率的增速最高，2010—2012 年年均提高 2.1 个百分点，远高于其他三大城市群城镇化率增速水平。从长江中游城市群占长江中游三省的人口比重来看，长江中游城市群是长江中游三省城镇化的核心载体，总人口和城镇人口占长江中游三省的比重基本维持在 2/3 左右（见表 1-29），长江中游城市群的城镇化率（50.2%）高于三省总体城镇化率（49.1%）1.1个百分点。从 2012 年长江中游城市群和三省城镇化进程来看，分别比全国平均水平低 2.5 和 3.5 个百分点左右。

目前，长三角和珠三角城市群已经处于城镇化后期，而长江中游城市群同全国整体的城镇化处于同一发展阶段，未来 10—20 年仍将处于城镇化率 50%—70%的快速推进期。但相比较而言，长江中游城市群城镇化推进速度将会逐步放慢，很难再现前些年年均提高 2.0 个百分点以上的速度。尤其是，未来城镇化的推进必须把农业转移人口市民化和提高城镇化质量放在重要位置，不能再单纯强调城镇化的速度。因此，考虑到长江中游城市群所处城镇化阶段及其作为中游三省的核心载体，以及国家新型城镇化要求，预计2020 年前将以 1.5 个百分点的速度快速推进，到 2020 年，长江中游城市群城镇化率将达到 62%左右，接近或超过京津冀都市圈现有的城镇化水平，新增城镇人口（以就近城镇化为主）1 400 万左右，与其他城市群的城镇化率差距大幅缩小。长江中游城市群作为长江中游三省吸纳新增城镇人口的主要载体，将在未来城镇化快速推进中扮演重要角色。

表1-29　　　　　长江中游城市群与长江中游三省城镇化情况（2010—2012）

		长江中游城市群	三省合计	湖北	湖南	江西
常住人口（万人）	2010	11 521	17 276	5 724	7 090	4 462
	2011	11 501	17 382	5 758	7 136	4 488
	2012	11 553	17 463	5 779	7 180	4 504
城镇人口（万人）	2010	5 298	7 882	2 846	3 070	1 966
	2011	5 573	8 254	2 984	3 218	2 051
	2012	5 796	8 581	3 092	3 349	2 140
城镇化率（%）	2010	46.0	45.6	49.7	43.3	44.1
	2011	48.5	47.5	51.8	45.1	45.7
	2012	**50.2**	**49.1**	53.5	46.7	47.5

资料来源：根据历年《中国城市统计年鉴》及三省历年统计年鉴整理。

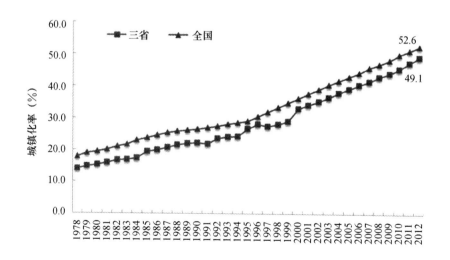

图1-11 长江中游三省城镇化推进情况（1978—2012）

表 1-30　　　　　　　　　　2020 年四大城市群人口与城镇化率预测

城市群	指标	2010年	2011 年	2012 年	年均增长（百分点）	2020 年预测
长三角城市群	常住人口（万人）	10 812	10 856	**10 919**	0.493	11 358
	城镇人口（万人）	7 564	7 673	**7 795**	1.515	8 791
	城镇化率（%）	70.0	70.7	**71.4**	**0.715**	77.4[77.1]
珠三角城市群	常住人口（万人）	5 617	5 647	**5 682**	0.578	5 950
	城镇人口（万人）	4 646	4 687	**4 739**	0.989	5 127
	城镇化率（%）	82.7	83.0	**83.4**	**0.338**	86.2[86.1]
京津冀都市圈	常住人口（万人）	8 390	8 539	**8 684**	1.734	9 963
	城镇人口（万人）	4 995	5 238	**5 424**	4.210	6 974
	城镇化率（%）	59.5	61.3	**62.5**	**1.467**	70[+1]
长中游城市群	常住人口（万人）	11 521	11 501	**11 553**	0.139	11 681
	城镇人口（万人）	5 298	5 573	**5 796**	4.594	7 242[+1 446]
	城镇化率（%）	46.0	48.5	**50.2**	**2.092**	62[+1.5]

注：2020 年城镇化率的预测中，[]外为预测的城镇人口与总人口的比重，[]中为按照城镇化率提升速度预测。

资料来源：根据《中国城市统计年鉴》（2011、2012、2013）整理。

　　由此可见，长江中游城市群城镇化相对滞后，城镇化率长期以来一直比全国平均水平低 2.5 个百分点左右，远低于三大城市群的水平。综合考虑长江中游城市群城镇化所处阶段及其核心载体功能，以及国家新型城镇化的要求，预计 2020 年前将以每年 1.5 个百分点的速度快速推进，到 2020 年，长江中游城市群城镇化率将达到 62%左右，新增城镇人口（以就近城镇化为主）1 400 万左右，与其他城市群的差距大幅缩小。作为国家级重点开发区域，长江中游城市群将是未来长江中游三省推进城镇化的核心载体，也是吸纳新增城镇人口的主要载体，其发展空间和潜力巨大。

五　推进长江中游城市群建设面临的障碍

尽管推进长江中游城市群建设具有较好的基础，但由于长江中游城市群地跨三省，地域面积较大，涉及城市数量众多，受传统体制的束缚，当前仍面临诸多障碍和问题亟待研究解决。具体表现在以下几个方面：

（一）行政分割现象比较突出

受传统体制的制约，长江中游城市群行政分割现象较为突出，资源整合和区际协调的任务繁重。目前，长江中游城市群基本上还是分割的，武汉城市圈、环长株潭城市群和环鄱阳湖城市群在各自省域范围内独立运作，圈（群）际联系和交流较少，一体化程度低。即使在各城市圈（群）之内，除长株潭城市群外，各城市基本上是各自为战，受行政区划的制约严重，尤其是环鄱阳湖城市群，目前还处于松散状态。湖北鄂州市与黄冈市仅一江之隔，虽然有大桥相连，但因行政区划阻隔了两市的融合和同城化。黄石市与黄冈市浠水县的散花镇一江之隔，但由于行政隶属关系不同，融合的难度也较大。

同时，在现行的财政体制和政绩考核制度下，地方保护主义倾向依然存在。比如，一些地方对外地产品进入本地市场，竞相抬高进入门槛，实行市场封闭和地方保护，人为阻挠各种商品和生产要素的自由流动。如湖北和湖南对卷烟相互实行市场封锁，相反对上海、云南的卷烟并没有限制，以邻为壑，远交近攻，造成市场的严重分割。又如，近年来鄂湘赣三省在发展战略上加强了互动和交流，但各城市仍不同程度地存在市场准入、质量技术标准、行政事业性收费、户籍制度等形式的地方保护，严重阻碍了资金、技术、劳动力等生产要素的合理流动。

（二）基础设施建设严重滞后

发达的交通通信等基础设施网络是城市群形成和发展的基础。近年来，长江中游城市群的基础设施状况有了很大改善，交通通信的通达性和便捷性大大提高，但与城市群发展和紧密型城市群形成的要求相比，还有很大差距。目前，长江中游城市群的交通设施大多以武汉、长沙、南昌为中心在各自省域范围内展开布局，至今还缺乏一个面向整个城市群的一体化快速交通网络体系。在城市群内部，部分交通设施不对接、功能不完善，基础设施的共建共享受到很大制约；一些公路设施等级水平较低，尚存在不少断头路和瓶颈路，难以适应新形势发展的需要；城际高等级公路纵通横不通，一体化的公路网络尚未形成；内河航道和港口建设滞后，长江"黄金水道"的作用没有得到充分发挥；运输管理手段落后，保障系统不完善，公共运输信息传输慢；信息网络尚未完全互联互通，信息资源的开发、共享不够，缺乏平台支撑。

（三）低水平同质化竞争激烈

长江中游城市群产业层次较低，链条较短，配套能力不足，现代物流和服务业发展滞后，产品技术含量和增值率不高，企业自主创新能力不强，缺少在国际市场上有影响力的自主品牌，严重制约了其综合竞争力的提升。同时，由于地理区位、自然条件、经济和社会文化特点相似，各城市功能定位大体相近，尚未形成合理的分工协作和互补关系，低水平重复建设仍较严重，城市间产业结构雷同，经济联系松散，竞争大于合作。特别是，一些核心城市定位和发展层次较低，与周边中小城市在较低层次上展开同质化竞争，相互争夺资源、资金、人才和市场。作为长江中游城市群的核心城市和国际大都市，武汉的中心功能严重不足，高端化和服务化水平偏低，其对武汉城市圈其他城市的吸纳要远远大于互补性，而对长株潭和环鄱阳湖城市群的影响力和吸引力则远不够强大。

（四）区域合作机制不健全

目前，长江中游城市群的区域合作机制还很不健全。从合作意愿看，虽然近年来鄂湘赣三省高层交流开始增多，省际合作步伐日渐加快，但各城市之间尤其是跨省城际合作意愿并不是太高。尤其是，湖南和江西的情况十分微妙，目前仍处于北上西联与南下东靠的摇摆之中。在北上西联武汉城市圈的同时，湖南长株潭城市群有南下融入珠三角、江西环鄱阳湖城市群有向东靠拢长三角的趋势，南昌和九江则同时加入了武汉经济协作区和南京区域经济协调会。从合作组织看，虽然武汉经济协作区曾经有过辉煌，但近年来活动日趋减少，影响力趋于下降。虽然近年来三省在旅游、商务、科技、知识产权等领域签订了合作框架协议，但至今为止，跨省合作的长效机制还远没有建立，更谈不上一体化了，整个城市群内部缺乏稳定的沟通渠道和合作平台。从法律制度看，相关法律法规不健全，市场监管机制不完善，阻碍了要素自由流动和跨地区合作。现行对异地投资企业实行双重征税政策，严重制约了优势企业的跨地区迁移或兼并、重组。

（五）生态环境保护压力加大

近年来，随着工业化和城镇化的快速推进，长江中游地区的生态环境压力日益加大，尤其是水生态、水环境问题较为突出。由于开发利用不当和保护不够，加上缺乏有效的协调与合作，导致重要湖泊和湿地出现不同程度的萎缩和生态退化，其中洞庭湖、鄱阳湖、洪湖等重点湖泊水域面积缩小、容量减少、水质变差，防洪调蓄能力下降。目前，鄱阳湖枯水期湖区水体面积已萎缩到不足 200 平方公里，不到丰水期面积的 1/20。湖区水体面积萎缩，再加上生态破坏和环境污染，导致近年来鄱阳湖渔业资源持续衰减，鱼类产量和质量下降，湖床淤泥抬高，湿地面积缩小，生物多样性锐减，生态功能退化，水质呈显著下降趋势。同时，由于该地区钢铁、有色金属、化工、建材等重化工业密集分布，"三废"排放量大，处理率较低，导致区域环境污染加剧，局部支流河段、大部分中小湖泊污染比较严重。譬如，全国最大的城中湖东湖的水质多年均为五类或劣五类；长江沿岸布局了众多污染企业，一些中小城市和小城镇因污水处理、排放监管没有跟上，成为向长江排污的"主力"；湘江流域严重的重金属污染，导致水生态系统受到破坏，水环境质量严重下降，鱼类大幅减少，饮水安全问题突出，并最终危及人体健康，影响农作物生产（刘耀驰等，2010）。此外，大量化工企业临江近水布局，也带来了严重的安全隐患，一旦出现意外事故，很容易通过水体迅速扩散到广大周边地区。

参考文献

[1] 白红涛.武汉城市圈产业同构问题分析.经济研究导刊,2011(2).

[2] 湖北省社会科学院课题组.长江中游城市群安庆九江咸宁岳阳城市合作战略研究.秦尊文,打造中国经济增长第四极.武汉：湖北人民出版社,2013.

[3] 刘耀驰,高栗,李志光,等.湘江重金属污染现状、污染原因分析与对策探讨.环境保护科学,2010(4).

[4] 吕桦,章定富,郑林.论建设长江中游城市群区.江西师范大学学报(自然科学版),1995, 19(3).

[5] 秦尊文.论长江中游城市群的构建.江汉论坛,2010(12).

[6] 秦尊文.建设长江中游城市群是湖北跨越式发展的重大机遇.学习月刊,2011(3·上半月).

[7] 王磊,沈丹.长江中游城市群产业结构演化研究.区域经济评论,2014(4).

[8] 魏后凯,成艾华.携手共同打造中国经济发展第四极——长江中游城市群发展战略研究. 江汉论坛,2012(4).

[9] 伍新木,黄宏伟.以武汉为中心建设长江中游城市群.学习与实践,2002(6).

[10] 肖金成,汪阳红.论长江中游城市群的构造和发展.湖北社会科学,2008(6).

[11] 朱丽萌."中三角"空间范围与发展定位.井冈山干部学院学报,2014(3).

第二章

长江中游城市群产业协同发展与升级转型[①]

长江中游城市群地处楚地，有着共同的历史渊源和文化底蕴，表现出相近的文化特色。但是产业发展需要避免同质化。因而，产业的转型升级和协同发展，就成为长江中游城市群发展的经济纽带和战略动力。

一 长江中游城市群产业协同发展与升级转型的现状分析

近年来，长江中游城市群开始从概念走向实践，写入了《国务院关于依托黄金水道推动长江经济带发展的指导意见》。跟长三角、京津冀一样，长江中游城市群现阶段产业发展面临的主要现实问题是，产业联系不紧密、产业同质化发展、产业升级转型动力不足等，这些问题是长江中游城市群能否把长江经济带之"龙腰"挺起来的关键。

（一）现状特征

经过多年来的发展，长江中游城市群在现代农业、先进制造业、电子信息、航空航天等产业领域已出现了一批全国性生产制造基地，初具发展规模（见图2-1）。并且，随着三峡大坝蓄水发电，长江中游沿江城市产业发展条件也发生了很大的变化。

[①] 本章领衔专家黄群慧、陈耀，执笔叶振宇、李晓华、邓洲、侯小菲。

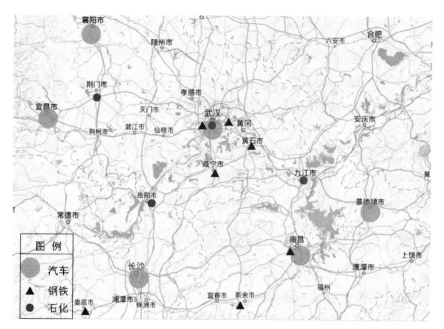

图 2-1 长江中游城市群重点产业布局

根据统计数据分析，并结合课题组调研发现，目前，长江中游城市群产业协同发展与升级转型表现出如下主要特征：

1. 从传统农业向现代农业加速转型

长江中游城市群地处江汉平原、洞庭湖平原和环鄱阳湖平原，农业生产条件好，是我国重要的商品粮生产基地。近年来，长江中游城市群现代农业发展势头良好，粮食、棉花、油料、畜牧、水产、蔬菜、林果、茶叶、桑蚕等农产品产量均在全国占有重要地位，实现农业增加值占全国近 10%，远高于长三角城市群和京津冀都市圈的占比。另外，长江中游城市群凭借主要农产品主产区的优势，逐渐成为我国农产品加工业的重要基地。据统计，2012年，长江中游城市群农副产品加工业占全国 12.2%、烟草制品业占全国 16.3%、纺织业占全国 12.5%。这些产业快速发展直接带动了农产品对外输出，也将产业链延伸到全国各地。如荆州市纺织企业主要从事上游纺纱环节，而下游的染整、加工等环节多分布在江苏、浙江一带，这样的产业链分工常见于长江中游城市群的许多城市。

2．从传统工业体系向规模化、高端化、服务化的现代工业体系转型

长江中游城市群拥有一大批不同时期建成的老工业基地，如武汉、黄石、长沙、株洲、湘潭、衡阳、南昌、九江、景德镇、萍乡等，具有产业基础较好、产学研协作体系相对完整、优势特色比较突出等特点。这些工业基地不断焕发出新的活力，持续扩大了主导产业的优势。同时，宜昌、岳阳等城市则在改革开放以后依托国家重大项目布局形成了一批具有规模优势的主导产业，如磷化工、石油化工等。现在看来，长江中游城市群已经形成了汽车、电子信息、钢铁、有色冶金、装备制造、石油化工、生物医药等支柱产业（见表2-1），并在光电子、重型机械、大型成套设备制造、汽车、轨道交通设备制造、船舶等行业拥有一批核心技术和关键技术。其中，武汉都市圈的钢铁、汽车、光电子信息、石油和盐化工、装备制造、纺织服装等行业已具有全国影响力；环长株潭城市群在工程机械制造、交通运输设备、电子信息、有色金属、石油化工等行业具有明显的规模和技术优势；鄱阳湖生态经济区先进制造业发展迅速，逐渐形成光电、新能源、生物、铜冶炼及精深加工、优质钢材深加工、炼油及化工、航空、汽车及零部件生产等产业基地。

表2-1　　　　　　2013年鄂、湘、赣三省达到千亿元产值的产业

省份	湖北省	湖南省	江西省
千亿元产业	石油化工、食品、汽车、机械、电子信息、钢铁、纺织、建材、电力、有色金属	机械、轻工、石油化工、有色金属、食品、电子信息、冶金、建材、电力	有色金属、食品、石油化工、纺织、新能源、钢铁、建材、医药、电子信息、汽车
千亿元产业数量（个）	10	9	10

资料来源：调研资料。

3．从封闭式创新转向开放式、互动式、联结式的产学研协作创新

长江中游城市群是我国科技资源分布比较集中的地区之一。据统计，长

江中游城市群拥有普通高等学校 260 所，在校学生数接近 300 万人，武汉市拥有国家级重点实验室 23 家，国家工程（技术）研究中心 20 家，普通高校 78 所，各类专业技术人员 50 多万名。由于体制问题，科技资源在过去很长一段时间并没有转化为产业优势。不过，近年来，这种状况开始发生积极的变化，一批科研成果正从高校或科研机构的实验室走向高新区，实现成果转化，同时，创新氛围也显现出来，产业投资基金等投融资平台纷纷设立。近十年，围绕"中国光谷"建设，武汉东湖高新区加快体制机制创新，把高校科技资源引入到创新创业的 "活水池"，促进成果实现转化，帮助科技人员自主创业，目前东湖高新区已经形成电子信息、生物技术、新医药、新材料、先进制造技术等优势领域。集聚了 2 000 多家高新技术企业，30 多万从业人员，成为继北京中关村科技园之后第二个国家自主创新示范区。同样，环长株潭城市群是国家级综合性高新技术产业带，拥有 2 个国家级高新区和 1 个省级高新区，10 多个国家级高新技术产业化基地，并建立了国家级的"湘江新区"，形成了电子信息、新材料、先进制造、生物医药、航空航天、生产性服务业等优势领域。这些高新区的崛起，受益于封闭式创新体系的瓦解和产学研开放式创新体系的出现。

4. 从传统服务业向新兴服务业拓展

长江中游城市群产业升级不仅表现为工业内部升级，也表现为服务业比重提升和升级、三次产业融合发展以及制造业服务化的趋势。在互联网、物流等现代基础设施网络日趋完善的过程中，以武汉、长沙、南昌为中心的城市群网络优势进一步推动服务业兴起，使得城际间空间距离被时间距离所抵消，现代物流业、金融保险业、商务服务业、技术与知识服务业、电子商务等新兴服务业或新业态逐渐壮大，并倒逼城市群融合发展。

另外，丰富的文化资源和地理资源，为长江中游城市群文化旅游业发展提供了天然的土壤。近年来，随着大旅游、大文化等概念的深入人心以及快速交通网络的形成，长江中游城市群逐渐出现了一个市场化程度高、点线面结合、品牌优势突出的文化旅游网络，这个网络逐渐连接、覆盖长江流域各节点城市。同时，围绕文化资源开发保护，长江中游城市群逐步形成文化产业软实力，出现了一些地方特色的文化创意产业，如，长沙影视娱乐产业、武汉文化科技产业、荆州楚文化旅游产业、环鄱阳湖生态旅游产业等，这些产业的形成逐步改变了"文化大省、产业弱省"的现状。

（二）长中游与长三角、京津冀的比较分析

跟长三角、京津冀相比，长江中游城市群正式写入中央文件比较晚，产业协同发展处于起步阶段。相对于长三角或京津冀而言，长江中游城市群在产业协同发展、升级转型等方面具有如下特征：

1. 经济体量较小，经济发展水平较低

从 2005 年、2010 年和 2012 年三个时间节点看，长江中游城市群无论是 GDP 总量还是人均 GDP 都比长三角、京津冀低。但是，如果从 2005—2012 年时间跨度比较看，2005 年，长三角人均 GDP 是长江中游城市群的 3.1 倍，但到了 2012 年已下降至 2.1 倍。可见，长江中游城市群后发赶超优势开始显现，与长三角、京津冀之间的经济差距日趋缩小。

表 2-2　　　　　　　　　长中游与长三角、京津冀发展比较

	地区生产总值（亿元）			人均地区生产总值（元）		
	2005 年	2010 年	2012 年	2005 年	2010 年	2012 年
长中游	12 982.6	32 006.4	45 503.8	12 332.1	29 941.1	41 694.5
长三角	34 129.9	70 675.4	90 114.7	38 439.2	70 448.0	87 471.3
京津冀	20 930.7	43 954.2	57 585.0	22 275.5	42 263.7	53 468.0

数据来源：相关年份的《中国城市统计年鉴》。

2. 地区专业化水平趋于上升，地区差异化发展增强

根据地区专业化指数（计算方法见附录）的计算结果，"十一五"以来，长江中游城市群制造业地区专业水平显著提高，而长三角或京津冀则呈现下降趋势，这说明长江中游城市群内各地更专注于本地优势产业发展，特别是大类产业错位发展趋势比较明显，如，湖北武汉、襄阳等城市继续做大汽车产业，湖南长沙等城市更专注于建筑工程机械产业，江西景德镇等城市继续做优工艺

陶瓷和航空产业。从资源配置角度看，长江中游城市群制造业部门间分工深化有利于提高资源配置效率，也有利于打造更加柔性的一体化产业链。

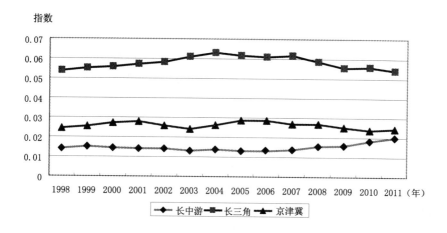

图2-2 制造业地区专业化水平的比较

数据来源：相关城市的历年统计年鉴。

3. 产业协作处于起步阶段，对接形式较少

如果从产业规划、承接产业转移、平台共建等维度对长中游、长三角、京津冀等三大城市群产业协同发展进行评判，从中可以发现，长中游城市群产业协同发展正处于起步阶段，城市群内部产业梯度差异较小，进而弱化了城际之间的产业分工和市场一体化。同时，在国家层面，京津冀协同发展得到中央前所未有的重视，长三角也得到国家强有力的支持，都有相应的区域规划，但《长江中游城市群发展规划》2015年4月才公布，总体上看产业协作还处于起步阶段。

另外，无论是地方政府还是市场主体，都没有将长江中游城市群产业对接协作作为一项重要的任务。在地区协作的各项议程中，产业协同发展远不如基础设施互联互通、社会管理一体化等事项那样已有实质性的进展。同时，行业龙头企业在长江中游城市群产业整合中所发挥的作用非常有限，主要原因是各种形式的体制障碍仍然存在。相反，在长三角地区，一批行业龙头企业借助资本市场加强行业整合，把上下游产业链衔接起来，同时，在外围地区建立飞地园区，实现跨区域产业链协作。此外，长江中游城市群产业协同发展缺少市场化的平台。如，缺少合作园区投资主体、产业项目投资载体、跨地区产业协作联盟等。

表2-3　　　　　　　长中游与长三角、京津冀产业协同发展的比较

	区域规划	异地共建产业园区	区域一体化产业链	产业对接平台	产业协同发展的市场环境	典型例子
长中游	刚刚出台	较少	较少	较少	起步	—
长三角	已经出台	很多	很多	很多	成熟	苏浙沪在苏北、安徽设立分园
京津冀	即将出台	增多	增多	增多	活跃	中关村科技园在津、冀设分园

4. 组织保障比较松散，产业合作空间有待开拓

近年来，长江中游城市群建立了各种形式政府间对话沟通机制，但相比长三角，这种机制建立时间不长，难以达成广泛合作共识。相比之下，湖南、湖北、江西参与泛珠三角的积极性明显高于加强三省之间的合作。因此，长江中游城市群目前尚未建立相对稳定的协调机制和组织机构。另外，长三角和京津冀都有明显的产业梯度差异和引领城市群发展的龙头城市，但长江中游城市群呈现多中心的城市发展格局，也有广泛的产业合作空间，如，产业园区共建共享、国家重大项目布局、产业发展能源保障等，这些方面都值得进一步开拓。

（三）主要问题

1. 地方政府片面追求"高大上"的产业，产业对接协作意识不强

长江中游城市群产业协同发展程度总体不高，跨省际产业协作非常少。课题组调研发现，地方政府出于自身发展考虑，只顾自家的"一亩三分地"，都选择了一些市场前景普遍被看好、其他地区蜂拥而上的"时髦产业"，如，生物医药、通用航空、乘用车整车制造、电商物流等。然而，本地产业如何与附近城市的关联配套问题并没有得到足够的重视。并且，这种趋势在现有的政绩考核体系影响下进一步恶化。总体来看，地方政府开展产业对接协作的意愿并不高。

2. 行业龙头企业尚未发挥应有作用，产业整合环境有待改善

长江中游城市群集中了一批行业龙头企业，如，东风汽车、武汉钢铁、武汉船舶、武汉邮电科学研究院、中国南车株洲机车厂、中航洪都、江西铜业、三一重工、中联重科等企业。尽管这些企业在本行业都具有较强的竞争优势，但它们没有把产业合力优势充分发挥出来，甚至有一些龙头企业间还发生过"内斗"。另外，由于体制环境没有根本改善，更多行业龙头企业宁可选择异地设立生产基地，也不愿意下力气推进区域产业整合或开展产业协作。可见，这些现象的背后既有市场环境不完善的因素，也有地方政府行为背后作祟的因素。

3. 产业配套体系不完善，产业融合程度不高

从产业体系完整性看，长江中游城市群很多产业都出现远距离配套，本地产业配套能力很弱，产业链条很短，并且，现代物流、工业设计、研发服务、商务服务、金融等生产性服务业也没发展起来，企业商务成本总体偏高。同时，武汉、长沙等中心城市与周边城市产业层次也有"断崖式"落差，"产业断层"现象比较普遍，导致中心与外围之间无法建立产业衔接配套。另外，长江中游城市群产业间或产业内融合发展趋势不明显，三次产业之间没有形成有效互动，还处于自主发展主导阶段，难以从产业融合中培育新的经济增长点。

4. 流域生态安全风险加剧，坚守"两条安全底线"难度很大

现阶段，长江中游城市群进入重化工业快速发展阶段，长江流域已逐渐出现了一个连绵的化工产业带，并且，传统农业生产方式难以短时间发生根本改变，农业面源污染持续存在。同时，三峡大坝蓄水发电之后，流域水生态环境进入"新常态"，水流速度放缓，对流域工农业污染物净化能力下降。不仅如此，地方政府对化工、石化、核电、煤化工等大型项目投资的积极性很高，从而推动新一轮"高耗能、高排放"的产业运动。随着发展机遇到来，长江中游城市群普遍存在违规圈地现象，每个地市都规划建设了新区或各种形式产业园区，大量农业用地非农化，土地无序扩张趋势非常明显。据调研，2013年湖南省未批建设的城镇、村及工矿用地面积2527.98亩，占年度新增建设用地的17.5%。并且，地方政府为了发展非农产业项目，暗自、频繁调整土地利用总体规划，造成长江中游城市群农业生产基础出现松动。可见，如果相关体制机制改革不及时跟进，长江中游城市群生态安全和农业安全两条底线很难守住。

5．区域合作机制不健全，产业对接协作平台有待于建立

目前，长江中游城市群产业合作机制不健全、不完善。从合作意愿看，虽然近年来鄂湘赣三省高层交流逐渐增多，省际合作步伐日渐加快，但没有形成城际间产业对接协作机制。课题组通过调研发现，湖南省积极融入珠三角，江西省大力向东靠拢，湖北省不依不靠，这种状况从侧面反映了各省都怀着复杂的产业对外协作心态。可见，城市群内部之间尚没有一股强有力的市场合力，能够把城市群内城市之间的产业发展利益扭到一起。更现实的是，地方政府对构建长江中游城市群产业对接协作平台尚未达成共识，也没有推出一些实质性较强的平台，如产业融资平台、产业创新平台等。

二　长江中游城市群产业协同发展与升级转型的基本思路

（一）基本原则

从竞争关系看，城市群中各个城市产业间虽然存在市场竞争关系，但更多表现为优势互补、互利共赢的合作与协作关系，产业集群超越城市的行政边界，在更广阔的范围内吸纳资源和要素，产生更强的集聚效应，获得更强

的区域产业竞争力。从发展模式看，城市群中产业协同发展应打破传统体制机制障碍，创新城市群产业管理和引导方式，突破障碍和短板，同时，坚持以市场为主导，规范政府行为，发挥企业在产业发展与升级转型中的重要作用。

1．优势互补协同

我国区域经济发展的最重要一个障碍就是区域内各行政区之间的恶性竞争和同质竞争，这导致区域内各城市间不能实现协同发展。虽然同处中部和长江流域地区，但湖北、湖南、江西三省各城市在发展过程中也形成了差异化的发展重点和方向，例如武汉的光电、长沙的装备等在全国乃至全球都有一定的知名度和影响力。促进长江中游城市群产业协同发展与升级转型，就要发挥城市群不同地区的要素资源、产业协作、城市功能的互补优势，避免低水平的同质竞争和重复建设，实现地区间产业配套、协作、错位和互动发展。

2．互利共赢原则

产业协同发展与升级转型不是城市间利益的此消彼长关系，而是在寻求区际利益的同时，探索互利共赢发展的价值主张。一方面，要形成跨行政区划的产业配套体系，构建合理的利益分配机制，使得产业竞争力由于区域间的协作得到强化，而不是由于区域间的恶性竞争削弱产业竞争力。另一方面，要构建农业、生态等方面补偿机制，在一个区域经济体内，产业发达区要给予生态涵养区、农业区合理的经济补偿，以实现区域整体发展和人民共同致富。

3．改革创新原则

体制机制已经成为当前影响我国经济社会发展最显著的障碍之一，改革体制机制也是十八大以后全面深化改革的重要内容。长江中游城市群应当抓住历史机遇，先行先试，用改革思路，破解产业协同发展与升级转型的体制障碍。重点是突破行政区划的约束，从整个长江中游城市群的高度来进行规划，以获得整个区域产业的最优布局，提高区域产业竞争力水平。

4．市场主导原则

切实发挥市场在推动产业协同发展与升级转型中的强大作用，特别是要激活企业的活力和动力，夯实产业转型升级的微观基础。政府的作用只体现在三个方面：一是"裁判"作用，为企业的市场化经营活动营造宽松的环境和氛围；二是"催化"作用，积极降低企业经营成本（特别是行政成本），加快推进产业整合；三是"推手"作用，在市场失灵严重的领域和环节采用行政直接推动的办法。

（二）战略任务

1．依托黄金水道建设中国新增长极

我国已经整体进入工业化后期发展阶段，沿海地区城市已经进入后工业化发展阶段，经济增长的速度开始下降，中国以京津冀、长三角、珠三角为"三极"带动全国经济增长和工业化的格局发生改变，中、西部也将成为拉动中国经济保持较快增长的重要力量，而长江中游城市群具备成为继京津冀、长三角、珠三角之后中国经济新增长的条件。目前，长江中游城市群经济体总量已超过珠三角城市群和京津冀都市圈，产业协同发展与升级转型将继续扩大地区经济规模，正在成为我国又一个新的有竞争力的增长极。

2．打造有竞争力的世界级产业集群

目前，长江中游地区正处于工业化和城镇化"双加速"阶段，同时也是产业集聚效应增强和产业集群化加速的阶段。在"中国制造2025"战略的指引下，针对城市群资源禀赋和现阶段已经形成的产业结构，应构建面向长江中游城市群一体化的电子信息、汽车、钢铁、有色金属、装备制造、石油化工、生物医药等主导优势产业链，借鉴德国工业4.0、美国先进制造业国家战略计划等战略部署，积极利用全球新一轮科技革命和产业变革的机会，实施"互联网+"等战略，重点打造既发挥比较优势，又形成与京津冀、长三角、珠三角城市群错位竞争的高端装备、光电子、汽车三大产业集群，促进产业向园区化、集群化、生态化方向发展，把长江中游城市群建设成为世界级的先进制造业带。

（1）高端装备产业集群

长江中游城市群装备产业规模大、技术强、已经形成若干区域性品牌。例如，湖北武汉东湖新技术开发区智能装备，以武汉、宜昌、鄂州、黄冈的船舶制造和荆门的通用飞机制造为代表的高端交通装备，宜昌的水电装备，荆州、广水、谷城的特色装备；湖南长沙的工程机械，株洲的轨道交通，衡阳输变电设备；江西南昌的航空装备、风电装备在国内外的知名度较高。应借助已有优势，按照装备产业转型升级的要求，实现三个方面的"高端化"：一是技术含量高，表现为知识、技术密集，体现多学科和多领域高精尖技术的继承；二是处于价值链高端，具有高附加值的特征；三是在产业链占据核心部位，其发展水平决定产业链的整体竞争力。

（2）新型汽车产业集群

汽车产业是近年来我国增长最迅速的产业之一，也是拉动若干地方经济快速增长的产业。长江中游城市群汽车产业基础雄厚，湖北已经形成十堰、襄阳、武汉汉江沿线，荆州、黄石长江沿线两条汽车产业集聚带，以及武汉乘用车制造基地、十堰中重型商用车制造基地、襄阳轻型汽车和发动机制造基地、随州专用汽车制造基地四个基地。湖南的长沙、衡阳、常德、娄底、永州、益阳，江西的南昌、九江、景德镇、上饶，也是中部地区重要的汽车基地。随着我国汽车保有量的提高，汽车产业的增长已经出现拐点，长江中游城市群汽车产业应加快转型步伐，重点开发节能汽车、新能源汽车等产品。

（3）光电子产业集群

光电子产业包括信息光电子、能量光电子、消费光电子、军事光电子、软件与网络等领域。光电子技术不仅全面继承兼容电子技术，而且具有微电子无法比拟的优越性能，因此有更广阔的应用范围。光电子产业成为 21 世纪最具魅力的朝阳产业，很多发达国家和地区都将光电子产业作为重点扶持的新兴产业。武汉是我国最重要的光电子产业基地，无论是产值规模、技术水平还是配套环境在国内都屈指可数，在国际上也具备较强竞争力，应以武汉为基础，在长江中游城市群形成若干光电子产业聚集区，使光电子成为区域内最重要的特色产业。

表 2-4 　　　　　　　　　　　　三大产业集群发展目标

		2015 年	2020 年	2030 年
高端装备产业	产业规模	产业增加值突破 1 万亿元	产业增加值突破 2 万亿元	产业增加值突破 8 万亿元
	产业组织	主营业务收入超过 1000 亿元的企业达到 4 家	主营业务收入超过 1000 亿元的企业达到 10 家	主营业务收入超过 1000 亿元的企业达到 20 家
	技术水平	产业整体技术水平达到全国一流	产业技术短板得到有效突破，产业整体技术水平进入国际先进行列	掌握全球领先成套技术和专利，产业整体技术水平达到国际一流
	重点领域	激光加工装备、航天航空装备、数控机床、海洋工程装备、风电装备、核电装备、信息技术装备、工程机械、轨道交通		
	竞争力和影响力	全国有重要影响的装备制造业基地，中部崛起以及长江中游城市群经济社会发展的战略性支柱产业	全国最重要的高端装备制造基地，长江中游城市主导工业产业，形成若干全球知名产业集聚区	全球著名的高端装备研发、制造基地，产业规模和技术水平在全球中高端装备市场具有显著影响力
新型汽车产业	产业规模	产业增加值突破 4000 亿元	产业增加值突破 7000 亿元	产业增加值突破 2 万亿元
	产业组织	主营业务收入超过 1000 亿元的企业达到 3 家	主营业务收入超过 1000 亿元的企业达到 5 家	主营业务收入超过 1000 亿元的企业达到 10 家
	技术水平	新能源汽车技术水平达到全国一流	纯电动汽车关键技术得到突破，产业整体技术水平进入国际先进行列	掌握成套纯电动汽车技术和专利，产业整体技术水平达到国际一流
	重点领域	轿车、乘用车、混合动力汽车、纯电动汽车、新型电池		
	竞争力和影响力	全国重要的乘用车生产基地和新能源汽车增长极	全国最重要的新能源汽车生产基地，新能源汽车技术水平接近世界领先	全球著名的纯电动汽车生产基地和研发中心

		2015 年	2020 年	2030 年
光电子产业	产业规模	产业增加值突破 1500 亿元	产业增加值突破 4000 亿元	产业增加值突破 8000 亿元
	产业组织	主营业务收入超过 1000 亿元的企业达到 1 家	主营业务收入超过 1000 亿元的企业达到 2 家	主营业务收入超过 1000 亿元的企业达到 4 家
	技术水平	产业整体技术水平达到全国一流	掌握若干关键技术,具备研发下一代产品的能力,产业整体技术水平接近全球领先	能够率先研发并制造新一代产品,产业整体技术水品更达到国际一流
	重点领域	光通信、光储存、光显示、节能照明、激光		
	竞争力和影响力	全国规模最大、技术最领先光电子产业基地	全球极具影响的光电子产品制造基地	全球规模最大、技术最先进光电子产品制造基地,全球著名光电子技术研发中心

3．开创内外联动、合理分布的产业发展新格局

依托已初步成型的武汉城市圈、环长株潭城市群和鄱阳湖生态经济区,以及重要交通动脉,以武汉、长沙、南昌三个省会城市为龙头,构建若干产业带,建设一批产业聚集区,形成长江中游城市群产业布局优化的重要载体。发挥大型龙头企业在整合产业链和优化产业布局方面的积极作用,搭建以市场为导向的跨行政区产业布局调整和产业链协作机制,重点促进 500 强企业对上下游的整合,将企业竞争力提升为产业竞争力。进一步完善区域交通体系,积极发挥"都市交通圈""1 小时交通圈"加强城市间产业关联的作用,缩短人员通勤和货物物流时间。改善长江航运航道条件,充分发挥长江黄金水道在大宗散货物流上的优势。通过长江水道、高速铁路、高速公路加强与东部长三角和南部珠三角的交通联系,使得长江中游城市群成为承接沿海地区高端产业转移的首选地。依托蒙华运煤通道,完善沿路能源基地布局,逐

步解决区域性能源短缺问题，为产业发展创造良好环境。

表 2-5　　长江中游城市群国内 500 强企业（2014 年度）

排名	企业名称	所在城市
26	江西铜业股份有限公司	贵溪市
59	武汉钢铁股份有限公司	武汉市
94	湖南华菱钢铁股份有限公司	长沙市
95	中国葛洲坝集团股份有限公司	武汉市
138	中联重科股份有限公司	长沙市
142	东风汽车集团股份有限公司	武汉市
156	新余钢铁股份有限公司	新余市
158	九州通医药集团股份有限公司	武汉市
168	湖南有色金属股份有限公司	长沙市
237	江铃汽车股份有限公司	南昌市
253	东风汽车股份有限公司	武汉市
278	安源煤业集团股份有限公司	南昌市
286	武汉武商集团股份有限公司	武汉市
294	中百控股集团股份有限公司	武汉市
303	华新水泥股份有限公司	武汉市
311	江西正邦科技股份有限公司	南昌市
348	方大特钢科技股份有限公司	南昌市
385	步步高商业连锁股份有限公司	湘潭市
386	中文天地出版传媒股份有限公司	南昌市
392	中钨高新材料股份有限公司	株洲市
395	湖北能源集团股份有限公司	武汉市
465	烽火通信科技股份有限公司	武汉市
470	株洲南车时代电气股份有限公司	株洲市

4．推进产业从中高速向中高端迈进

我国目前正处于工业化中期向后期的过渡阶段，产业结构高端化的目标没有完成，从产业价值链低端向高端的跨越没有完成。与此同时，第三次工业革命的到来，使我国产业结构升级进入"双期交汇"的新阶段，这是长江中游城市群推进产业结构升级的基本环境。

一方面，以工业化、信息化的追赶为当前产业结构升级的主要目标，作为经济相对欠发达地区，应沿着发达国家和东部发达地区开辟的工业化、信息化道路追赶前进，区域内的要素结构、产业结构和空间布局结构调整都要适应工业化后期和信息化时代的要求。长江中游城市群产业协同发展与升级转型不仅要提高要素资源配置效率，也要促进产业结构升级和三次产业融合发展，从传统农业走向现代农业，从低附加值产业链向高附加值产业链攀升，从传统服务业向现代服务业扩展。

另一方面，把握我国已经进入世界新技术和产业革命导入期的历史机遇，在内陆地区率先迎接第三次工业革命的机遇和挑战。长江中游城市群各地应抓住"机会窗口"，联合攻关信息技术、制造技术、能源技术、材料技术等交叉融合、深度渗透、群体兴起等世界新技术和产业革命的关键技术和组织方式，在工业化的结构、质量、效益等方面缩小与发达地区的差距，乃至实现超越。

5．形成高水平的产业分工协作

竞争是市场经济的基本规律。一个区域内各城市在产业发展中的竞争是不可避免，它也是促进资源有效分配、产业转型升级的重要动力。但是，无序和低效的竞争不仅造成投资的浪费，也伤害微观经济发展和升级的积极性，如若城市群中各城市以同质化的资源条件、产业基础、发展阶段、优惠政策参与市场竞争，必定在承接产业转移和自身产业发展过程中产生内耗，严重影响长江中游城市群的整体发展和高质、高效现代产业体系的构建，长江中游城市群成为中国经济增长第四极的宏伟目标便不能实现。长江中游城市群产业协同发展以市场为主导力量，发挥企业主体作用，实现市场整合、资源整合和产业链整合，政府也应发挥引导作用，实现各城市、各地区间产业错位发展、配套发展和共同发展，最终实现地区产业分工协作迈向更高水平。

从整个长江中游城市群看，虽然不存在哪个省、哪个城市主导的问题，但具体到产业上，各地区应有不同的选择。在明确各城市特色主导产业的基础上，非"主导"发展的其他城市，从原有的产业资源整合、配置到承接外部产业转移等有关方面，都应当积极发展其"配套"产业或"相关"产业，而不应与之竞争"同一产业（环节）"的资源，进而构建双方紧密协作的现代产业体系，取得"1+1>2"的协作效益，共同促进产业转型和结构优化，共享产业高速发展的丰硕成果，共同带动整个长江中游地区的高速发展。

6. 促进包容性、可持续、有质量的区域协调发展

长江中游城市群产业协同发展与升级转型既要解决相同或不同发展水平地区产业协作问题；也要通过中心城市产业扩散转移带动外围地区产业支撑能力不足问题，从而促进不同层次的区域协调发展。

要实现经济相对发达地区和相对欠发达地区的协调发展。与长三角和珠三角比较，长江中游地区虽然也有若干经济规模、发展水平上在全国名列前茅的中心城市，但并没有形成如发达地区那样强产业竞争力水平的城市群，长江中游地区中心城市与中小城市的发展差距非常大，中心城市在吸纳周边要素资源实现高速发展的同时尚未形成对周边的带动作用。因此，从产业协同发展的角度，武汉、长沙、南昌等中心城市要担当带动整个长江中游城市群产业共同发展和升级的重任，在产业转移、技术转让、人才培养等方面要充分考虑其他城市的诉求。

要实现城市和农村的协调发展。城乡差距是我国改革开放以来经济社会发展最难协调的难题之一。长江中游城市群同样存在如何协调城乡发展的问题。应借助长江中游城市群建设的机遇，通过产业发展实现农村经济由单一依靠农业和涉农工业向依托农业、工业、商业协同发展的转变，要依托产业发展推进城镇化和新农村建设，缩小城乡收入差距。

7. 探索产业与生态环境的和谐发展

长江流域对我国自然生态环境的维持和改善至关重要。在长江中游城市群，分布了 41 个国家级和省级自然保护区，很多地区的生态极端脆弱，这对区域内产业的选择、产业的发展方式提出极高的要求。长江中游城市群产业协同发展与升级转型必须统筹沿江流域化工等高污染产业的合理布局，按

照主体功能区的总体要求优化产业布局，坚决制止污染产业和企业入驻生态保护区。同时，通过技术进步降低工农业生产对环境的影响，加强沿江流域城市产业污染的协同治理，严惩工业生产过程中的违规污染行为。同时，把生态环境治理作为市场机遇，大力培育发展环保产业，包括环保设备、环保服务、环保工程等产业。

（三）时序安排

长江中游城市群产业协同发展与升级转型是一个长期战略，根据各城市产业发展现状及转型升级的重点和方向，长江中游城市群产业协同发展的局面和升级转型目标的实现需要三个阶段：2015—2020年是起步阶段，选择一些有代表性的产业对接协作项目，优先启动，示范为先，同时实施配套的体制机制创新，探索有推广价值的模式或经验；2021—2025年是突破阶段，在长江中游城市群范围内全面实施产业协同发展与转型升级方案，挖掘潜力，释放红利，实现城市间互动发展；2026—2030年是提升阶段，在前期实践的基础上，优化升级产业协同与升级创新的体制机制，促进城市群融合发展。

1. 起步阶段：典型示范+改革发展（2015—2020）

在这一阶段，长江中游城市群保持快于全国和中部地区平均增长速度，"第四极"的概念和地位得到强化。发挥武汉东湖国家自主创新示范区、长株潭国家自主创新示范区、南昌国家高新技术产业开发区等国家级高新区的示范作用，努力打造技术创新、管理创新、制度创新、机制创新的先行区和示范区，带动整个城市群产业发展和升级转型。高端装备、新能源汽车、光电子等新兴产业规模继续扩大，在国内国际市场占有率提高。同时，解放思想，摆脱行政区划、属地管理的束缚，在政绩考核、税收分成、环境补偿等方面形成区域联动，在体制机制上形成长江中游地区各城市间产业发展的协同力。制定并颁布《长江中游城市群产业协同发展规划》，统筹考虑三省各城市资源禀赋、产业现状和比较优势，从整个长江中游城市群的高度来规划引导各城市主导产业选择和发展方向。

2. 突破阶段：全面推进+互动发展（2021—2025）

按照第一阶段制订的规划，全面推进长江中游城市群的产业转型升级和布局优化。经济总量和产业总体规模缩短与长三角经济区的差距，重点产业的规模和市场占有率达到国内第一。长江中游地区各城市形成错位发展的产业结构，在政府管理层面杜绝因地方主义造成的低水平重复建设和城市间的重复、无序竞争。形成跨行政区域（特别是跨省）的产业互动发展格局，重点产业形成若干产业聚集区，龙头企业、配套企业、关联企业向聚集区转移形成产业集聚效应。以长远眼光制定并实施交通规划，加强中心城市与卫星城市的产业联系，城市交通体系建设也要充分考虑到产业发展的要求。

3. 提升阶段：优化升级+融合发展（2026—2030）

这一阶段是长江中游城市群产业实现转型升级，以及各城市间实现深度融合的发展阶段。长江中游地区经济总量和产业规模达到和长三角城市群相当的水平，成为中部地区最重要的经济区。重点产业实现向适应第三次工业革命要求的升级转型，形成若干具有国际竞争力的产业集群、产业带，培育出若干在规模和技术上具有全球影响力的企业。各城市产业协同实现深度融合，体制机制得到充分完善，城市间的发展差距、城乡发展差距明显缩小，现代化水平大大提升。

三　长江中游城市群产业协同发展与升级转型的实现途径

长江中游城市群是地域相邻、产业梯度接近、产业联系松散的区域，促进这个区域产业协同发展与升级转型不仅要发挥市场的决定性作用，也要有中央和地方政府的强力引导。同时，由于这个地区人口多、城镇化水平不高，巨大的市场潜力势必为城市群产业协同发展与升级转型创造了有利的条件。

（一）产业体系建设

1. 构建开放的现代产业体系

长江中游城市群过去就形成相对封闭的产业体系，主导产业雷同，产业联系不紧密，产业链不衔接、不配套，湖南和江西很多企业主要业务是为珠三角或长三角等地区企业做配套，而相距不远的湖北省向来产业自成体系。

可见,在这样的情形下,要促进三个省域近三十个城市产业体系融合成为一个内外开放的现代产业体系,关键在于要素资源配置、统筹产业布局、建立共同市场以及打造对外开放高地。

现阶段,长江中游城市群应着眼于中部地区共同、广阔的市场空间,从三个层次去构建开放的现代产业体系:第一层次是在国家宏观层面编制和实施区域性产业体系规划。在省级政府层面达成共识的基础上,由国家有关部门牵头,相关省份参加,共同编制区域性产业体系规划,统筹考虑各地主导产业和要素支撑条件,坚持因地制宜、优势互补、特色突出、产业协作和互惠互利的原则,找准重点产业,从区域性主导产业入手,把产业融合发展作为重点,围绕生产基地的建设、开放的资本市场、共性技术创新平台、共同市场开发等方面下工夫,同时促进区域性关联配套产业整合。第二层次是统筹国家重点项目布局。在"十三五"时期,核电等能源项目、汽车制造、石化基地建设、钢铁产业整合、港口建设等重点行业地区要统筹考虑产业布局,加强地区协作,促进项目共建共享,减少项目重复布局和低效竞争。第三层次是引导优势企业开展跨地区兼并重组。在那些竞争性较强的行业,充分发挥龙头企业的综合优势,以资本为纽带,推动不同市场主体的整合,逐步形成一批具有行业竞争优势的区域性龙头企业。

表2-6 **长江中游城市群五大产业体系**

产业类型	重点基地	重点企业
汽车制造	湖北汽车走廊、昌九工业走廊、长沙	东风汽车及合资公司、江铃汽车、大众
钢铁有色	武汉、长沙、南昌、黄石、鄂州、新余、萍乡	武钢、华菱钢铁、新余钢铁、萍钢、江铜、晟通科技
装备制造	武汉、长株潭、昌九、荆门	中国南车、中联重科、三一重工、中航洪都、中航特飞等
石化	武汉、九江、岳阳、荆门	中石化、中石油和中海油
电子信息	武汉、长株潭、南昌、黄石、荆州、襄阳、宜昌、岳阳	烽火通信、长飞光纤、光谷激光、华工激光、楚天激光、晶能光电、晶和照明、奥科特照明等光电企业,宇顺电子、湖南电子等显示器企业,以及海尔、格力等知名的消费电子企业

2．打造区域分工协作的产业链

长江中游城市群产业结构相似度高，主导产业都包括了钢铁、石化、烟草等产业。这些产业发展相对封闭，资源供应地和配套产业各自为阵，为央企或地方大型国有企业所控制，相关的产业壁垒很高，不易形成一体化的产业链。相反，家电、电子信息、汽车及零部件、高铁装备、航空等产业适合产业链分段生产以及在不同地区之间建立分工协作的产业链。

从产业链看，武汉、长沙、南昌等中心城市以及株洲、襄阳等专业城市可以从事整机组装和核心或关键零部件制造，而荆州、衡阳等其他城市可借助自身优势围绕关联配套产业，从事零部件加工、元器件制造、外包装制造、铸锻件加工等环节生产，并与主机厂之间形成紧密的产业链协作。即使是从价值链看，"中心—外围"的产业链分工并不一定代表产业财富的分配格局，关联配套产业中心也有可能让地方从中受益更多。并且，从长远看，长中游城市群内的不同等级城市都有可能成为一个或多个小行业的生产网络中心，调配本行业的生产和财富分配。

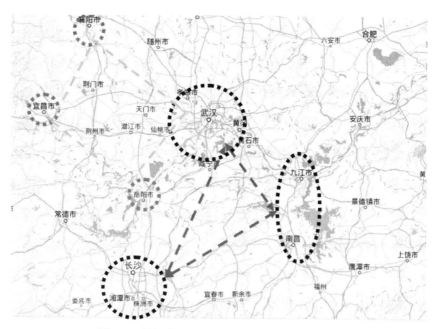

图2-3　长江中游城市群产业链协作的空间关系

3．建立区域性多元特色网络

长江中游城市群是荆楚文化、湖湘文化、客家文化等多种文化交融共存的地区，山水相连，人缘相亲，市场互补。下一步可以通过文化旅游线路、自然风光线路、交通沿途线路等途径将不同旅游景点和线路串联起来，形成区域色彩斑斓的旅游网络。

以一江（长江）、两湖（鄱阳湖、洞庭湖）为纽带，将沿江流域的旅游景点连成一片，依托长江黄金水道和沿江高铁、高速公路和机场，把九江、武汉、岳阳、荆州、宜昌等节点连接起来，展现蓝色旅游（江湖）、黄色旅游（文化古迹）、绿色旅游（名山）、红色旅游（革命根据地）和黑色旅游（工业旧址）等多彩斑斓的形态，把江湖美景、大坝壮观、名楼览胜、故城遗风、河山秀美等景点连同革命根据地、工业旧址等统一纳入到这个旅游网络之中，强化各地区旅游主管部门之间的沟通，建立旅游服务企业联盟，打造一个开放、协作、共赢的旅游网络。

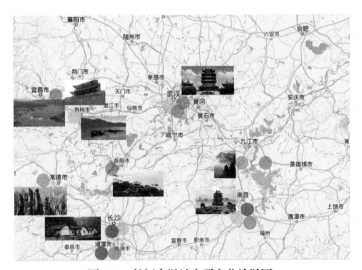

图2-4　长江中游城市群文化旅游网

4．壮大互联互通的物流网络

长江中游城市群具有九省通衢的综合交通优势，分布着铁路、公路、民航、水运、管道等不同运输网络，并形成武汉、长沙和南昌等区域性物流中心和九江、岳阳、宜昌、咸宁、黄石等沿江城市交通走廊。由于行政区划、历史等原因，这个网络没能将自身优势转化为地区协作优势，并为地区产业发展提供强有力支撑。

在区域一体化的时代，长江中游城市群物流网络既要在基础设施互联互通的基础上，加强跨区域线路衔接，消除跨区域的流通障碍；又要在物流节点功能上，进一步强化不同物流中心的分工协作，减少行政干预，拓展腹地空间。另外，要把物流业发展作为长江中游城市群产业协同发展的优先领域，利用信息化手段，将不同物流节点和线路连接起来，组建跨地区经营的大型物流企业，整合过剩的、重叠交叉的物流网络或节点。

5．完善粮食主产区配套支撑体系

长江中游城市群是我国粮食主产区之一，国家重要的商品粮基地，肩负国家粮食安全的重任。由于相同的区域主体功能，长江中游城市群广大粮食产区在农业布局、现代农业发展、农业技术创新、农业补贴等方面有共同的发展需要和利益诉求。

一方面，借鉴美国现代农业发展经验和布局模式，长江中游城市群应积极从传统农业向现代农业转型，在农业技术创新体系建设、生产经营方式转变、农业服务体系升级、农产品市场化等领域全面实现质的飞跃，而这些方面仅依靠湖北、湖南和江西其中一个省或几个城市，可能难以实现。因此，长江中游城市群应加强协作，发挥各自优势，围绕农业现代化、产业化和规模化，集中投入优势科技资源，整合各方面支农资金，围绕重点领域率先突破，尽可能减少农业项目重复立项，避免科技资源分散布局，着力建设现代农业支撑体系。

另一方面，长江中游城市群作为国家粮食主产区，本身就已经丧失了许多经济发展的机会，国家应加大转移支付和财政专项的支持力度，弥补地区利益损失，确保地方政府发展农业和农民种粮的积极性不下降。同时，长江中游三省应共同努力，积极向国家争取体制机制创新的机会，在江汉平原、洞庭湖平原和环鄱阳湖平原优先设立粮食生产区域综合配套改革试验区，围绕农地产权改革、粮食直补、粮食主产区功能补偿、农业服务体系、农业人才队伍建设等重点领域，推出一些既解决当前，又利于长远的体制机制创新。

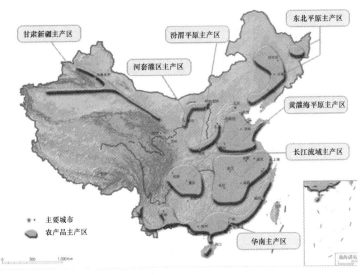

图 2-5　我国农业战略格局

资料来源：《全国主体功能区规划》。

（二）重点载体建设

1. 全面提升国家级产业园区协作水平

到 2013 年年底，长江中游城市群已获批设立国家级高新技术产业开发区 14 家、国家级经济技术开发区 25 家、出口加工区 6 家、综合保税区（湖南有三家未建成）4 家、保税物流中心 2 家。这些国家级产业载体集聚了长江中游城市群超过 50% 的规模以上工业企业产值。加强这些高层次园区在产业选择、园区管理、公共平台建设、体制机制创新等方面交流协作，有利于提升园区整体服务水平，避免园区产业发展同质化、招商引资恶性竞争以及功能低水平重复等问题。另外，利用武汉、长沙、南昌等国家级产业园区的品牌效应和产业资源，加大整合省内外专业园区，以连锁式设立分园、托管园区、共建园区等形式，继续开拓园区发展的飞地空间，借此推动产业协作。

2. 建设一批国家级或省级承接产业转移示范区

长江中游城市群正迎来产业转移的有利机遇，东部沿海企业向长江中游城市群转移趋势非常明显。但要借力产业转移的"东风之力"促进产业协同发展，至少有两方面工作应尽快落实：一是出台国家级承接产业转移示范区认定办法，改变现行的认定区域为认定园区；省级政府参照该认定办法出台省级承接产业转移示范区认定办法，认定办法应包括基础设施、产业准入、环保要求、共性技术平台、占地规模、投资规模、投资强度、产出强度等标准。二是根据认定办法，将已建成的开发区分类、分级。把那些发展基础好、产业初具规模优势、符合认定条件的产业园区认定为国家级承接产业转移示范园区。对于国家级或省级承接产业转移示范区，争取国家支持，明确其比照享受国家级经济技术开发区政策。

另外，除了要有特殊政策支持之外，国家级或省级承接产业转移示范区发展关键要加大体制机制创新，特别是在产业转移过程中探索建立转出地和转入地之间利益分享机制，长江中游城市群承接产业转移的布局协调机制等。这些机制要实现突破，既要国家出面协调，又要有相应地区间的协作机制。

3. 建设省际交界的产业合作区

湖北、湖南和江西三省之间地域相邻，九江、黄石、咸宁、荆州、岳阳、常德、宜昌、萍乡、株洲等多个地市不但相互接壤，而且人员往来密切，有产业合作的愿望。如果能从这些地方遴选出 3—5 个县率先进行产业合作试点——设立省际交界产业合作区，由合作各方共同组建开发和运营主体，借鉴国内外先进园区合作共建模式，由企业负责园区开发建设和后续管理。同时，借助产业合作区的平台作用，把省际交界地区的互补优势转化为经济优势，消除地方分割，增进协作共赢。在前期试点的基础上，及时将成功模式或经验对外推广、复制，创新合作模式，逐步淡化行政边界分割，扩大彼此利益交汇点。

另外，从区域长远发展战略高度出发，在湘鄂赣三省交界地带提前规划两条产业合作走廊建设。第一条走廊是湘鄂赣长江产业合作经济走廊，借长江黄金水道开发开放之力，大力推进三省界江产业合作，共同打造产业合作载体。第二条走廊是湘赣产业合作走廊，这条走廊有历史积淀，并且，城市之间联系也很密切，如果两省政府有力引导和提前规划，势必将造就一个跨省交界的产业带，进一步加快环长株潭城市群东扩的步伐。

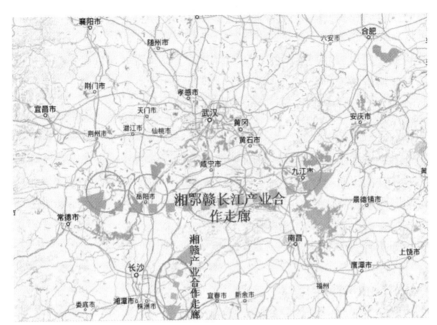

图2-6　长江中游城市群产业合作走廊

四　长江中游城市群产业协同发展与升级转型的促进机制

长江中游城市群基础设施已基本实现互联互通，但这种优势并不必然能够直接促进产业协同发展与升级转型。为了克服产业协同发展面临的各种问题，有必要建立相应的配套机制。

（一）利益分享机制

长江中游城市群产业协同与升级转型将涉及不同层面相关主体的利益诉求，这种复杂的利益关系不仅影响了产业布局调整的规模和进度，也影响了各地开展产业对接协作的积极性。

总体看来，长江中游城市群产业协同与升级转型主要涉及三个层面的经济利益：第一个层面是地方政府的财税收入和 GDP 统计；第二个层面是企业的成本节约与盈利能力；第三个层面是当地居民就业。解决这些问题的前提条件就是让相关参与方即使不能从中获得实实在在的利益，也不致于自己利益受损。要形成互利共赢的局面，关键在于，在产业存量调整整合中，共同把产业增量做大，大力承接国内外产业转移和培育新的产业。同时，为了让地方利益能顺利实现分享，最根本的就是调动地方政府的积极性，突破限制利益分享的体制障碍。我国现行的绝大多数政绩考核评价是基于行政区作为基本单位来设计的，这类评价无疑强化了地方政府只顾本地发展的利益导向，加强产业协同发展将遇到项目产出统计和项目带来的税收分配问题，解决这些问题的出路就是相关产业对接方要形成共识，或者在上级政府的统筹安排下出台一个规范性的制度框架，凝聚各方的利益交汇点，确定分成的比例和共享的时限。

（二）开放协作机制

如上所述，长江中游城市群产业协同发展与升级转型不能停留于现有产业存量调整，更应该寻找途径寻找更大的增量。只有产业增量做大了，长江中游城市群各方利益才能兼顾。并且，长江中游城市群做大产业增量既有利于解决区域产业远距离跟长三角、珠三角配套的问题，也有利于本地区培育壮大世界级产业和带动本地产业结构升级。一方面，长江中游城市群内部可以携手共建一批产业园区，实施统一规划和共建共享，采取产业链招商，精准发力，就有机会吸引一批外地企业扎堆落户。另一方面，从行业布局看，长江中游城市群行业龙头企业普遍规模较大，特别是钢铁、石化、有色等资源和资本双密集的行业，可以借助兼并重组、委托代工、产业联盟等途径对产业链不同环节、上下游进行整合，从而形成产业链相对完整的产业体系。而电子信息、装备制造等产业则利用产业链外包（制造外包或服务外包）形式，以契约为核心，基于互联网思维，形成切段分工、分散生产、集中组装的跨区域产业协作模式。

（三）要素流动机制

人口、资本、技术等要素实现自由流动，是长江中游城市群一体化的主要目标之一。从理论上讲，要素回报率高的地方往往成为要素集中流入的洼地，但现实中，由于体制障碍、商业环境等因素影响，要素流动可能出现反向集聚，也就是说，要素向回报率低的地方流动，结果导致地区差异不断扩大。长江中游城市群内部要素流动并不充分，武汉等中心城市发挥虹吸作用，把周边地区人口、资本等要素持续吸引过去，而外围地区虽然要素回报率不低，但要素流动障碍和收益风险很高，从而导致中心城市要素对外扩散缓慢甚至不明显。所以，清除要素流动的体制障碍和改善要素流动的商业环境，是建立要素流动机制的关键。

长江中游城市群实现要素自由流动的关键在于，尽快取消那些促进要素集聚的偏向性政策。这些政策有地方保护主义倾向，有不合理的地方。另外，长江中游城市群之间知识流动的"鸿沟"长期存在，一线城市与二三线城市的人才层次呈现断崖式落差，对接起来非常困难。跟劳动力、技术相比，金融资本流动障碍相对少了许多，然而，长江中游城市群地区金融资本流动的事实距理想状态甚远。中心城市俨然就是一台巨型的大吸力抽水机，把周边地区的剩余资本卷过去，而中心城市流向周边地区资本相对很少。从这点看，长江中游城市群促进资本自由流动的方向是，加强统筹，理顺流动机制，组建资本联合体，引导更多的社会资本向周边地区扩散，而不是过度集聚在中心城市。

（四）布局协调机制

目前，长江中游城市群正进入承接产业转移与产业升级转型的战略机遇期，产业转移往往容易造成承接地招商引资恶性竞争。为了规避这种现象，长江中游城市群三地政府可以在省际层面建立产业布局协调机制，参照医疗结构分诊式做法，由三地政府派代表组成协调机构，共同拟定产业调整转移指导目录，打出政策组合拳，引导产业项目落到合适的区位。

同时，为了促进布局协调机制实施，也要有相应的支撑条件。一方面，平台是否无缝对接。长江中游城市群地区无论是承接当地产业转移还是吸引外来产业项目，关键的一个步骤在于产业项目能否从一个平台顺利跨到另一个平台。也就是说，产业项目有自身的根植环境或者生存的生态环境，所以，产业项目在不同平台之间实现转移也要解决自身发展的生态环境的"切换"。另一方面，网络是否联通。最初，地方政府甚至中央政府要强力推动，把各种相对过硬的机制确立下来，让不同层级的地方政府融入这张产业布局协调的"互联网"中，然后抓住时机引入市场，让市场发挥决定性作用，自动优化调整配置要素资源。只有当这张网络的各节点之间在信息、利益、渠道等方面获得共享机会时，地方政府才有积极性借助这张网络参与产业项目布局调整，让撤走或招进的项目找到"安身"之处，并从中获得利益分享。

（五）产业援助机制

长江中游城市群有很多地方属于生态功能区或粮食主产区，为了保护长江的生态屏障或保障国家粮食安全，牺牲了自身的发展机会。在既有功能不改变的情况下，这些地区依靠自身难以发展起来，于是，可以利用这些地区优越的生态环境和农林业资源，引导有实力的农副产品加工、旅游开发等行业企业到这些地区投资兴业，借助政府特殊的支持政策，建立产业对口帮扶机制，探索产业扶贫模式，逐步解决这两类功能区的发展问题。当然，产业扶贫本质上是市场行为，但长江中游城市群可在协商一致的基础上，设立产业援助基金，共同分担当地产业园区的基础设施、原材料基地建设以及相应的支撑服务设施建设的费用，以减轻当地政府财政压力。同时，发挥产业援助基金的引导作用，以项目为基本单位，采取跟投的方式，吸引更多的民营资本进入，以期待较短时间内出现效果。在企业获利时，产业援助基金投资部分可择机退出，让企业实现健康发展。

另外，长江中游城市群地区范围散布着一批历史悠久、积淀深厚的老工业基地。这些老工业基地有些已走出了困境，有些仍处于转型之中，而有些则已经衰退下去。面对着老工业基地振兴的艰巨任务，湖北、湖南和江西三地政府应加强交流，共同研议，积极借助区域产业协同发展的机会，采取市场手段，分类施策，加快推进老工业基地改造、转型、升级。同样，地方政府要用市场手段对那些处于艰难转型中或衰退下去的老工业基地伸出援手，将财政专项、税收优惠、土地置换、国企改革、产业基金、人事体制等政策组合实施，大力引入新兴产业，革新产业发展生态，变输血为造血，使之恢复活力。

（六）考核调整机制

以 GDP 为导向的政绩考核体制是地方政府促进产业发展的指挥棒，容易削弱地方政府推进产业对接协作的积极性。长江中游城市群跟全国其他地区一样，都是层层设立年度的政绩考核指标，上级压着下级，层层施压，导致基层发展经济压力很大，宁可守住自己的一亩三分地，也不愿意去搞产业协同，共同致富。为了改变这种状况，从中央到地方都要形成一个共识，就是制定更加灵活、多样、长期的政绩考核指标，针对不同地区适当调整地方政府官员政绩考核指标体系，赋予产业协同发展、产业升级转型等指标更大的权重，优化调整激励机制，使得地方官员至少不设置各种障碍阻止产业外流，甚至愿意拓宽自身的视野推动产业跨地区对接协作。

另外，考核调整机制的建立也要注意产业发展的自身规律。现实中，很多地方政府为了完成上级下达的政绩考核指标，往往采取急于求成的短期行为，引进了不符合当地发展定位的产业项目，导致产业园区内的产业杂乱无章，扎堆而松散，不能从集聚中获益。同时，地方政府为了让产业项目尽早获利，也经常采取不切实际的做法，用财政资金奖励企业开工投产、借钱给企业新建项目或帮助企业进行融资。这些揠苗助长的做法不仅不利于企业健康发展，也不符合市场经济的一般规律。这些地方政府可能遭遇的严重后果就是把产业长期发展效益转化为短期的地方政府应付升级考核的利益，从而丧失了产业发展的有利之机。不难看出，加快调整地方政府政绩考核长期化势在必行，让地方政府优化行为决策，根据产业发展的规律不断完善投资环境。

五　长江中游城市群产业协同发展与升级转型的保障措施

长江中游城市群的产业协同发展必然会涉及不同地区之间、短期利益与长期利益、局部利益与整体利益的不一致，因此需要从大局、长远出发，建立跨市域、跨省域乃至跨区域的协调与行动机制，统筹规划和推进产业的发展。

（一）政策措施

1. 统筹规划产业和城镇发展布局

加快实施《长江中游城市群一体化发展规划》，统筹考虑长江中游城市群的生态环境保护、基础设施建设、城镇化推进和产业发展等重大问题。在此基础上，立足于打造特色鲜明、分工协作的区域产业体系，促进产业的资源集约、创新驱动、低碳高效化发展，三地共同编制《长江中游城市群产业发展规划》，根据三地的环境容量、资源禀赋、产业基础和区位等发展条件，选择适合长江中游城市群的主导产业，根据主导产业的产业链各环节特点，明确武汉都市圈、环长株潭城市群、鄱阳湖生态经济区等各区域在具体产业和产业链环节的分工定位，形成《长江中游城市群产业协同发展指导目录》，确定重大产业项目布局，适当控制中心城市工业过度扩张，引导不同规模城市与产业融合发展，吸引更多外出人口就近就业，进一步促进就近城镇化。产业规划要贯彻协同发展的理念，实现城市片区、港区、园区、景区建设规划的深度对接。对于省界、市界和县界相接的城市，共同谋划城镇发展走向和产业开发区布局，通过发展飞地经济、税收分成等方式建立有效的激励机制，推动城市群内部的产城融合与产业互动发展。

2. 完善产业基础设施

把交通一体化作为长江中游城市群协同发展的先行领域，推动省际交通"规划同图、建设同步、运输一体、管理协同"。完善长江中游城市群之间的内部交通联系，打通长江中游三省的对外交通，发展东接长三角、西联川渝、北通环渤海、南达珠三角的高速公路、高速铁路网络，提高长江黄金水道的通过能力，加强机场、港口、铁路客货运站等对外交通枢纽建设。打破行政区域的藩篱，建设连接武汉都市圈、环长株潭城市群、鄱阳湖生态经济区、洞庭湖生态经济区核心城市之间及其与主要县级城市的城际轻轨、快速公交系统，切实解决省与省之间、市与市之间、县与县之间的断头路和公共交通缺位问题，构建互联互通的高效综合交通网络，为长江中游城市群的产业分工配套体系的建立奠定基础。优先实施"互联网+"发展战略，将信息化和互联网（特别是移动互联网）作为长江中游城市群产业协同发展的重要推手，实施"长江中游城市群宽带战略"，实现主要城市光纤到楼入户、农村宽带进乡入村、大学宽带入舍，核心商业区、商务区和大学校园实现 WiFi 覆盖，为长江中游城市群在新工业革命和工业 4.0 时代实现产业跨越提供条件。根据对未来长江中游城市群经济和社会发展的需求编制电力发展规划，统筹区域电源项目（包括可再生能源、核电）的规划和布局，完善输配电网络，促进区域内电力的调度和调节，加强在煤炭、天然气、原油和成品油供应等方面的合作。加快推进重点工业区的生产和生活基础设施建设，完善重点工业园区的"七通一平"，推进产城融合、职住平衡，搞好配套设施建设。

3．加强区域生态环境保护和治理

统筹协作进行长江中游流域生态环境的综合治理，推动封山植树、退耕还林、平垸行洪、退田还湖、水土保持等工作。争取中央财政资金和共同出资设立环境治理和生态修复基金，推进自然保护区和生态保护建设项目，共同开展"一江两湖"、农村环境和土壤污染的综合防治和整治工程。建立长江中游流域水环境、土壤环境和大气污染的联防联控机制，包括设定严于国家标准的区域环境标准、水体和大气环境监测网络、环境信息发布网络、跨省域污染协调机制和污染事故应急处理机制等，实施联合环境监管和行政执法。按照十八届三中全会精神推进资源有偿使用制度和生态补偿制度，按照谁污染环境、谁破坏生态谁付费和谁受益谁补偿原则，探索在上游地区与下游地区、重点生态功能区与城市化地区、生态保护区与受益地区之间建立生态补偿机制，由开发使用地区对生态资源保护地区给予补偿。适时征收生态补偿税，并将税金的全部用于对区域内限制开发区域和禁止开发区域的转移支付。建立区域碳排放权、排污权和水权交易市场，用市场化手段推进资源的节约利用和节能减排工作。

4．共同规范产业进入与退出政策

消除市场准入中的所有制与企业规模歧视，共同制定负面清单，坚持"非禁即准、平等待遇"的原则，除必要的生态与环境保护、能耗与碳排放、安全生产、劳动权益保护、产品质量等方面的规定外，不同所有制、不同规模的企业能够公平地进入市场，并在企业登记、土地使用、政府采购、政府项目申请、财政补贴等方面享有同等的待遇。根据区域水、大气等环境容量和节能减排指标，确定产业特别是高耗能、高污染、高排放行业的污染物排放，能耗、资源循环利用率等技术指标作为产业准入、退出的标准。共同设定节能减排和淘汰落后产能的目标，制定落后产能淘汰目录，加大高耗能、高污染、高排放产业的淘汰落后产能力度，促进产业的升级发展。加强对地、县级政府项目审批、环境执法的监督检查，严格控制建设用地总量，限制对投资项目的各种（土地优惠、税收减免等）不合理补贴，杜绝对不合规企业的保护和执法不严、违规审批等行为，抑制重复建设和产能过剩。

5. 加强区域创新体系建设

建设一批服务于区域重点产业的跨省域共性技术研发平台、检验检测平台，创业服务中心、生产力促进中心、科技孵化器、民营科技园、大学科技园等研发、孵化与产业化创新载体。相互开放各自的国家级和升级重点实验室、工程技术研究中心、中试基地、大型公共仪器设备、技术标准检测评价机构。设立跨区域的重大科技专项，在汽车、智能装备、光电子信息、生物医药、新能源、新材料等领域进行联合攻关，解决制约区域产业发展的共性技术问题。鼓励大型企业、高校和科研机构跨区域交流，互设研发中心、设计中心、工程技术中心等创新机构。对经政府主管部门认定的高新技术企业、高新技术成果、高新技术产品、科技型中小企业、外商研发机构、科技中介机构等相互认可，直接享受本地企业的同等优惠政策。在重点产业组建跨区域的技术联盟和产业联盟，定期召开重点产业领域的国际学术会议，促进区域内科技人员的交流与扩大对外科技联系。设立长江中游城市群工业技术研究院（工研院），根据区域内重点产业和产业发展方向以及要解决的重大共性技术问题设立分院（所），推动产业化技术突破、加快技术转移扩散、带动产业发展、培育研发技术人才、孵化创新创业企业。组建长江中游城市群企业家沙龙，组织企业家的经验分享、成果交流、项目考察、洽谈合作。联合开展知识产权执法，严厉打击侵犯知识产权行为，创造良好的创新环境。

6. 促进人员的自由流动

积极探索取消农业户口并统一登记为居民户口，实施居住证制度，持有居住证的外地从业人员享有与当地户籍人口同等的劳动就业、子女入学、基本医疗卫生服务、计划生育服务、证照办理服务等方面的权利，以连续居住年限和参加社会保险年限为条件，享受与当地户籍人口同等的住房保障、养老服务、社会福利等权利。建立鄂湘赣三省内部可连通、转移、接续的社会保障制度，外地务工人员可平等加入务工所在地的社会保障体系，确保返乡后社保关系可与本地顺利对接。建立长江中游城市群统一的用工信息发布平台和技能人才数据库，实现省内用工需求和求职信息共享。相互承认省级劳动人事等机构颁发的各种劳动技能和职业资格证书。建立高等院校在校生交流机制，学分互认，共享图书资源，相互开放公共科学仪器和检测服务。实施城市群内地市级及以下政府机关人员的挂职和跨省异地任职机制，促进三省政府间的信息交流和经验共享。

7. 建立统一的区域市场

打破行政区划的限制，建立统一的区域资本市场、要素市场、技术市场、产权市场、商品市场和劳动力市场，推动资金、人才、技术等生产要素和商品的自由流动。鼓励省、市商业银行，保险公司，证券公司，基金公司，租赁公司，财务公司等地方金融机构在城市群内部互设分支机构，支持企业跨区域开展融资服务。下放投资审批权限、简化投资审批流程，鼓励企业跨省域的强强联合、并购重组、参与国有企业发展混合所有制经济，引导区域内民间资本参与重大项目投资，形成跨地区的股份制企业集团。各省、各地区在招商引资上统一标准，避免恶性竞争。清除地方保护主义等限制商品流通的障碍，政府采购对于三省产地产品/服务同等对待，推动工商登记、食品药品监管等领域互通互认，促进区域内商品的自由流动和企业间的充分竞争。提高公路系统的信息化水平，取消三省交界处的收费站，实现鄂湘赣三省公路完全联网收费。推动铁路、水运、公路、航空联运发展，提高物流效益。根据区域交通状况、人口分布和产业发展，统一规划布局大的物流集散中心和重要物流节点。全面整合三省旅游资源，建立长江中游城市群旅游信息平台，共同策划、整体性开发和推广跨区域旅游线路，共同规范旅游标准、管理和服务，合理打造长江中游城市黄金旅游圈，鼓励省际间旅游景点采取建立联盟、委托经营、并购等多种形式的合作。推进长江中游城市群通关一体化合作，打造统一的申报、风险防控、专业审单和现场作业平台，实现"多地通关、如同一关"。

（二）实施保障

1. 建立跨区域协调机构

产业发展会涉及环境、交通、人口等多个方面的协调与衔接，由于在经济发展等方面存在利益冲突，省一级政府之间的沟通、协调存在很大的困难和障碍，因此建议在国务院设立长江中游城市群协同发展领导小组，由国务院分管领导牵头，鄂、湘、赣三地行政领导和相关部委参加，对长江中游城市群发展中的重大跨区域问题进行指导，并协调与长三角、珠三角等周边地区在环境治理、污染防护、一体化通关、产业转移等方面的合作。成立由国内外知名专家、企业家组成的"长江中游城市群发展专家委员会"，负责对长江中游城市群的产业发展提供战略和政策咨询。建立长江中游城市群省、市长联席会议制度，形成常态化、定期化协调与磋商机制，统筹解决长江中游城市群发展中在流域综合治理、基础设施建设、重点项目布局、环境保护和节能减排、城市群一体化规划等方面遇到的跨省际问题。同时，加快编制长江中游城市群产业协同发展与升级转型的重大项目（平台）建设清单，使之成为产业对接协作的抓手。

表 2-7　　　　　　　　长江中游城市群产业协同发展的重点

编号	重大项目（平台）	类型	目标方向
1	现代农业协作创新平台	农业科技推广	打造现代农业技术创新基地
2	高端装备制造研发创新网络	科研基础设施	构建区域创新体系
3	汽车产业研发网络	科研基础设施	创建共同创新平台
4	长江中游承接产业转移示范园区	产业承接载体	共建产业园区
5	长江中游城市群文化旅游网络	旅游市场开发	打造区域统一市场
6	长江中游城市群物流网络	物流市场开发	构建区域物流体系
7	长江中游城市群产权交易市场	产权市场建设	促进跨地区产权交易
8	长江中游城市群飞地经济示范园区	共建园区发展	创新利益共享机制
9	长江中游城市群农业产业化基地	现代农业发展	增强农业竞争优势
10	长江中游城市群新型材料创新联盟	协作平台建设	提升材料工业竞争力

2．建设跨区域对接协作平台

建立长江中游城市群市长论坛，由城市群各大城市每年轮流组织召开一次联席会议，共同研讨地区与合作发展战略问题。建立长江中游城市群企业家论坛，为企业家提供商务交流、投资考察、项目推介、经验分享的平台。建立长江中游城市群官方网站，对长江中游城市群整体情况、主要城市情况进行全方位的报道，既可用于内部情况交流，又可用于对外推介。设立长江中游城市群科技信息网络和技术交易市场，促进科技成果的交易和成果的产业化。联合举办长江中游城市群科技博览会、商品交易会。每年轮流举办长江中游城市群投资洽谈会，打造吸引国内外产业转移的对接平台。主动参与"走出去"和"一路一带"战略，建立"走出去"服务平台，为对外投资企业提供综合服务，组团进行国际招商、开展境外投资、承包工程等活动。

3．争取国家政策支持

建立健全长江中游城市群合作发展法律法规体系，推动出台长江中游城市群促进开发法，并将区域协调发展的战略、政策、措施上升到法律高度，以法律形式保障产业发展。争取国家批准长江中游城市群享受振兴东北地区老工业基地和西部大开发的有关政策。按照十八届三种全会全面深化改革的精神，赋予长江中游城市群先行先试的更大空间，鼓励在跨区域行政管理、产城融合发展、城乡土地、投融资、小微企业扶持等方面进行探索。支持在长江中游城市群设立自由贸易区、"新三板"交易所和政策性金融机构（如长江开发银行）。争取国家加大对长江中游城市群限制开发区、禁止开发区生态补偿的转移支付力度，建议国家对长江中游城市群的交通基础设施、生态保护、淘汰落后产能、发展战略性新兴产业等领域给予更大支持，国家投资的重大工程向长江中游城市群倾斜。

参考文献

［1］蔡昉，王德文，王美艳．渐进式改革进程中的地区专业化趋势.经济研究，2002(9).

［2］樊福卓．中国区域分工的度量：方法与实证.上海：上海社会科学院出版社，2009.

［3］樊福卓．地区专业化的度量.经济研究，2007(9).

［4］秦尊文．长江中游城市群发展报告（2013—2014）.北京：社会科学文献出版社，2014.

［5］魏后凯．中部崛起战略评估与政策调整.北京：经济管理出版社，2012.

［6］中国社会科学院工业经济研究所，中国工业发展报告 2014.北京：经济管理出版社，2014.

［7］陈佳贵，黄群慧，等．中国工业化进程报告（1995—2010）.北京：社会科学文献出版社，2012.

［8］张建华，程文．中国地区产业专业化演变的 U 型规律.中国社会科学，2012(1).

第三章

长江中游城市群协同发展与开放战略^①

　　2014 年 4 月 28 日，国务院总理李克强在重庆主持召开座谈会，研究依托黄金水道建设长江经济带，为中国经济持续发展提供重要支撑。总理表示，要通过改革开放和实施一批重大工程，让长三角、长江中游城市群和成渝经济区三个"板块"的产业和基础设施连接起来、要素流动起来、市场统一起来，促进产业有序转移衔接、优化升级和新型城镇集聚发展。这一"连接"枢纽就是"长江中游城市群"。

　　长江中游城市群是长江经济带的"腰"，只有"腰"壮，长江经济带才能活跃起来。长江中游城市群作为一个紧密关联度的"集合体"，必须走协同发展与开放之路。从国际经验来看，所有成熟发达的城市群都是开放性的城市群，不存在封闭孤立、自我发展的城市群。正是从这个意义上，我们认为，长江中游城市群必须要加强与丝绸之路经济带和海上丝绸之路的战略互动，推进双向开发，形成全方位开放新格局，从而可以为江海航运一体化发展提供更加广阔的发展空间。可以讲，协同发展与开放是我们建设长江中游城市群的一个最核心目标。

　　协同发展本质上就是对内开放，而对内开放是对外开放的重要前提，是提高对外开放效率的基本条件。开放战略包括三个层面：一是长江中游城市群之间的开放，长江中游城市圈由三大城市圈或者城市群共同组成的，彼此之间的开放是一个大的前提；二是以长江中游城市群作为一个整体来对其他经济圈，比如成渝、长三角、珠三角等开放；三是长江中游城市群作为一个整体对外开

---

① 本章领衔专家夏杰长，执笔冯永晟、苏红键、刘佳骏、陈昭。

放。虽然长江中游城市群与国际上的交往合作已经比较密切，但这些合作主要是单个城市或城市群间的一对一合作，在新形势下则要通过打造联合体，把单体对外开放优势与各区域之间的优势整合起来，让对外开放优势相互共享，进一步提升对外开放度，以开放促改革，以改革促发展，从而实现整个区域的又好又快发展，并助力"一带一路"各项部署的顺利落实。本报告的主要工作就是研究如何通过协同发展来落实长中游城市群对外开放的战略。

一 通过协同发展落实开放战略的意义

（一）通过协同发展促进开放，才可能实现建设"世界级城市群"的愿景

基于中国新型城镇化进程和经济地位，以及长江经济带在我国经济发展中举足轻重分量的考量，长江中游城市群具有成为"世界级城市群"的潜力。要建设世界级的具有国际影响力、竞争力的城市群，以目前的武汉城市圈、环长株潭城市群、环鄱阳湖城市群单打独斗，都难以完成这个宏伟目标，三个城市圈必须抱团发展才能逐渐实现"世界级城市群"的愿景。

（二）通过协同发展促进开放，才能实现"1+1+1＞3"的综合效益

建设长江中游城市群，不是简单地把三个城市相加，也不是捆绑发展，而是要促使它们取长补短、充分发挥各自的比较优势，优化资源配置和共享，促进竞争与合作。这样做，要比它们单枪匹马发展效率更高、质量更高。这个"群"做大做强了，群里的各城市才有更大的平台和更广阔的空间，不仅能够成为国内经济的新增长极，更成为引领国际经济发展潮流与趋势的中国标志。

（三）通过协同发展促进开放，才能促进城市群市场的一体化

行政垄断和市场割裂必然导致高交易成本和低效率。长期以来，由于各种原因，区间、城市间存在着许多人为的、行政的封锁与割裂，市场一体化程度较低，要素交易成本过高。如果能够实现城市群协同发展与开放，彼此

形成一个有机整体，按经济规律办事，用"一盘棋"的思维来配置资源、产业、公共服务等，现在的重复建设问题、产能过剩问题、公共服务不能随人流转等问题都将极大地缓解。

（四）通过协同发展促进开放，才能真正落实中部崛起战略

支撑起中部崛起战略，而不是停留在一个概念、一个口号上，而是要有实实在在的战略措施和实现路径。我们提出"中部崛起"好些年了，但成效不是很大，一个重要原因就是缺乏"引领者""增长极"。谁能担当起这个"引领者"和"增长极"呢？显然，只有抱团发展的"长江中游城市群"才能担当起这个重任。长江中游城市群的国土面积约 31.7 万平方公里，2014 年实现地区生产总值 6 万亿元，年末总人口 1.21 亿人，分别约占全国的 3.3%、8.8%、8.8%。理应利用这个良好的基础，把中部的发展有力地带动起来。

二　对外开放的现状与问题

随着开放型经济社会的发展及中部崛起战略的推进，长江中游城市群在开放型经济建设方面取得了一定的成就。从开放内容看，主要包括长江中游地区的对外贸易、外商直接投资、涉外经济合作、对外工程承包等方面；从开放范围看，既包括长江中游城市群的对外开放，也包括长江中游城市群与长三角、珠三角、环渤海、成渝地区等经济圈，以及城市群相互之间的开发开放合作情况。

（一）长江中游城市群开放现状

1. 对外（国外）开放现状

对外贸易规模不断扩大。随着改革开放的深入及出口导向型产业向长江中游地区的转移，该区域对外贸易形势良好。2013 年，武汉城市圈、环长株潭城市群与环鄱阳湖经济圈的外贸进出口总额为 782.39 亿美元。其中，武汉城市圈全年进出口额为 280.83 亿美元，较上年增长 10.61%，占湖北省全省外贸总额的 77.17%，全年出口 156.72 亿美元，增长 12.2%，占全省出口

总额的 68.62%；环长株潭城市群全年进出口额为 200.48 亿美元，较上年增长 10.4%，占湖南省全省外贸总额的 79.68%，全年出口 116.08 亿美元，增长 12.76%，占全省出口总额的 78.33%；环鄱阳湖经济圈全年进出口额为 301.08 亿美元，较上年增长 10.06%，占江西省全省外贸总额的 81.95%，全年出口 220.77 亿美元，增长 12.2%，占全省出口总额的 78.37%。可见，长江中游三大城市群作为各自所属省份的主要对外贸易区域，一方面实现了高于 10% 的外贸增速，另一方面也保持了高于 12% 的出口增速，均高于全国平均水平，代表了长江中游城市群的外贸发展水平。

利用外资总量平稳增长。通过改善投资软、硬件环境，拓宽外资引进渠道，优化外资投入产业结构，长江中游城市群的外资利用水平稳步提升。2013 年，武汉城市圈、环长株潭城市群与环鄱阳湖经济圈实际利用外资总额 186.91 亿美元，较上年增长 15.38%，高于全国平均水平近 10 个百分点，占三省实际利用外资总额的 80.78%。其中，武汉城市圈实际利用外资 54.55 亿美元，较上年增长 21.6%，占湖北省全省实际利用外资额的 79.2%；环长株潭城市群实际利用外资 67.25 亿美元，较上年增长 15.59%，占湖南省全省实际利用外资额的 77.3%；环鄱阳湖经济圈实际利用外资 65.11 亿美元，较上年增长 10.45%，占江西省全省实际利用外资额的 86.23%。

"走出去"战略稳步推进。"走出去"战略既是长江中游城市群扩大全面开放的必由之路，也是提升该区域国际竞争力的重要手段。目前，长江中游城市群非金融类对外直接投资保持快速增长，国际工程承包业务加快发展，对外劳务输出的规模也在逐年扩大。具体来看，以环长株潭城市群为主体的湖南省在对外投资方面具有一定优势，以武汉城市圈为主体的湖北省在国际工程承包与农业"走出去"等方面享有比较优势。从对外投资结构看，长江中游城市群仍以国企为主导，而一些实力雄厚的民营企业也积极参与其中；投资区域范围由以亚非为主的相对单一格局，逐渐向欧美等国推进，投资区域多元化态势逐渐形成；投资行业也从资源开发类项目向装备制造、新能源等战略新兴产业拓展，投资行业多样化态势日益显现。在国际工程承包业务方面，海外市场主要分布在亚非拉美等国家，工程项目大体集中在电力、交通、基建等领域。此外，长江中游三大城市群都比较重视搭建银企合作平台，加大对重点企业和项目的资金支持。对外投资和国际工程承包业务，一定程度上带动了长江中游城市群资本、劳务与商品的"走出去"，有利于该区域国际竞争力的提升以及区域品牌优势的打造。

2．对内开放（群外、国内）现状

长江中游城市群重视与国内其他发达区域省份的经济合作，特别是与东部沿海发达省份的经贸往来尤为密切。2013 年，武汉城市圈、环长株潭城市群与环鄱阳湖经济圈实际到位内资总额 11 385.47 亿美元，较上年增长 39.46%，占三省实际到位内资总额的 88.26%。其中，武汉城市圈实际到位内资 5 521.3 亿美元，较上年增长 67.54%，占湖北省全省实际到位内资额的 89.68%；环长株潭城市群实际到位内资 2 669.78 亿美元，较上年增长 22.6%，占湖南省全省实际到位内资额的 92.58%；环鄱阳湖经济圈实际到位内资 3 194.39 亿美元，较上年增长 18.72%，占江西省全省实际到位内资额的 82.76%。总体上看，长三角与珠三角经济带是长江中游城市群引进内资及承接产业转移的重点区域，长江中游城市群的项目与资金主要来源于上海、浙江、江苏、广东、福建等东部沿海发达省份。

而在三大城市群之间，由于所处的发展阶段相似，产业结构趋同，相对于彼此间的协同合作而言，在资本、项目、人力资源等方面的竞争更为显著，不过，长江中游省份已经看到彼此间协同发展的重要性，并于 2012 年由三省商务部门积极牵头促成长江中游城市群商务发展联席会议，随后交通、产业相关主管部门也达成了一系列协同合作的框架协议，长江中游城市群之间的协作发展趋势趋于加强，正逐步迈向区域交通、产业及市场一体化。

（二）存在的主要问题

鉴于长江中游城市群所处经济发展阶段，受经济发展基础和条件的限制，区域整体的开放水平相对偏低，甚至在意识观念上还比较落后，有待进一步提高，至于开放中存在的主要问题，基本体现在对外经贸水平低、体制机制短板、协调能力弱等若干方面。

1．外向型经济发展水平低

在肯定近年来长江中游城市群外向型经济发展成就的同时，还要看到其

与东部发达地区及内陆开放势头强劲的重庆、四川等省市存在的差距。由于
长江中游城市群不沿边、不沿海的区位特征，以及所处的发展阶段与产业结
构特点，其开放水平普遍偏低。从表 3-1 可以看出，从 2013 年长江中游城
市群所属省份的进出口规模上看，江西、湖北和湖南三省排名相对靠后，不
仅远低于重庆、四川，也落后于同属于中部地区的河南与安徽，外贸规模总
量较小。同时，城市群之间的外贸发展水平不均衡，以武汉城市圈为例，2013
年仅武汉一市的外贸额就占到武汉城市圈外贸总额的 77.46%，其他城市与武
汉的差距较大，而这种发展不平衡的问题也同样出现在环长株潭城市群与环
鄱阳湖经济圈。此外，长江中游城市群还存在出口产品国际竞争力较弱，外
贸对区域经济的带动作用不足等问题。

表 3-1 　　　　　　　2013 年各省市进出口总额及排名　　　　　　单位：亿美元

排名	地区	进出口总额	排名	地区	进出口总额
1	广　东	10 915.7	17	湖　北	363.9
2	江　苏	5 508.4	18	广　西	328.4
3	上　海	4 412.3	19	新　疆	275.6
4	北　京	4 291	20	吉　林	258.5
5	浙　江	3 358.5	21	云　南	258.3
6	山　东	2 671.6	22	湖　南	251.6
7	福　建	1 693.5	23	陕　西	201.3
8	天　津	1 285.3	24	山　西	158
9	辽　宁	1 142.8	25	海　南	149.8
10	重　庆	687	26	内蒙古	119.9
11	四　川	645.9	27	甘　肃	102.8
12	河　南	599.5	28	贵　州	82.9
13	河　北	548.8	29	西　藏	33.2
14	安　徽	456.3	30	宁　夏	32.2
15	黑龙江	338.8	31	青　海	14
16	江　西	367.4			

数据来源：根据各省市统计局网站相关数据制表。

从利用外资规模与"走出去"战略实施情况来看,2013 年湖南、江西和湖北实际利用外资规模在全国处于中等水平,均未突破 100 亿美元,落后于河南、安徽、重庆和四川等省市(见表 3-2)。同时,三省市非金融类对外直接投资规模也相对较小,"走出去"的主体仍是国有企业,对外投资项目少,企业国际化经营能力弱,对外工程承包业务带动出口的规模有限,尤其在带动高附加值产品出口方面的能力不强,此外,缺少及时有效的风险防范措施,"走出去"企业遭受损失后的应急救济体系有待进一步的完善等。

表 3-2 2013 年各省市实际利用外资及非金融类对外直接投资排名 单位:亿美元

排名	地区	实际利用外资	排名	地区	对外直接投资
1	辽 宁	290.4	1	广 东	50.29
2	江 苏	281.18	2	山 东	38.49
3	广 东	249.52	3	江 苏	31.6
4	天 津	168.29	4	北 京	30.75
5	上 海	167.8	5	浙 江	23.99
6	浙 江	141.58	6	上 海	18.03
7	山 东	140.5	7	辽 宁	15.54
8	河 南	134.56	8	海 南	13.16
9	安 徽	106.9	9	天 津	9.65
10	重 庆	105.97	10	河 北	8.9
11	四 川	105.7	11	云 南	8.21
12	湖 南	87	12	湖 南	6.95
13	北 京	85.2	13	安 徽	6.86
14	江 西	75.51	14	河 南	6.57
15	湖 北	68.88	15	黑龙江	6.51
16	吉 林	67.64	16	福 建	6.36
17	福 建	66.8	17	四 川	5.53
18	河 北	66.7	18	吉 林	5.5

排名	地区	实际利用外资	排名	地区	对外直接投资
19	内蒙古	46.45	19	江 西	5.38
20	黑龙江	46.13	20	山 西	5.37
21	陕 西	36.8	21	湖 北	5.21
22	云 南	25.1	22	内蒙古	4.96
23	山 西	28.1	23	重 庆	4.11
24	海 南	18.11	24	新 疆	3.92
25	贵 州	15.26	25	陕 西	2.9
26	广 西	7	26	甘 肃	1.55
27	新 疆	4.81	27	贵 州	1.3
28	宁 夏	2.04	28	广 西	1.27
29	西 藏	1.01	29	宁 夏	0.7
30	青 海	0.94	30	青 海	0.09
31	甘 肃	0.71	31	西 藏	0.002

数据来源:根据各省市商务厅、统计局网站相关数据及2013年各省市统计公报制表。

2. 开放型经济管理体制机制还未理顺

长江中游城市群的开放战略意识相对薄弱。除武汉、长沙和南昌等区域中心城市比较重视扩大开放外,大部分城市还是将工作的重点放在本地产业的扶持上,产业政策与贸易政策没有得到有效结合,忽视了外向型经济在产业发展中的作用。相对于对内开放,对外开放的思想较为落后,传统观念亟待转变,国内市场对外资和民营资本限制过多,开放程度不够,同时,主管部门多元化,管理权限相互交叉,权限职责不清晰,在开放管理体制机制建设上尚存在一些深层次矛盾没有得到有效解决,严重制约了长江中游城市群的全面开放。此外,商务、外资、外贸等主管部门过度重视行政管理职能,轻视公共服务职能,也就直接导致了外向型企业在办理通关、出口退税、对外投资等方面的效率低下,贸易投资便利化水平有待提高。

3. 缺乏有效的开放型经济区域协调机制

长江中游城市群应该作为一个整体共同推进开放战略的实施，但实际上三大城市群之间的竞争要多于协同合作。无论在三大城市群之间，还是在城市群内部之间基本上都是各自为政，利用各个城市本身的区位优势、资源优势、人才优势和产业优势，制定了仅限于本市范围内的发展规划，对长江中游城市群之间的优势互补和互利合作考虑不足，尤其体现在招商引资方面，存在互相抢占项目、互争优惠政策等现象。同时，行政分割问题严重，各城市间不同程度地存在着贸易壁垒，统一的市场监管体系尚未建立，使得产品、要素和资源的自由流通受到限制，这就极易导致区域内有限资源难以得到合理的配置，最终形成各城市产业结构趋同，产品市场竞争激烈的局面。鉴于此，应该树立大局观，加强三大城市群及各城市之间的协调合作能力，整体考虑长江中游地区的开放型行业分布及市场培育，尽量根据区域特性与产业特征，加快推动区域内市场一体化进程，并构建"抱团"出口、招商引资与"走出去"的协同开放机制。

三 实现协同开放战略的基础条件

（一）中心城市基础逐渐夯实

雄厚的中心城市产业基础为区域经济开放战略的实施提供了强大的动力，改革开放以来，该地区经济得到迅猛发展，形成了相对完备的现代工业体系，逐渐成为中国经济增长第四极。目前，该地区已形成了以钢铁、汽车、冶金、纺织等传统工业为基础，以光电产业、电子信息、生物工程、新能源、服务业等高科技产业为支撑的完备工业体系。其中，以武汉、大冶、鹰潭为主的金属冶炼区域已成为中国中部地区重要的有色金属产地；由武汉、长沙、南昌、株洲组成的高新技术产业联盟已成为全国光电、电子信息、生物制药、新能源和新材料等产业的重要产地之一；环长株潭城市群的装备制造产业在全国已产生重要影响；武汉、孝感、景德镇等地的汽车及零部件产业已具备了一定的规模与技术优势。此外，良好的农业基础为该地区的农业开放奠定了坚实的基础。

（二）基础设施日益完备

长江中游城市群的区位优势较为明显，特别是作为区域中心城市的武汉，处于两江交汇处，素来就有"九省通衢"的交通之便。随着长江经济带战略的提出，长江中游城市群正在部署和规划区域间的大交通体系一体化，打造包括高速公路、铁路、航空与水运在内的立体交通网络，以期通过城市圈之间的交通联合，实现区域互利互通的目标，并借助交通更好地促进对外开放。具体看，随着京沪高铁、武广高铁、沪昆高铁等线路的陆续开通，长江中游城市群北至北京、天津，南至广州、香港，东至上海、南京，西至重庆、成都的时间大大缩减，极大地增强了与上述地区之间的经济联系；长江中游地区主要内河港口也在重新规划及改造建设，以整合长江中游内河港口资源，提高该区域的水运能力，进而增强物资运输的便利化程度。此外，随着电子信息产业的发展，区域网络和基础通信设施建设也在有序推进，而园区基础设施及服务的完善，也有利于吸引来自国内外的投资。

（三）政策环境不断改善

长江中游城市群概念一经提出就受到所属省市的重视，湖北、湖南与江西各省关联城市针对区域之间的协同发展开展了一系列工作，建立了包括交通、商贸等在内的联席会议，分别签订了在科技、旅游和农业等领域的合作协议。2013 年，江西省与湖北省在九江市签署《关于共同支持九江与黄冈小池滨江新区跨江合作的框架协议》，将区域开发开放推向一个新高度。2014 年 9 月，《国务院关于依托黄金水道推动长江经济带发展的指导意见》正式发布，明确了长江中游城市群的战略定位，提出以武汉、长沙、南昌为中心城市的长江中游城市群将建设成为引领中部地区崛起的核心增长极和资源节约型、环境友好型社会示范区。《意见》的发布必将为长江中游城市群带来一系列配套的开放政策，有利于改善该区域的开放政策环境。

（四）人力资源储备丰富

长江中游城市群的科技教育水平较高，人才储备丰富，该区域现有普通高等院校 330 多所，在校学生人数超过 330 万，是全国科研单位和智力资源最为密集的地区之一。其中武汉是中国第三大科技教育基地，拥有武汉大学、华中科技大学等高等院校 85 所，在校大学生 118 余万人，各类研发机构 800 多个，国家级重点实验室 20 个，国家级工程技术研究中心 21 个。东湖新技术开发区获批全国第二个"国家自主创新示范区"，武汉获批"国家创新型试点城市"。在生物工程、电子信息、激光、新材料等高科技领域，武汉均处于全国领先地位。长沙亦为全国重要的科研教育基地，拥有中南大学、湖南大学等著名高等院校，并成为长江中游城市群的第二大人才密集城市。丰厚的人力资源储备为长江中游城市群的开发开放提供了坚实的支撑。

四　对外协同开放的战略定位与步骤

第一个阶段：坚持"引进来"路线。以产业园区为载体，通过对内对外的招商引资，有选择地承接国际上和东部发达省份的高端制造业和现代服务业，基本形成以战略性新兴产业、高端服务业和生产性服务业为代表的企业集中布局；加大对外贸易力度，鼓励优势商品的出口及所需先进设备和技术的进口，提高对外贸易进出口规模，并有步骤地发展服务外包和生产性服务贸易，开展建设内陆自由贸易试验区（武汉）可行性探索；加强对外交流合作，在长江中游地区范围内承办国际性会议和商品博览会，提升长江中游城市群的国际知名度和影响力。

第二个阶段：实施"走出去"战略。随着长江中游城市群协同发展机制的建立完善，以及区域内现代化产业体系的发展壮大，新区内主导产业在国际上具备一定综合竞争实力，武汉内陆自由贸易试验区建设基本成型，对外贸易进出口规模不断扩大；初步建成国际知名的休闲度假旅游胜地、长江中游地区人才交流中心和高端技术研发基地；基本建成高效集约、产业集聚、功能完善、服务配套、环境优美、安全宜居、特色鲜明、生态良好的内陆开放型经济带；长江中游城市群综合竞争实力大幅增强，成为湖北、湖南与江西三省对外对内开放的重要窗口。以经济合作为基础，有效整合区域市场和资源，带动长江中游地区经济发展和社会稳定。

五 对外开放的内陆自由贸易区战略工程

（一）长中游城市群建设内陆自贸区意义重大

在长江中游城市群建设首个内陆跨省自贸区对促进中部地区崛起，建设长江经济带，为全面深化改革和扩大开放探索新途径、积累新经验具有重要意义。

1. 有利于推进区域一体化建设

要打造成长江中游地区对内对外开放的窗口和高地，进而提升整个长江中游地区的开放水平和质量，自贸区战略无疑是当前新的国内外形势的宏观要求。一方面，长江中游城市群的自由贸易区属于跨地区的大型区域性自由贸易区，这有利于城市群间的协同发展，而且有利于带动长江流域的整体经济活力；另一方面，作为内陆型自由贸易区，长江中游城市群的建设经验和教训，将为在全国范围内的改革探索道路。更重要的，在"一带一路"战略的背景下，长中游城市群自由贸易区将有力地推动"一带一路"战略的落地。

2. 有利于打破制约区域均衡发展的痼疾

协同一体的自由贸易政策，是打破行政区划造成的市场准入壁垒、形成统一规范的市场准入制度和标准、促进商品和要素市场的完善、鼓励投资和贸易自由流动、推动区域通关协作和通关一体化建设的关键之举。在长江中游城市群的中心城市建设跨区域自贸区，还有利于突破现行体制机制束缚，为推动长江经济带建设探索新途径，积累新经验。此外，扩大自由贸易区试点是国内经济发展的大趋势，长江中游城市群面临的区域发展不均衡的问题，也是中国其他内陆地区的集中缩影，通过长江中游城市群自由贸易区的发展，将为全国的区域协调发展探索出新的路径。

3. 有利于形成新常态下的经济发展新动力

长江中游城市群建设自由贸易区意味着基本扫清要素流动的障碍，这对长江中游城市形成良性的竞合关系，凝聚中部崛起的合力，提供带来长江流域经济繁荣的内生动力，从而有利于打造开放发展的新高地。通过自由贸易战略，还可以促进区域内的经济结构升级和增长方式转变，更好地发挥中心城市的辐射带动作用，形成新产业集聚和资源整合力量，形成我国新的经济增长极。

（二）申报内陆自贸区需要创造的条件

借鉴重庆两江新区、成都天府新区、宁夏等内陆开放模式及先进经验，找准区域开放定位，整合武汉都市圈、环长株潭城市群和环鄱阳湖经济圈现有开放资源，打造承接长江上游和下游的中游地区开放经济带。加强与上海、江苏、浙江、重庆、四川等省市的合作，签订战略性合作框架协议，并借鉴发达省市开发区建设经验，合作开发产业园区。同时，要抢抓建设丝绸之路战略机遇，加强与丝绸之路经济带沿线国家贸易往来及文化交流。争取中央将"汉新欧"纳入国家规划，加快大通道建设，务实推进向西开放。抓住国家推广上海、天津、广东和福建自贸区经验的契机，积极推进长江中游城市群的通关一体化合作，打造区域合作开放新高地。

1. 依托长江中游三大城市组团，探索区域开放合作新模式

武汉城市圈、环长株潭城市群、环鄱阳湖城市群三个次级城市群，在国务院《长江中游城市群发展规划》中被称为"城市组团"。长江中游城市群的开放是一种整体开放，更注重区域内三大城市群的协同发展与共同开放。

首先，应该根据三大城市组团的要素禀赋和产业优势进行整体开放布局，建立三大组团的合作联动机制，特别是要加快促成长江中游地区的交通互联，实现其在公路、铁路、航空、航运等领域的交通一体化；加快产业互补，遵循产业差异化发展原则，有序承接国内外高端产业和先进制造业的转移，通过与东部沿海地区及西部沿边地区的对接，最终构建起对东西部地区及海外市场开放的桥梁。其次，要充分发挥武汉、长沙和南昌等区域中心城市的功能，扩大其在城市群中的辐射能力，要有大局观，打破省域、市域地理界限，实现跨省、跨市之间的开放项目共建与合作，通过加强长江中游地区各省市的联席会议，促进政策互通，促进区域政策的协调统筹，在招商引资、争取中央开放政策及贯彻执行过程中做到步调一致。最终加快"中三角"和长江流域交通设施、要素市场、产业布局、创新体系等一体化发展进程，努力拓展长江中游城市群对内对外开放新空间。

2. 整合区域内资源优势，加快融入丝绸之路经济带

丝绸之路经济带和 21 世纪海上丝绸之路建设的提出，给长江中游城市群开放战略的实施带来了一个良好契机。长江中游地区与丝绸之路既有历史联系，又有现实便利。长江中游城市群应抓住这一战略机遇，申请纳入国家"一带一路"建设规划，推动区域向东部沿海、西部地区及向南亚、东南亚的开放。具体看，武汉城市圈向东可发挥长江黄金水道作用，发展江海联运，接到江浙沪开辟海上丝绸之路；向西可充分利用援疆工作平台，发挥武汉东湖综合保税区、阿拉山口综合保税区及汉新欧铁路大通道作用，借道新疆加强与中亚、欧洲的经贸往来；向西南可借助云贵川的交通之便，实现与印度、马来西亚及印度尼西亚等南亚、东盟国家的经贸联系。环长株潭城市群可利用湘欧快线的"一主两辅"三条线路，将钢材、零部件、黑茶、烟花等货物运往欧洲与中亚。环鄱阳湖经济圈可充分利用九江港，通过长江水道，积极融入海上丝绸之路建设中去。

3. 对接上海自由贸易试验区，扩大国际经贸开放平台

根据经济发展基础及开放水平，可选取武汉作为内陆自由贸易试验区的核心区，借鉴上海自由贸易试验区的运行与管理经验积极筹建，在申报筹备的同时，要敢于先行先试，充分发挥海关特殊监管区作用，在东湖新技术开发区、东湖综保区等地试点实行自贸区的部分改革创新措施，如试点"负面清单""先照后证"等内容，结合实际，完成贸易便利化、投资自由化、行政体制创新、科技体制创新、金融制度创新、服务业扩大开放、完善税收政策等七大任务，并通过对这些试点区域开展规划整合，探索与国际接轨可复制、可推广的经验。区域内其他有条件的城市如长沙、南昌、九江等也可积极对接上海自由贸易试验区，借鉴可行经验，布局航空、铁路、高速公路、水运建设，发展多式联运，打通城市群对外经济的走廊，并打造综合保税区、临空临港经济区、产业政策先导区等各具特色开放平台，加快口岸机构布局，实现海关和检验检疫机构在区域范围内的全覆盖，改进通关便利化水平与效率。

4. 深化通关改革，积极落实长江经济带区域通关一体化政策

加强与沿海、沿边及长江中游周边省市口岸的区域通关合作，深化通关

改革，进一步促进大通关的信息化与便利化。特别是要做好长江经济带区域通关一体化的准备工作，在长江中游沿线适当增设内河港口一类口岸及后续监管场所，争取在重要外贸港口开展启运港退税试点，提升长江中游水道外贸货物进出口能力。而在大通关方面，则尝试争取增设海关、检验检疫机构，以形成对外开放的多点支撑。同时，要积极对接长江经济带海关区域通关一体化改革，在允许代理报关企业"一地注册、多地报关"；许可证件（进出口限制货物）签注口岸，除药品、车辆等有指定进出口口岸管理规定的货物，可在长江经济带9省2市任何一个海关现场办理货物申报验放手续；长江经济带所有企业都可采用一体化通关模式办理报关手续；以及实现海关风险参数统一、区域统一审单等方面进行突破创新。

（三）长中游城市群自贸区的重点突破领域

依托自由贸易区，进一步提升货物吞吐和沿江港口物流。进一步便利通关手续，吸引内陆的贸易商从沿江港口申报出口，提升高附加值的本港货。要努力使沿江港口在自贸区建成之后将迎来更大的发展空间，自贸区内的货物装卸、货物储存、货物商业性加工和货物转运将更加便捷。要通过自贸区的建设促进港口物流业的发展。随着自贸区各项优惠条件的落实，保税区功能将从简单的"保税仓储、初级加工、转口贸易"进一步拓展到商品储存和转运，以及相关工业、贸易、运输、金融及旅游多位一体业务，等等。

加强长江中游城市群中心城市的国际航空枢纽地位。长江中游城市群自由贸易区的设立将吸引中转旅客，从而为打造客运和货运的航空枢纽创造条件。自由贸易区内将有望成为贸易和购物零关税的自由港，叠加过境免签政策，各中心城市的机场对于国内外货物和旅客中转的吸引力将增大，从而有利于将中心机场打造成航空客运的中转枢纽港，从而给机场带来更多的国内国际航空流量。

（四）长中游城市群自贸区的重点支撑项目

要以重点项目为抓手，切实推进长江中游城市群自贸区建设。这些重点项目主要包括：第一，强化保税物流园区和国际物流园区建设，着力推进武汉国家物流中心建设，定位于中西部地区对接全国、联通国际的综合物流枢纽；国家级现代物流创新发展的先行示范区；立足区域、面向全国的物流总部基地和资源要素整合平台。第二，着力合作建设武汉离岸国际碳金融交易中心，力争在 2025 年之前建成交易辐射面宽、交易量大、功能完备、效率较高，并且在国内外有影响力的碳金融交易中心。第三，着力合作建设有美国硅谷、欧洲空客和德国奔驰参与的信息谷—动力谷—航空谷三大国际化高技术孵化基地；建设世界航电技术研发中心与航电设备制造中心、全球航电服务网络。第四，建立世界四大河流域与六大湖区域气候变化与低碳发展机制。第五，合力推进汉新欧大陆桥与西部出口大通道建设；开启长江中游与全球大陆或国家中部对接工程，中美中部对接、中欧中部对接、中俄中部对接、中印中部对接等工程；开启南美洲—非洲—澳洲—北美洲楚汉商贸中心建设。

此外，要积极推进建设世界文化遗产跨国观光国际目的地与全球旅游链；合作建设茶马古道文化带、经济带、旅游带；扩大长江中游地区知名高校，如武汉大学、中国科技大学等向全球招生的高科技人才培养制度等。

六　推进开放战略的区域协同模式与体制机制

长江中游城市群的开放需要认清国内外经济社会发展趋势，特别是要全面对接国家经济发展战略。近年来，随着内陆区域开放型高地的构建及创新开放模式等战略的提出，掀起了内陆地区的开放热潮，长江中游城市群的协调开放，既是题中之义，也应在某种程度上实现开放模式的创新，而推动制约其开放的体制机制改革将成为研究重点。同时，长江中游城市群的开放应该有别于传统的对外开放模式，要强化内外贸一体化，重视对外贸易与对内贸易并重发展、货物贸易与服务贸易并重发展及"引进来"与"走出去"并重发展，城市群之间要优势互补，形成合力，并通过资源共享，打造区域互联互通中心节点，来提升区域整体的开放水平。

（一）落实开放战略的基本方式

1．创新开放模式

现阶段，要突破长江中游城市群不沿边、不沿海，不具备对外开放优势的思想障碍，从根本上转变传统的开放观念。长江中游城市群的开放属于内陆开放的范畴，与沿海对外开放的路径安排有较大差异，故不可比照东部先行开放省市的经验生搬硬套。近年来，四川、重庆、宁夏等内陆省区针对内陆开放这一议题开展了一系列探索，也取得了一定的经验成果，可供长江中游城市群进行借鉴参考。从根本上看，长江中游城市群的开放要根据自身实际发展情况，制定各具特色的发展战略，应实行全面性的开放，既要重视对外开放，也要重视对内开放，特别要重视区域内城市之间的互联互通，以通过城市之间的协同发展促进开放，以借助开放进一步强化城市之间的经贸联系与合作。长江中游城市群的开放模式创新，关键在于区域内城市之间的协同发展，通过打破地域与行政界限，整合资源共建开放大平台，从而达到"以协同发展扩大开放，以开放促进协同发展"的目的。

2. 搭建开放平台

开放平台的搭建，是扩大全面开放的关键。

一是要把园区和产业基地建设作为对内对外开放的首要平台，把工业园区、经济技术开发区、产业基地作为长江中游城市群区域合作和承接产业转移的重要平台和载体，加快推进工业园区和产业基地基础设施建设，增强园区和基地承载配套能力，引导承接产业和项目向园区和基地聚集。二是要把招商引资作为对内对外开放的首要任务，通过开展全方位、宽领域的招商引资，实现优质项目的落地，最终促进产业结构优化，提升长江中游地区产品的国内外市场竞争力。三是要把改善投资环境作为对内对外开放的首要条件。要在加快改善交通、水利、园区基础设施等硬环境的同时，下决心整治软环境，在推进基础设施建设的同时，也要加快服务型政府建设，转变政府职能，强化公共服务，改善营商环境，促进投资贸易便利化。四要充分发挥国际会议、博览会等会展经济的作用，通过搭建会展平台，提升长江中游城市群的国内外知名度，打造区域品牌。五是提升特殊监管区与开发区建设水平，积极对接上海自由贸易试验区。

3. 深化体制改革

长江中游城市群的开放要破除体制机制障碍，大胆探索改革创新，而问题的关键是要解决集体行动的困境，增强区域间的协调能力。这就需要城市之间协同合作，通过建立约束激励机制，实现对国内外的统一开放。在争取政策和项目时要有集体意识，在对内对外开放上思想和步调也要保持一致，特别是在对接沿海发达地区的产业转移时，长江中游城市群一定要资源共享、优势互补，绝不能够搞恶性竞争。同时，要实现区域内政策的一体化，基本消除政策壁垒，提高投资环境的透明性和便利性，促进生产生活资料在区域内的自由流动，而在对外开放上，整个长江中游城市群要在政策实施与行动上保持一致，合理布局，形成合力，最终提升整个区域的开放水平。

4. 服务贸易与货物贸易并重

坚持货物贸易和服务贸易并重发展，在继续扩大货物贸易进出口的同时，积极发展服务贸易，建立适合服务贸易和货物贸易协调发展的机制。重点培育壮大武汉、长沙、南昌等中心城市服务外包业、生产性服务业、文化创意产业，推进长江中游城市群服务业结构优化升级，大力发展金融保险、物流运输、信息服务、文化创意和展会等生产性服务业，为服务贸易奠定坚实的产业基础。而服务贸易也要通过进口，引进国外先进优质服务，并在溢出效应下，提升服务业结构升级，不断强化服务业的国际竞争力，最终转化为服务出口。此外，还要积极与上海自贸区对接，实现联动发展。

5. "引进来"与"走出去"并重

一要加大长江中游城市群的整体营销力度，加快"引进来"步伐，这需要积极谋划长江中游城市群的区域营销，整合利用政府公共服务平台、会展平台等资源，推介城市群产业、资源与政策优势，提高城市群区域吸引力。要加快建立外资管理新模式，探索推行外资准入前国民待遇加负面清单管理模式，放宽外商投资市场准入，扩大服务业对外开放，将国内外优质资源吸引过来，同时还要兼顾对民营资本的引进。二要加快"走出去"步伐，增强长江中游城市群企业国际化经营能力，支持区域内优势企业跨省域、跨国界扩张发展，拓展发展空间，培育一批总部植根长江中游城市群的跨国公司；完善对外工程承包和劳务合作管理制度，引导长江中游地区工程设计、对外承包工程企业集群式"走出去"，提升工程设计服务和对外承包工程服务的质量，培养打造享誉国内外的工程承包及工程设计服务品牌。

（二）协同开放的体制机制

长江中游城市群由武汉城市群、环长株潭城市群和环鄱阳湖城市群共同整合组成，如此庞大的行政区域和经济社会发展水平的较大差异，如果不能实现"规划同编、产业同链、城乡同筹、交通同网、信息同享、金融共通、市场同体、环保同治"，便无法形成真正的"群"。为此，要把坚决打破行政区划界限和壁垒，加强规划统筹和衔接，形成市场体系统一开放、基础设施共建共享、生态环境联防联治、流域管理统筹协调的区域协调发展新机制放到尤其突出的位置。

1. 建立区域互动合作机制

加强国家层面协调指导，统筹研究解决长江经济带发展中的重大问题，建立推动长江经济带发展部际联席会议制度，统筹安排协商城市群建设的若干重大问题，形成良性的协调推进工作机制，调动三省各方的积极性，避免各自为政、各图其利的现象发生。建立健全地方政府之间协商合作机制，共同研究解决区域合作中的重大事项。充分调动社会力量，建立各类跨地区合作组织。发挥水利部长江水利委员会、交通运输部长江航务管理局、农业部长江流域渔政监督管理办公室以及环境保护部环境保护督查中心等机构作用，协同推进长江防洪、航运、发电、生态环境保护等工作。

2. 推进一体化市场体系建设

进一步简政放权，清理阻碍要素合理流动的地方性政策法规，打破区域性市场壁垒，实施统一的市场准入制度和标准，推动劳动力、资本、技术等要素跨区域流动和优化配置。健全知识产权保护机制。推动社会信用体系建设，扩大信息资源开放共享，提高基础设施网络化、一体化服务水平。

3. 加大金融合作创新力度

适时推进符合条件的民间资本在中上游地区发起设立民营银行等中小金融机构。引导区域内符合条件的创新型、创业型、成长型中小企业到全国中小企业股份转让系统挂牌进行股权融资、债权融资、资产重组等。探索创新金融产品，鼓励开展融资租赁服务，支持长江船型标准化建设。鼓励大型港航企业以资本为纽带整合沿江港口和航运资源。鼓励政策性金融机构加大对沿江综合交通体系建设的支持力度。

4. 建立生态环境协同保护治理机制

完善长江环境污染联防联控机制和预警应急体系。鼓励和支持沿江省市共同设立长江水环境保护治理基金，加大对环境突出问题的联合治理力度。按照"谁受益谁补偿"的原则，探索上中下游开发地区、受益地区与生态保护地区试点横向生态补偿机制。依托重点生态功能区开展生态补偿示范区建设。推进水权、碳排放权、排污权交易，推行环境污染第三方治理。

5. 建立公共服务和社会治理协调机制

适应上中下游劳动力转移流动的趋势，加强跨区域职业教育合作和劳务对接，推进统一规范的劳动用工、资格认证和跨区域教育培训等就业服务制度。加大基本养老保险、基本医疗保险等社会保险关系转移接续政策的落实力度。应对长江事故灾难、环境污染、公共卫生等跨区域突发事件，构建协同联动的社会治理机制。建立区域协调配合的安全监管工作机制，加强跨区域重点工程项目的监管，有效预防和减少生产安全事故。完善集中连片特殊困难地区扶贫机制，加大政策支持力度。

七　构建协同开放的城市群空间格局

（一）做强核心城市，发挥武汉在长中游城市群中的"领舞"作用

长三角、珠三角城市群密切联动，除了地缘和产业链的高度关联等原因，与其有上海、广州、深圳这样龙头城市分不开的，而长江中游城市群的三个中心城市在这次《长江中游城市群规划》的表述上是同等地位的。这固然平衡了区域关系，但对明确城市群建设的"引领者"是模糊的。这种模糊恐怕会让城市群建设陷入"群龙无首"的境况。无论是从历史，还是现状和未来的发展趋势看，武汉无疑将是长中游城市群建设的"领舞者"。

充分发挥武汉市的优势，做强武汉市的产业发展基础，提升城市整体竞争力，进而强化武汉市的综合服务功能，发挥在城市群发展中的核心和龙头作用，是促进长江中游城市群发展的关键。大力提升武汉的综合服务功能，强化中心城市的核心和龙头带动作用，建成长江中游城市群的产业聚集与辐

射中心、要素配置中心、技术创新中心、现代化金融和信息服务中心。

　　要大力提高武汉市的产业整体技术水平。从建设全国重要的高新技术产业基地的定位出发，要积极发展高新技术产业，以"武汉·中国光谷"为龙头，以东湖新技术开发区、武汉经济技术开发区等国家级开发区为载体，以一批科技实力较强的企业为基础，实现高新技术产业布局集群化和发展多元化。提高制造业整体实力，集约发展钢铁、汽车及机械装备制造、电子信息、石油化工四大支柱产业，培育壮大环保、烟草及食品、家电、纺织服装、医药、造纸及包装印刷六大优势产业。

　　强化武汉现代服务业中心功能，提升主导服务业，发展新兴服务业，培育和引进一批实力强、规模大、知名度高的服务业企业。按照市场化、产业化、社会化的方向，加快发展生产性服务业，充实提升生活性服务业。巩固发展商贸会展、金融、房地产三大主导产业，突出发展现代物流、信息传输与计算机服务及软件、旅游、文化、社会服务等五个新兴产业。创新流通业态，扩大流通总量。推进金融资源重组整合，加快金融国际化进程，促进各类金融机构聚集，优化金融发展环境。建设国家级物流枢纽城市及国际国内旅游重要目的地和集散地。

（二）优化长江中游地区三大城市群（圈）形态的空间结构

　　长江中游地区三大城市群的整合发展格局尚未形成，中心城市的综合辐射和影响力还很不够，城镇体系有待完善，空间结构不够合理。针对上述情况，长江中游地区三大城市群（圈）空间结构体系的建设宜采取"做大核心、依托轴线、网络发展"的优化引导策略，逐步形成以武汉为龙头、长沙和南昌为核心，依托快速通道连接交通轴线附近的重要节点城市，形成网络化的空间结构体系。

　　我国的"珠三角城市群、长三角城市群、京津冀城市群和成渝城市群"构成了一个"＋"空间架构，四个城市群的中心就是长江中游城市集群。长江中游地区三大城市群的发展有赖于三大中心城市整体实力的提高，以武汉城市圈、环长株潭城市群和环鄱阳湖三大核心城市圈为中心支点，共同带动长江中游城市群板块的发展。

　　武汉、长沙和南昌为长江中游地区城市群发展的三个重要支点，位于三角形的三个顶点上，形成了"中三角"结构。武汉的经济实力最强，武汉的辐射范围影响较广，城市规模大，实力较强。武汉与西安、上海、广州、重庆的距离是 650—800 公里，这是目前武汉城市影响力的极限值。第二圈半径在 300—400 公里范围内，比如长沙、南昌、襄樊和宜昌等。武汉的高等教育、科研机构和加工制造业等较为发达，交通区位优势极佳，作为可持续发展的淡水资源相对充足，武汉市完全有可能建设成为一座人口千万以上、城区面积近万平方公里的中西部最大城市。

　　武汉市在今后的发展中，一方面，重点抓好中心市区的规划，构建一个地跨三镇的综合性商业中心区，形成真正的城市核心。另一方面，拉大城市框架，全面推进旧城改造和新区开发，向外转移和扩散一些相关产业，促进周围卫星城镇的发展。

　　长沙作为湖南省省会，拥有发达的中心商业区和高科技产业园区，交通便利，城市建成区规模大，并成组团式向外发展；株洲不仅是重要的铁路枢纽，而且重工业基础较好，但地形较为复杂，城区呈较小规模的枝状片区形态发展；湘潭为历史名城，还具有采矿和钢铁工业基础。其主城不大，外围呈现较为松散的轴线发展，城区发展用地余地很大。加快三个城市间的联系，对环长株潭城市群的发展至关重要。长沙与株洲和湘潭均相距 60 公里，株洲和湘潭相距 40 公里。要实现长沙—湘潭—株洲这一金三角经济的一体化，要尽快实现长沙、株洲和湘潭三座城市的快捷轨道交通。在长株潭一体化的同时，应特别重视岳阳的地位和作用，依托一体化的长株潭复合城市，加强与岳阳的互动发展，形成新的双核空间结构。岳阳区位优势明显，地理位置优越，是湖南的临江港口城市，更有着"承东启西，贯通南北"的交通网。长沙与岳阳未来可形成双核发展的空间结构，这类似于江西的南昌和九江的双核互动，长沙应利用便利的交通网加强与岳阳的经济联系，岳阳要主动融入长株潭复合城市，两者互联互动，共同发展，带动环长株潭城市群建设，并使岳阳成为长株潭连接武汉城市圈的"桥头堡"，为长江中游城市群一体化发展打下基础。

　　作为江西省省会，南昌的区位很优越，发展腹地广大。南昌要建区域性中心城市，应树立"大城建"的理念，做大城市规模，到 2020 年，使南昌成为人口五百万左右、城区面积近五百平方公里的大城市，成为对接珠三角、长三角等城市群的重要支点。南昌的辐射带动作用较弱，如果仅依靠自身之力，还很难提升其竞争力，昌九工业走廊的建设对南昌的做大做强起着重要作用。南昌和九江在江西北部组成了一个"双核"发展的空间结构，九江具有很好的发展前景。九江—景德镇—衢州铁路通车后，浙江南部和江西东北的人流及物流与京九线、京广线相通，武汉、九江和景德镇与海峡西岸便有了捷径。九江从现有的铁路线、建设中的铁路线以及中长期规划的铁路线来看，有五条铁路在此交会，即京九线、武九线、合（肥）九线、铜（陵）九线以及九江—景德镇—衢州线等，九江作为环鄱阳湖生态经济区域的次中心城市，需要提到与南昌同等重要的地位来考虑。

（三）完善区域基础设施网络建设，尽量实现基础设施的互联互通

要发挥长江中游城市群整体优势，按照统一规划、合理布局、分步实施的原则，加快机场、公路、铁路、航道、港口、防洪等基础设施建设，建设比较发达的基础设施网。继续完善武汉通往各城市的高速通道，加快建设城市群内部各城市间的公路建设，减少断头路和瓶颈路，提高公路等级，加快沿江铁路建设，推进沿江港口建设，发挥内河运输优势，健全城市群交通网络体系，实现城市群内部不同交通运输方式的共建共享。

完善公路网。加快武汉公路主枢纽的建设，重点完成武汉市中环线向外辐射的高速公路的"环形放射状"路网；以现有的京珠、沪蓉高速公路为支撑，加快区域内城市间的高速公路建设，完成各城市所辖县、市之间的高等级干线公路的改造，形成公路网络化、客运便捷化、物流智能化、服务最优化的公路运输体系。

建设水运网。充分利用区域内天然河流的有利条件，发挥水运占地少、运能大、有利于环保的优势，在现有工程设施的基础上，继续实施必要的航道治理工程，形成以长江、汉江为主通道，并沟通其他主要通航支流的干支联网的区域航道网；加强专业化码头建设（如集装箱码头），大幅度提高港

口的机械化作业水平；加大运输船舶更新改造的力度，大力发展江海直达运输、汽车滚装运输、液化石油及沥青等特种运输。

完善铁路网。重点完善既有铁路干线，提高既有铁路的装备水平，加快既有干线铁路全面提速及加快高速铁路和客运专线的建设，推动铁路支线、专用线的配套建设，形成以高速铁路为主骨、快速线路为骨架、普通线路为分支的铁路运输体系，增强长江中游城市群的铁路运输能力。

提升航空港。增加区域内城市间各机场及其至全国旅游城市的航线和航班密度，开辟国际航线，进一步提升武汉航空中心枢纽地位。

加快信息网建设。发展邮电通信和信息网络，建设以武汉为中心的"信息高速公路"，构建数字化、宽带化、智能化、综合化的信息化基础设施，建设城市群共同的金融、电子商务、电子政务等信息系统，积极推进教育科研信息化进程，规划和建设城市群公用信息交换平台，大力推动城市群企业信息化、农业信息化和公共领域信息化的建设。

构建一体化的基础设施网络体系，不仅要重视完善综合运输体系，还应加强信息基础设施网络、电力生产供应网络与水利基础设施网络等基础设施的建设。

虽然综合交通网特别是快速通道网的建设仍是区域与城市发展的必要基础，但是信息基础设施的建设已成为信息社会中区域及城市发展的主要动力之一。这两者的结合可以引导和促进区域整体发展，在某种程度上奠定区域与城市空间结构的基本格局。

八　实现协同开放发展的措施与对策

（一）积极推进城市群市场一体化进程

1. 推进商品市场一体化建设

建设全国性粮食、棉花、油脂大型中心批发市场，巩固发展一批全国性、区域性的大型工业品批发市场，形成 3—5 个交易额过百亿、现代化管理程度较高的消费品市场。依托产业和产业优势，发展钢铁、汽车及零部件、纺织品及服装、光电子及其他高技术产品等重要工业产品区域性交易市场，提高石油、建材、机电、汽车等生产资料市场的规模和信息化管理水平。

2. 建设和完善区域金融市场

充分发挥武汉金融服务功能，打破城市之间金融市场方面人为设置的各种界限，形成城市群内统一的金融市场体系，促进金融资源在群内自由、快速流动及合理、高效配置。增加票据市场交易工具和交易品种，发展票据专营机构，并进而在武汉构建有形的票据市场，实现城市群内商业票据的市场集中交易；打破银行贷款发放的地域性限制，积极推动各银行开展异地贷款业务；构建健康有序的场外资金拆借市场，扩大交易规模，实现城市群内各城市商业银行间资金的及时调剂；加快武汉市商业银行资产重组的步伐，并进而推动区域内城市商业银行的联合；以长江证券为龙头，组建武汉金融控股集团，增强区域金融的核心竞争力；加速区域性资本市场和保险市场的培育，拓展同城票据清算业务范围；积极发展产业投资基金、证券投资基金和中外合作投资基金。

3. 推进要素市场一体化

进一步发展人才和劳动力市场。优化整合城市群人力资源，构筑人力资源共享平台。以人才市场和劳动力市场的整合为突破口，加快人才培训和交流；增强各城市人才与劳动力市场的服务功能与辐射范围；建立健全各城市人才与劳动力市场同全国和本区域市场网络的联系制度；加强武汉科技人才对区域发展的支持，拓展周边城市劳动力资源在武汉的就业空间，同时充分利用武汉的科教资源，为周边城市培养人才和高素质劳动力资源。

加强产权交易市场建设。整合各城市产权交易市场，形成以武汉产权交易中心为主体的覆盖城市群的产权统一交易市场。扩大产权交易功能，加强产权的商品化和市场化进程，以整合国有经济资源为重点，以上市公司为核心，以资本营运和大范围资产重组为基本手段，实施"大集团"战略，打破地区封锁，实现跨地区、跨行业的资产重组，壮大城市群龙头企业。

发展一体化的技术市场。以市场为导向，建设区域性的技术创新体系，提高城市群技术创新能力。充分利用武汉较为雄厚的科研实力，向周边城市辐射。形成研究和开发网络，协同攻关关键性的科研项目，推动科技攻关，产品开发，技术改造，以提高科技成果转化率为重点，促进科技成果转让，促进城市群高新技术产业发展。

（二）合理布局有效承接国内外优质产业梯度转移

坚持实施价值链引资战略，在吸引外资的产业选择上，基于本区域的产业发展基础、配套能力和生态环境承载力，引进战略投资者，加快培育具有国际竞争力的产业集团，延伸制造业链条。同时，要大力发展相关配套生产性服务业，并提高其对外开放程度。此外，还要充分利用民营资本，为民间资本的流入创造便利的政策环境，促进开放市场的有效竞争。

1. 创新利用内外资模式，强化产业链招商

长江中游城市群应该根据产业布局择优选资，鉴于制造业已经由部分行业转移演变为产业链条整体转移的趋势，长江中游城市群要强化产业链招商，达到引进一个大型企业、带动一批产业、辐射一片区域的效果，通过引进光电子、光通讯、汽车及零部件、装备制造、航空制造、船舶、生物医药、农产品深加工等产业升级有重要影响的大项目和配套产业，促进形成产业集群。引导外资投向高新技术产业、先进制造业、节能环保产业、现代服务业、高效生态农业等重点领域，推动长江中游地区形成以高技术为先导、先进制造业为支撑、服务业协调发展的现代开放型产业体系。在引资市场方面，可优先考虑美国、日本、港澳台地区、长三角地区和珠三角地区。在引资保障上，需要紧扣主导产业，紧盯一大批重点项目，制定并落实具有吸引力的招商引资政策，进一步加强基础设施配套建设，努力打造完整的产业链配套环境。

2. 重视对国际大品牌跨国公司的引进

长江中游城市群应与开放型产业布局及战略性新兴产业发展紧密结合，引进国际大品牌跨国公司，利用跨国公司雄厚的技术实力、强大的国际品牌优势及丰富的国际市场资源和经验，来帮助区域优势产业开拓更为广阔的国际市场。通过重点引进战略投资者，推动其设立区域总部、分支机构及相关的研发中心、营销中心和采购中心等，促进产业集聚和产业升级。具体来看，要建立与世界 500 强企业"一对一""点到点"的联系机制，加强重大招商活动签约成果的督办与落实，做好签约项目跟踪推动工作，提高项目转化率。同时，要制定实施有利于跨国公司在长江中游地区设立总部企业的优惠政

策，在土地供应计划、境内再投资及境外放款管理、专项资金整合、技改研发支持、地区总部高级管理人员居留和出入境、落户、薪酬、医疗、保险、税收、配偶安置、子女入学等方面提供个性化、便捷化服务等。此外，要建立常态化、国际化、综合性投资贸易平台，湖北、湖南和江西三省要积极参与组织"投洽会""中博会""泛珠论坛"等重要展会，加强与各类投资促进机构及中介组织合作，精心策划和组织长江中游地区联合在境内外重点国别、地区举办的重大招商活动，积极引入国内外重大赛事、品牌展会、国际峰会、高端论坛等具有全球影响的大型活动，积极申办世界华商大会等。

3. 吸引大型国有企业和中央企业的投资

国有企业和中央企业在长江中游城市群的开放经济中具有举足轻重的地位。现阶段，要紧盯央企发展规划和战略布局，吸引其落户长江中游地区。除了为本地区国有企业和中央企业的对内对外开放提供政策、资金支持便利外，还要积极推进区域产业布局所需优质国有资产的引进，要加强与国内投资促进机构的合作，举办与大型国企、中央企业的洽谈会，与北京、上海、广州等地国企深入对接，结合国家实施的针对中部地区及长江经济带的政策，积极实施央企进入长江中游地区的对接活动，大力推进新一轮央企的引进，力争每年引进一批投资 100 亿元以上重大项目。

4. 拓宽民间资本投资渠道

长江中游城市群的开放需要民间资本的参与，民间资本在运作上的灵活性及对市场变动的敏捷性，是国有企业所无法比拟的，民营资本可以激发市场活力，提高相关产业的国际竞争力，进而使得这些产业在应对开放后的国际冲击时，可以平稳发展。鉴于此，长江中游城市群应逐步扫清体制机制障碍，逐步有序推进市场化改革，降低对民营资本的行业准入门槛，拓宽民间资本的投资渠道。同时，要平等对待民间资本与外国资本，允许民间资本进入外资可准入的行业，鼓励民间资金对服务业的投资等。

（三）不断扩大长江中游地区外贸规模

1. 促进出口规模的扩大，实现出口结构的优化调整

要充分发挥长江中游城市群的产业优势，鼓励扩大区域优势产品出口。

在稳定纺织服装、化工、农产品、钢材与机电等产品出口规模的同时，还要与区域的产业布局及结构调整相协调，大力扶持生物医药、新材料、新能源、电子信息、高端装备制造等战略性新兴产业的发展和出口。要进一步落实和完善外贸发展各项政策举措，建立本区域产品出口促进机制和协调机制，提高产品出口对城市经济增长的贡献度，促进贸易与产业深度融合，政府要鼓励企业通过异质化战略为国内外市场提供具有竞争力的产品，支持出口企业加强技术变革与研发设计，注重自主品牌的培育推广。要推动加工贸易转型升级，促进自主创新并向产业链高端延伸。同时，需要设立专门促进出口的管理部门或机构，统筹长江中游城市群对外贸易发展事宜，收集国外市场信息，建立健全外贸风险防范体系，并采取有效政策鼓励和支持对外贸易中介公司的成立和发展。此外，还要拓展国际市场结构，在稳定欧盟、美国、日本和韩国等主要海外市场的同时，鼓励企业创新设立境外营销网络等模式，拓展东盟、非洲、俄罗斯、巴西等新兴市场。

2. 鼓励先进技术与急需设备的进口，推动传统产业转型升级

调整以出口为中心的外贸发展思路，应按照发挥比较优势、弥补资源不足的原则，实施进出口基本平衡的举措，落实国家鼓励进口各项政策，进一步加强和改进进口工作，提高进口便利化水平，拓宽进口渠道，增加能源原材料进口，鼓励企业扩大对先进技术设备、关键零部件和消费品进口，充分发挥进口在促进长江中游城市群经济发展和拉动产业升级中的作用。同时，还要积极扩大高端消费品进口，满足区域内居民消费需求，提高消费层次和水平。省市财政每年要安排专项资金，对企业以一般贸易方式进口的技术和产品，给予贴息支持。此外，要加强进口信贷支持，完善进口信用保险服务，简化进口结算制度，优化检验检疫监管。

3. 培养壮大外贸主体，发挥外贸基地产业集聚效应。大力培育外贸进出口主体，继续推进外贸骨干企业龙头工程、成长企业壮大工程和出口企业实绩工程，切实做好出口企业孵化工作，开办外贸企业进出口业务指导培训，帮助区域新出口企业学习掌握相关进出口业务知识和政策，了解通行的国际贸易惯例，增强自身抵抗风险能力，使企业尽快参与国际市场的竞争。同时，继续引进一批出口加工型大项目，增强外贸可持续发展后劲。加

快建设国家和省级出口基地，支持基地外贸产业链延伸和做大做强，提高产业集群效应。

4. 加快外贸体制机制改革，完善外贸政策支撑体系

要深化外贸管理体制改革，进一步优化外贸结构，着力培养进口商品市场，支持民营企业申报原油等大宗商品进口资质。要简化出口审批手续，稳定优势产品出口的同时，大力培养新的出口增长点，积极承接东部沿海产业转移，进一步培养符合区域发展布局的优势贸易产业。同时，要突破性地发展服务贸易，促进战略性新兴产业发展及传统优势产业的转型升级。此外，还要进一步提高长江中游城市群加工贸易增值率，延长产业链，提高产品技术含量和附加值，增加贸易收益，拥有自主品牌和自主知识产权，以推动外贸发展方式转变，促进区域经济协调发展，扩大就业，改善民生，把加工贸易发展与实现工业化、城镇化、农业现代化发展紧密结合起来，切实完成好十八大报告中提出的"促进加工贸易转型升级"的战略任务。

5. 扩大对外工程承包，积极稳妥推动对外投资与合作

以国外工程承包为主体，以对外劳务合作、境外投资及对外经援为补充，全面推动长江中游城市群对外经济技术合作的发展。大力支持区域内优势企业创新海外投资模式，到境外上市、扩大海外投资和开拓国际市场，支持大型企业积极探索在资源开发、道路、交通、水利、电力、工程机械领域实施"走出去"战略，不断提高企业的国际市场占有率及国际工程设计品牌知名度。在具备市场条件的国家或者地区，积极引导企业以合资、参股或者独资的形式，在境外设立加工贸易企业、营销机构等，提高海外投资的成功率。加大对企业境外投资的产业指导、信息咨询、法律服务，改革对外投资审批制度，为企业打造"走出去"绿色通道。重点支持中国五环、凯迪电力、邮科院、湖北电力勘测设计院、中国核工业第二二建设有限公司、葛洲坝集团、东风汽车、中联重科、三一、远大空调、山河智能、隆平高科、华菱钢铁、江铜、萍钢、方大特钢、赛维、江钨控股、江铃、仁和集团等企业成为长江中游城市群"走出去"的拳头品牌。

6. 发挥区位优势，完善相关政策相结合，实施口岸大通关工程

拓展国际航空大通道。配合相关单位做好开通武汉至巴厘岛、塞班岛、

墨尔本、卡里波、亚庇等5条国际航线，加密武汉至巴黎航线，做强新加坡、曼谷等东南亚航线，开拓日韩等东北亚航线。同时，也要积极推进湖南、江西地方航空业发展，大力发展国际（地区）和国内航线航班。用好航空发展资金，完善管理办法。

增强口岸综合服务功能。加强江海直达补贴、国际航线补贴、"大通关"专项资金等政策的落实，充分发挥企业积极性，促进口岸业务持续稳定发展。配合相关部门，做好武汉新港空港综合保税区申报建设工作，推进海关特殊功能区整合，积极做好中国内陆（湖北武汉）自由贸易试验区申报前期工作，推动赣州、南昌综合保税区尽快获批开建，加快推动九江、吉安、共青城申报综合保税区，启动赣州机场设立航空一类口岸工作，加快推进口岸作业区建设和改造升级。创新口岸通关模式，实现跨关区无障碍通关，继续完善检验检疫分类管理，绿色通道、直通放行、电子监管、出口免验等制度与措施，全面推进"一次申报、一次查验、一次放行"。

加快水运陆路口岸建设，培养铁路集装箱运输市场，努力推动实现"汉新欧"铁路运行双向常态化。支持壮大"泸汉台"江海联运航线。加快电子口岸建设，加快推进无纸化通关，加强和改善与粤港澳、沪浙闽通关合作，实现口岸管理部门信息互换、监管互认、执法互助。加快域内电子口岸建设步伐，提升通关效率。搭建跨境贸易电子商务平台，提升贸易便利化水平。积极做好进口粮食、水果等指定口岸相关工作，大力发展口岸经济。

加强重点区域与"大通关"信息化建设。加快航空物流园区、铁路国际集装箱物流园区、保税物流中心、出口加工区等重点区域物流信息联网建设；完善出口加工区的联网监管模式，建设出口加工区物流信息系统，进一步强化物流信息服务功能。尽早实现航空公司的仓单系统与机场海关的报关系统之间的数据共享，加快进口货物流转速度；开发、应用信息电子申报系统，以进一步提高长江中游口岸通关效率、降低企业运营成本，改善投资环境。

（四）优势互补大力推进长江中游地区服务业开放

提升物流运输、信息技术、文化创意、科技研发、会展经济等生产性服务业发展及开放水平；借助武汉、长沙作为服务外包示范城市的政策与人力资源优势，通过承接国内外服务外包业务转移，大力发展服务外包产业；积极承接国际性论坛、博览会，打造国际知名会展品牌等。

1. 有序推进服务业，特别是生产性服务领域的开放

进一步细化社会分工，打破垄断，实施有利于制造业和服务业分离的有效措施，推进服务业市场对外资和民营资本的开放。以生产性服务业为突破口，提高制造业的附加值，促进制造业优化升级。提高服务业发展意识，有效剥离生产过程中的服务环节，大力发展现代物流、金融保险、网络通信、工业设计和品牌营销等生产性服务业，增强自主创新能力，鼓励企业培育加大研发力度，完善有利于知识产权保护和技术创新的制度软环境建设。实现"引进来"与"走出去"并重，在引进国外先进服务业、服务的管理经验同时，抓紧培育长江中游地区的生产性服务业。鼓励有能力、有条件的服务性企业"走出去"，多积累国际经验，为我国服务贸易发展争取有力的国际环境。

2. 依托人力资源优势，大力发展服务外包

长江中游城市群有着丰富的人力资源基础，而且武汉、长沙、南昌也是我国服务外包示范城市，发展服务外包的条件很好，这三个城市应继续完善服务外包优惠政策，在借鉴国外服务外包先进国家经验的基础上，立足本地服务外包产业发展实际情况，扶植龙头企业，推进服务外包产业化进程，加快经济发展转型；重点发展软件、通信、动漫、生物医药、汽车服务外包等；大力培养可满足服务外包产业需求的中高端人才，加强知识产权保护力度，完善相关法律法规；完善服务外包税收制度，加大对服务外包产业的投融资支持力度；并结合对海外发包方的实际需求，制定服务外包产业发展规划。

3. 整合区域内文化历史元素，推动文化服务贸易的发展

长江中游城市群有着深厚的历史文化底蕴，通过该地区文化创意产业的对外输出，有利于树立良好的国际形象，提升其国际知名度。应制定科学的区域发展战略和主体功能区战略，通过区域功能的规划，建立创意产业园等新型产业集聚区，还可以利用现代数字技术、计算机及网络信息技术，在已建立的创意城市、创意社区和创意产业园中大力培育和引进创意产业发展急需的稀缺生产要素，尤其是创意投资、创意人才和创意企业家，尽快形成特

色鲜明的创意集群、创意网络、创意阶层和创意生态。要发挥市场作用，扩大文化消费，促进文化需求市场结构升级，同时，要推进创意产业与相关产业的互动发展，培育骨干文化企业，做大做强文化品牌，要发挥本地文化企业在对外文化贸易中的主导作用，鼓励投资主体多元化，形成一批具有竞争优势的品牌文化企业集团。另外，还必须做大做强文化品牌，长江中游城市群文化企业应该树立和增强品牌意识，打造在国际文化市场上享有声誉的具有民族地域特色的文化品牌，以饱含长江中游印记的创意产品和文化服务占领国际文化市场。此外，还要搭建文化贸易服务平台，落实文化贸易促进政策，完善文化贸易法律体系

4.打造会展经济圈，搭建国际经贸交流合作平台

长江中游地区省市政府应形成科学有序的工作格局，健全会展政务服务体系，优化办展环境，精简办事流程，切实改善会展软环境。提高会展业发展市场化程度，着力构建"政府宏观指导、协会协调服务、企业主体操作"的会展运行机制。培育繁荣活跃的会展市场。扶持一批服务水平高、经营规模大、核心竞争力强的专业会展企业，形成会展市场核心主体。加大展会培育力度，大力引进国际一流展会、一流展企，做优特色展会、做精国际会议、做强节庆和赛事活动，不断提升现有品牌展览的国际化、专业化、市场化水平，进一步增强城市影响力和辐射力。构建功能齐全的配套体系。统筹发展全市展会设施，形成多元智能、错位发展、功能齐全的展馆设施及配套设施群。改善展馆周边交通、住宿、餐饮环境，重点推进武汉国际博览中心配套设施建设，打造武汉国博新城会展产业集聚区、长沙国际会展中心片区、绿地南昌国际博览城等，在中三角形成颇具规模的国际化会展经济圈。此外，还要延伸会展产业链条，带动交通、运输、通信、餐饮、住宿等相关行业发展等。

（五）优化长江中游城市群扩大开放的制度环境

进一步优化改善区域开放经济运行环境和投资环境，不断完善与长江中游城市群开放建设要求相适应，能够创造相对优势的投资政策和投资服务体系，制定有针对性的引资政策，提高引资效率。培育金融网络，优化金融生

态环境，增强和完善金融中心的集聚外部性，为长江中游开放经济带建设提供适宜型、生态型和安全型金融支持。注重完善市场经济体制，最大程度依赖市场机制优化资源配置，充分发挥市场配置的基础性作用。通过营造公开、公平的市场环境，更加注重发挥市场中介组织的作用，不断完善市场经济体系，使企业更好地发挥市场经济主体作用。

1. 建立跨省市协调机制

从中央、省级及城市三个层级探索建立指导开放的协调机制，引导区域间开放项目与资源的合理配置，避免项目重复建设和不良竞争。在中央层面，要争取国务院成立长江中游城市群发展领导机构，统筹协调长江中游城市群一体化发展与开放事宜，加强与国家发展改革委、商务部、海关总署、财政部、国土资源部、环境保护部、文化部、税务总局、旅游局等相关部委的联系，指导长江中游城市群扩大开放，以及时协调并解决扩大开放过程中出现的问题。在省级层面，要建立完善的工作协调机制，三大省域城市群发展规划要积极对接国务院批复的《长江中游城市群发展规划》，以根据实际需要突破地域行政限制，对招商引资、区域合作、对外贸易等进行统筹安排，研究解决重大问题，确保长江中游城市群对内对外开放的高度协调与高效推进。同时，要健全区域对外开放部门的协同机制，建立区域开放型经济工作联席会议，定期召开会议探讨长江中游城市群联合开放问题，同时，要加强区域经济合作组织建设，就区域开放重大问题进行高层协商，建立不同层面、领域的一体化信息交流平台，并充分发挥社会中介组织的协调作用。此外，还要探索将开放型经济主要指标列入区域内省市科学发展综合考核评价体系，建立相关激励机制等。

2. 创新开放型经济体制机制

简化出口审批手续，促进加工贸易转型升级，稳定出口规模。改革外资投资管理体制，积极落实外商投资准入前国民待遇加负面清单管理模式，放宽外商投资市场准入，支持外商投资非银行金融机构和医疗机构。将外商投资企业联合年检制度，改进为信息申报和共享公示制度。创新招商引资体制机制，积极推进产业招商、园区招商、以商招商的市场化招商模式创新。争取国家支持，开展现代服务业开放先行先试，长江中游城市群加快现代服务业开放，需要放在国家对外开放的总体战略中加以推进，并得到国家及有关部门的支持。为此，长江中游城市群应积极争取国家给予现代服务业开放先行试点的支持，可比照上海自由贸易试验区的办法，在长江中游地区探索设立自由贸易区，争取服务业开放先行试点；或者比照综合改革实验区的方式，在长江中游地区建立服务业开放创新实验区，支持其进行服务业开放的先行试点。

3. 落实优惠政策

在国发[2014]39号文件的基础上，继续争取国家鼓励长江中游地区扩大对外开放的政策优惠。逐步增加对长江中游城市群外贸外资的财政支持和建设投资，鼓励与东部地区沿海、西部沿边地区的经济联合与合作，引导东部发达地区产业向长江中游地区转移。细化和落实支持长江中游城市群扩大开放的宽松土地政策。优化生态环境资源的定价，加大对长江中游城市群生态环境补偿力度。对在区域内投资的外商企业对其进口国内不能生产或性能不能满足需要的自用设备及其配套技术、配件、备件免征进口关税和进口环节税。放宽长江中游地区吸收外商投资领域和设立外商投资企业条件，对长江中游城市群的国家鼓励类外商投资企业和民营资本，大力度减免企业所得税等。

4. 实施大通关政策

加快大通道、大平台、大通关建设。加快发展铁路、水运、公路、航空多式联运，着力开通更多国际直达航线特别是洲际航线，畅通开放通道，降低物流成本。积极推动更多国家和地区在长江中游地区主要城市设立领事机构和经贸文化交流机构，拓宽开放通道，提升开放水平。加快海关特殊监管区业务发展，深化通关改革，开展通关一体化，实现跨关区无障碍通关。加强口岸核心能力建设，全面推进"一次申报、一次查验、一次放行"等。

5. 深化区域交流与合作

坚持"互利共赢"的开放战略，加强长江中游城市群与国外及国内其他区域的交流合作，通过"引进来"和"走出去"并举，大力拓展内陆地区向外发展的空间。重视区域合作，深化与西南地区、东部沿海发达省市的经贸往来以及市场资源共享。要以发展开放型经济为共同目标，推动长江中游城市群与长三角、珠三角、京津冀、成渝经济区等区域的深度合作，打造长江经济带的黄金段，推动长江中游地区由对外开放的"内陆边缘地带"转变为开放的新前沿，逐步提高长江中游地区综合性国际竞争实力，最终整合外力助推内陆开放高地的建设。

主要参考文献

[1] 陈继勇等.中国城市群的发展经验及其对长江中游城市群建设的启示.湖北社会科学,2014(2).

[2] 陈联，蔡小峰.城市腹地理论及腹地划分方法研究.经济地理，2005（5）.

[3] 陈修颖.长江经济带空间结构演化及重组.地理学报，2007（12）.

[4] 段七零.长江流域的空间结构研究.长江流域资源与环境，2009（9）.

[5] 方创琳.中国城市群发展报告.北京：科学出版社，2011.

[6] 方创琳，宋吉涛，张蔷，李铭.中国城市群结构体系的组成与空间分异格局.地理学报，2005（5）.

[7] 龚胜生，张涛，丁明磊，梅琳，吴清，葛履龙，储环.长江中游城市群合作机制研究.中国软科学，2014(1).

[8] 胡心宇.湖北省服务贸易发展现状与问题分析.对外经贸,2013,(11).

[9] 李丽.湖北服务贸易现状与对策研究.湖北社会科学，2013(2).

[10] 李雪松，孙博文.区域经济一体化视角下的长江中游地区市场整合测度——基于湘鄂赣皖四省面板数据的分析.江西社会科学,2014(3).

[11] 刘晓丽，方创琳.城市群资源环境承载力研究进展及展望.地理科学进展,2008（5）.

[12] 柳青.长江中游城市群协同发展研究.长江论坛,2014(2).

[13] 苗长虹.中国城市群发育与中原城市群发展研究.北京:中国社会科学出版社,2007.

[14] 牛树海.中部地区城市群发展布局——战略支点网络模式研究.云南财经大学学报，2010（4）.

[15] 牛雄.建设长江经济带与长江中游城市群发展.改革，2014(6).

[16] 秦尊文.长江中游城市群的整合与发展前景.全国经济地理研究会第十一届学术年会暨中国区域协调发展学术研讨会论文集.2007—09—01.

[17] 秦尊文，汤鹏飞.长江中游城市群经济联系分析.湖北社会科学,2013(10).

[18] 秦尊文.长江经济带研究与规划.湖北人民出版社，2015.

[19] 秦尊文.中三角蓝皮书：长江中游城市群发展报告（2013—2014）.社会科学文献出版社，2014.

[20] 汤放华，陈立立，曾志伟，易纯.城市群空间结构演化趋势与空间重构——以长株潭城市群为例.城市发展研究，2010（3）.

[21] 童中贤.我国中部地区城市群的空间整合.城市发展研究，2010（8）.

[22] 童中贤，熊柏隆，肖琳子.我国中部城市群整合发展的战略定位.郑州航空工业管理学院学报，2008（5）.

[23] 王发曾，张伟.基于中部地区崛起的城市群整合发展.人文地理，2009（5）.

[24] 魏后凯、成艾华.携手共同打造中国经济发展第四极——长江中游城市群发展战略研究．江汉论坛，2012（4）。

[25] 吴传清.基于成长三角理论的汉三角区域增长极营造问题探讨.学习与实践，2006（7）.

[26] 姚士谋.长江流域城市发展的个性与共性问题.长江流域资源与环境，2001（2）.

[27] 叶大年.城市对称分布与中国城市化趋势.合肥:安徽教育出版社，2011.

[28] 张晓骏，熊晓亮．发展内陆自由贸易试验区建设的思考——以武汉为例．物流工程与管理，2014(10).

[29] 张玉英，畅向辉．长江中游城市群产业分工协作一体化问题研究,商业经济研究，2015（1）.

[30] 周竟成．长江中游四省省会：1+1+1+1=1 的新算法.中国经济导报，2015—02—26.

[31] 朱英明，姚士谋，王合生.武汉经济协作区发展的基本特征及对策.长江流域资源与环境，1999（2）.

[32] 方创琳.长江中游城市群建设切勿操之过急.经济参考报，2015—04—23.

[33] 杨建军，蒋迪刚，饶传坤，郑碧云．世界级城市群发展特征与规划动向探析.上海城市规划.2014(1).

第四章

长江中游城市群生态文明发展战略①

党的十七大报告首次将"生态"作为文明的表征不仅是对过去生产建设和环境保护认知的深化和升华,也体现了处理经济发展与环境保护关系的质的飞跃。党的"十八大"报告要求把生态文明建设放在突出地位,融入经济建设、政治建设、文化建设、社会建设各方面和全过程。2011 年 9 月 7 日时任国家副主席的习近平在哈萨克斯坦纳扎尔巴耶夫大学回答学生们提问时指出:"建设生态文明是关系人民福祉、关系民族未来的大计。……我们既要绿水青山,也要金山银山。宁要绿水青山,不要金山银山,而且绿水青山就是金山银山。"

长江中游城市群具有优越的区位条件,交通发达,科技教育资源丰富。而生态屏障功能突出,生态资源丰富则是长江中游城市群最核心的优势和宝贵的财富。长江中游城市也非常重视保护本地生态优势、发挥生态特色,并将其视作其他核心竞争力。武汉城市圈和长株潭城市群作为国家资源节约型和环境友好型社会建设综合改革配套试验区,鄱阳湖生态经济区作为国家级生态经济实验区,已经开展生态文明建设取得了显著成效,实践基础良好。

长江中游城市群是我国生态资源的重镇、环境保护的屏障。为了实现长江中游城市集群建设文化长江、生态长江和经济长江的定位和目标,充分发挥长江中游城市群的生态环境资源优势,推动区域生态文明建设和提升可持续发展能力,建立健全跨区域生态环境保护联动机制,将长江中游城市群建设成为世界范围内有生态文明示范意义的区域,长江中游城市群应该探索控制污染、提高质量、绿色崛起的新型发展模式,建设水清、地绿、天蓝的宜

---

① 本章领衔专家潘家华,执笔张莹、胡雷、张晓梅、潘家华,李国庆、朱焕焕、林琳、何超、白帆参加了调研与讨论。

居生态空间，以长江干支流为经脉，打造山、水、林、田、湖的有机整体，将长江中游城市群建设成为全国生态文明示范区。

一　生态文明建设基础

（一）生态文明的内涵

生态文明是指人类在经济社会活动中，遵循自然、经济和社会发展规律，实现人与自然、人与人、人与社会的和谐。生态文明建设的出发点是尊重自然，维护人类赖以生存发展的生态平衡；通过科技创新和制度创新，建立可持续的生产方式和消费方式；寻求经济效率，生态效率和社会效率，从而保障生态公正和社会公正。

技术或狭义的生态文明建设主要涵盖污染控制、资源节约和生态保护的活动，强调在经济活动中突出保护生态系统的完整性和生态资产的产出能力，加强生产活动末端的污染控制和治理，更多的是依靠提高生态经济效率来实现可持续发展。科学或广义的界定则是在经济、社会、政治和文化建设中融入生态文明，将生态文明放在突出位置；在行动层面，则是将绿色化融入工业化、城镇化、信息化和农业现代化；在文化价值观、生产方式和生活方式、社会结构上都体现出人与自然的和谐与共赢。生态文明建设是一个系统，可以分解为不同的指标层次（见表 4-1）。生态文明包括生态保护、污染控制、资源利用效率三个子系统；各子系统表征为个体指标，意在整体上监测长江中游城市群生态文明建设水平和进程。

表 4-1　　　　　　　长江中游城市群生态文明指标体系

总系统	子系统	主要指标	
生态文明	生态保护	1	土地利用情况
		2	森林资源总量和森林覆盖率
		3	自然保护区面积
		4	水土流失比例
		5	水资源总量和人均资源量

总系统	子系统	主要指标	
	污染控制	1	水环境功能达标率
		2	大气环境质量
		3	水污染排放控制
		4	大气污染排放控制
		5	土壤重金属污染控制
	资源利用	1	资源利用效率
		2	废水及污染物排放强度
		3	废气及污染物排放强度

（二）长江中游城市群生态文明发展的基本格局

1. 长江中游城市群生态保护格局

长江中游城市群涉及 31 个城市（包括 28 个省辖市、3 个省直管县级市），其中江西部分地级市只涉及其中部分县区。鉴于资料和数据可获取性和生态关联性，此处运用三省的数据进行分析。尽管范围要比长江中游城市群各实际范围多出 30%以上，但由于长江中游城市群是三省核心区域，分析结果基本上能反映长江中游城市群的大致情况。在用语上，涉及三省全境的，使用"长江中游"用语，以示与"长江中游城市群"的区别。

（1）土地利用

湖北省第二次国土利用情况调查结果显示，湖北省林地、耕地的分布面积最大，分别占全省国土总面积的 42.69%和 28.63%；其次是水域，占全省国土总面积的 11.18%，主要分布在荆州市、武汉市；草地、建筑用地和未利用土地的面积较小，其面积所占比例依次为 1.58%、6.26%和 1.58%。

而江西省土地总面积 1 668.94 万 hm²，其中耕地面积 308.91 万 hm²，占全省总面积的 18.50%；园地面积 33.45 万 hm²，占 2.00%；林地总面积 1 042.25 万 hm²，占 62.43%；牧草地总面积 30.34 万 hm²，占全省总面积的 1.82%。居民点及工矿用地为 85.37 万 hm²，占 5.11%；水域面积为 127.37 万 hm²，占 7.63%；未利用地为 118 万 hm^2，占 7.07%。

湖南省的国土利用调查结果显示，全省耕地面积为 413.50 万 hm^2；林地总面积 1 229.65 万 hm^2，耕地和林地占省域面积的 77.6%；水域占 7.22%，居民点及工矿用地、交通用地占 5.83%。牧草地面积所占比例最小，约 2.31%。未利用土地少，约占全省国土面积的 9.58%。城乡居民点及工矿用地和交通用地较为集中于长沙、株洲、湘潭三市，林地较为集中于湘西、湘南和湘东，未利用土地比例较高的是湘中，占全省土地的 7.1%。牧草地集中于郴州市和邵阳市，两市牧草地面积之和占全省牧草地面积的 73.3%。

相比较于全国其他地区，湖北、江西、湖南三省的耕地和林地占比较大，三省中耕地和林地的土地利用占比均超过其省域面积的 70%。而三省的建筑和工矿活动用地面积均未超过 10%，未利用土地面积也有一定的空间。因此，从土地利用的角度看，长江中游城市群所在三省的生态资产和生态承载能力具有突出优势。

（2）森林资源

根据相关省份统计年鉴 2012 年的数据，长江中游城市群所在三省的森林覆盖率较高，生态系统整体性较好，生态资产存量较大。

湖北是相对少林的省份。2012 年全省林地总面积 822.01 万 hm^2，森林面积 578.82 万 hm^2，人均森林面积为 $0.087hm^2$/人，森林覆盖率为 38.40%。全省活立木蓄积量 23 123.53 万 m^3。

江西省林地总面积 1 054.92 万 hm^2，森林面积 973.63 万 hm^2，人均森林面积为 0.215 hm^2/人，活立木蓄积量 45 045.01 万 m^3，森林覆盖率 63.01%。

湖南省林地面积达 1 234.21 万 hm^2，其中森林面积为 948.17 万 hm^2，人均森林面积为 0.136 hm^2/人，森林覆盖率为 57.00%。全省活立木总蓄积量为 33 906.67 万 m^3。

（3）自然保护区面积

按照国家级和省级自然保护区个数统计（表 4-2），江西省位居第一，为 134 个，但其保护区面积仅 92.09 万公顷；而从自然保护区面积来看，湖南省面积位居第一，为 110.56 万公顷；按占国土面积比例来看，江西省位居第一，自然保护区约占 7.6%。

从自然保护区面积情况看，长江中游地区三省的自然保护区的数量和面积占比较大，生态保护态势良好。

表4-2 长江中游城市群地区自然保护区统计表

省份	数 量 （个）			面 积 （公顷）			占省城面积
	国家级	省级	合计	国家级	省级	合 计	%
湖 北	13	22	63	166 418	391 514	1 013 956	5.1
江 西	5	25	134	81 536	346 749	920 940	7.6
湖 南	11	31	95	415 925	433 257	1 105 621	6.1

数据来源：《中国环境统计年鉴2013》。

（4）水土流失情况

从水土流失情况来看，长江中游城市群所在的湖北、江西、湖南三省水土流失占国土面积比例较高。但水土流失以轻度和中度为主（表4-3）。

表4-3 长江中游城市群地区水土流失（2012年）

省份	水土流失总面积（万hm^2）	占省城面积比例	轻度（万hm^2）	中度（万hm^2）	强度（万hm^2）	极强度（万hm^2）	剧烈流失（万hm^2）
湖北省	558.74	30.1%	292.82	180.12	67.45	13.73	4.61
江西	352.21	21.1%	122.83	104.44	84.03	23.61	17.31
湖南省	403.93	19.1%	159.96	221.28	22.23	0.46	

数据来源：《中国环境统计年鉴2013》《湖北省统计年鉴2013》《江西省统计年鉴2013》《湖南省统计年鉴2013》。

（5）水资源

按照水资源总量分析，在中游三省中湖南省位列第一，为 1 988.9 亿立方/年；按照人均水资源量分析，江西第一，为 4 836.0 立方米/人（表4-4）。

表4-4　　　　　　长江中游城市群地区水资源情况（2012 年）

地区	地表水资源量(亿 m³)	地下水资源量(亿 m³)	地表水与地下水资源重复量(亿 m³)	水资源总量(亿 m³)	人均水资源量(m³/人)
湖北	783.8	262.8	232.7	813.9	1 411.0
江西	2 155.8	462.3	443.7	1 629.97	4 836.0
湖南	1 981.3	417.9	410.3	1 988.9	3 005.7

数据来源：《中国环境统计年鉴2013》。

2. 长江中游地区污染控制格局

（1）水环境

根据 2013 年长江中游地区三省地表水体水质监测数据，水污染不同程度存在，但总体水质较好。湖北省主要河流水质符合Ⅰ～Ⅲ类标准的断面比例为87.0%，水质为劣Ⅴ类的断面比例为5.2%，总体水质保持在良好。汉江干流水质总体为优，长江干流、长江支流、汉江支流水质总体为良好；主要湖库水质符合或优于Ⅲ类标准的水域比例为78.1%，水质为劣Ⅴ类的水域比例为6.3%。重点城市集中饮用水源地水质达标率保持在99.2%。

江西省九条主要河流(赣江、抚河、信江、修河、饶河、长江、袁水、萍水河)和三个主要湖库(鄱阳湖、柘林湖、仙女湖)共设水质监测断面(点位)194 个，全省地表水总体水质良好，Ⅰ～Ⅲ类水质断面(点位)比例为80.8%。主要河流Ⅰ～Ⅲ类水质断面比例为82.8%，赣江、抚河、信江、修河、饶河、长江、袁水和萍水河水质总体为良好，河流主要污染物为总磷和氨氮。主要湖库Ⅰ～Ⅲ类水质点位比例为68.0%。

湖南省全省 98 个主要江河省控以上监测断面中，Ⅰ～Ⅲ类水质断面94

个，占 95.9%；Ⅳ类水质断面 2 个，占 2.1%；Ⅴ类水质断面 1 个，占 1.0%；劣Ⅴ类水质断面 1 个，占 1.0%。14 个城市的 31 个饮用水水源地水质达标率为 99.8%(按单因子方法评价，粪大肠菌群不参与评价)。

尽管水环境总体情况良好，但是重点区域的水环境风险隐患较大。另外南水北调中线工程发端于长江中游地区，从长江最大支流汉江中上游的丹江口水库东岸岸边引水，根据长江水利委员会水文局统计资料，南水北调中线水源地丹江口水库连续七年为Ⅱ类水质，水环境质量情况良好。但是，近年来随着汉江"水华"事件频发，丹江口保持水质稳定面临的挑战较大。

（2）大气环境

按二氧化硫、二氧化氮、总悬浮颗粒物或可吸入颗粒物年均浓度综合评价，湖北省空气质量达标城市比率为 64.7%（表 4-5）。重点城市空气中颗粒物达到一级、二级、三级标准的百分率分别为 5.9%、64.7%、29.4%；二氧化硫达到一级、二级、三级标准的百分率分别为 29.4%、64.7%、5.9%；二氧化氮全部达到二级标准。影响全省重点城市空气质量的主要污染物是颗粒物，有 29.4%的城市空气中颗粒物年均值浓度达不到二级标准；空气中次要污染物是二氧化硫，恩施空气中二氧化硫年均值浓度为三级标准；武汉空气中二氧化氮年均值浓度超一级标准。

江西省内南昌、景德镇、萍乡、鹰潭、新余、宜春、吉安、抚州和上饶 9 个城市的环境空气质量达到国家二级标准，九江和赣州两城市的环境空气质量达到国家三级标准。二氧化硫全省 11 个城市年均值除九江和赣州达三级标准、景德镇达到一级标准外，其余 8 城市达到二级标准。

湖南省大气环境污染仍以扬尘和煤烟型为主，主要污染物为可吸入颗粒物(PM_{10})和二氧化硫(SO_2)。空气质量达标城市数由 7 个增加到 9 个，达标率为 64.3%。全省 14 个城市中，二氧化硫、可吸入颗粒物、二氧化氮浓度年均值达到国家二级标准的城市百分比分别为 78.6%、64.3%、100%。

从大气环境看，长江中游重点城市的空气污染较为严重，尤其是湖北和湖南境内的重点城市污染较为严重。

表4-5 长江中游地区大气环境质量状况

	空气达标城市比例（%）	出现酸雨城市比例（%）	全省各市降雨pH值范围	酸雨频率（%）
湖北	64.7	72	4.02～7.11	77
江西	81.8	90.9	平均4.73	77.6
湖南	64.3	100	4.07～5.36	75.3

湖北省数据来源：http://report.hbepb.gov.cn:8080/pub/root8/hbtgg/201404/t20140415_68693.html

江西省数据来源：http://www.jxepb.gov.cn/id_8a22728c4661f7280146698fcba41b53/news.shtml

湖南省数据来源：http://www.hnfgw.gov.cn/gmjj/zyhj/48775.html

（3）废水排放

根据国家环境统计数据，2012年湖北省全省工业用水总量为117.1亿吨。排放废水总量29.0亿吨，其中工业废水9.2亿吨，生活污水排放量19.8亿吨。全省化学需缺氧量（COD）排放总量为108.7万吨。其中，工业COD排放量13.5万吨，生活COD排放量46.1万吨。氨氮排放总量12.9万吨。其中，工业氨氮排放量1.5万吨，生活氨氮排放量6.6万吨。

江西省全省废水排放量20.1亿吨，其中工业废水排放量6.8亿吨；城镇生活污水排放量13.3亿吨。COD排放总量74.8万吨，其中，工业废水中COD排放量10.1万吨，城镇生活废水中COD排放量39.8万吨。氨氮排放总量9.1万吨，其中，工业废水中氨氮排放量1.0万吨，城镇生活废水中氨氮排放量5.0万吨。

湖南省30.4亿吨废水排放中，工业废水9.7亿吨，生活污水20.7亿吨。废水中化学需氧量(COD)排放总量为126.3万吨，其中，工业COD为15.0万吨，生活COD为53.0万吨。

（4）废气排放

环境统计的相关数据表明（表4-6），长江中游三省废水和烟尘排放以工业源为主，居民生活排放占比较低。

表4-6　　　　　　　　　　长江中游地区废气排放情况

省份	废气（亿标立方米）	二氧化硫（万吨）			烟尘（万吨）		
		总量	工业	生活	总量	工业	生活
湖北	19 513	62.2	54.9	7.4	35.2	28.2	1.6
江西	14 814	56.8	55.2	1.6	35.7	32.2	0.9
湖南	15 888	64.5	59.3	6.2	34.1	30.0	2.7

数据来源：《中国环境统计年鉴2013》。

3．长江中游地区资源利用格局

（1）资源利用效率

从非化石能源消费占比来看，2012年长江中游城市群所在地区的湖北、湖南两省非化石能源消费占比均高于全国平均值（9.1），而江西省低于全国平均值。三省的单位GDP能耗与全国平均水平（0.74吨标准煤每万元国内生产总值）大体相当，尽管江西低于全国均值。

（2）废水及污染物排放强度

按照万元GDP污染物排放强度进行核算，2012年湖北省废水排放强度为1.49吨/万元，江西省为1.66吨/万元，湖南为1.42吨/万元；而分析COD数据，湖北省为5.63千克/万元，江西较高为6.56千克/万元，而湖南为6.63千克/万元；就氨氮的强度来看，湖北为0.67千克/万元，江西为0.79千克/万元，湖南为0.84千克/万元。

（3）废气及污染物排放强度

按照万元GDP废气计量的污染物排放强度进行核算，湖北省废气排放强度为1.16万标立方米/万元，江西为1.38万标立方米/万元，湖南为0.85万标立方米/万元；湖北省二氧化硫排放强度为3.40千克/万元，江西为5.42千克/万元，湖南为3.49千克/万元；湖北省烟尘、粉尘排放强度为1.76千克/万元，江西为3.39千克/万元，湖南为1.95千克/万元。

4．长江中游城市群生态文明建设格局

2007年国家发改委确定武汉城市圈和长株潭城市群为全国资源节约型和环境友好型社会建设综合配套改革试验区。经过多年的探索发展，两地"两

型社会"实践成果显著，形成了一些具有示范意义的生态文明建设经验，区域的生态文明发展趋势正发生全面、深刻的变化。

武汉城市圈以循环经济为突破点，积极探索具有地方特色的循环经济发展新模式。通过东西湖区、青山区、阳逻开发区等循环经济试点园区建设，规划建设跨行政区域的循环经济产业园区，实施了一批循环经济产业项目。并且，创办武汉循环经济发展研究院和实验室，为循环经济发展提供了强大的技术和智力支撑。同时，武汉城市圈实施了水生态系统保护与修复工程，有效改善了城区的水环境。

湖南省高起点编制长株潭城市群两型社会综合配套改革总体方案、区域规划和 10 个专项改革方案、14 个专项规划、18 个示范片区规划、87 个市域规划，为两型社会建设画出明确的行动路线图。一方面，长株潭城市群从产业结构转型升级和两型社会建设两个层面入手，积极促进传统产业节能降耗和转型升级，产业低碳绿色发展成果显著；另一方面，城市群内部两型社会建设成效显著，绿化工程和环境整治工程切实给生活环境带来积极变化。

国务院于 2009 年 12 月 12 日正式批复《鄱阳湖生态经济区规划》，标志着建设鄱阳湖生态经济区正式上升为国家战略。江西省以鄱阳湖生态经济区建设为龙头，紧扣发展核心，立足生态特色，推进经济结构调整，转变发展方式，大力探索生态与经济融合发展新模式，取得了一些积极的成果。江西省以生态经济区建设为契机，实施"绿色生态江西工程"，以水污染治理为重点，推进污水达标排放工程，制止非法采砂工程，农业面源污染防治工程，节能降耗减排工程，国家自然保护区、国家森林公园及湿地保护工程，血吸虫病防治工程等建设，同时，大力推进鄱阳湖生态水利枢纽工程的前期工作。并发展鄱阳湖生态经济区的新型工业、生态农业和现代服务业；积极有序推进昌九工业走廊建设，生态工业园区建设。鄱阳湖生态经济区的建设从生态保护、产业发展、生态文明体制机制改革发展方面摸索出有效的经验。

总结长江中游城市群内部的"两型社会"实践和"生态经济区"建设的经验，这些生态文明方面的区域经济试验基于本地的生态资源优势，既能突出本地的生态优势，建设的形式和成果又具有一定的典型性和示范意义。这些实践探索给长江中游城市群带来新的发展环境：首先，"两型社会"和生态经济区的建设显著改善了当地的生态环境，特别是促进了水环境治理和保护，并保护了当地的生态系统和绿色林地，使生态屏障功能得以保持；其次，"两型社会"和生态经济区的建设融入当地的经济发展，积极促进地区产业结构调整，为区域发展方式提供导向；另外，"两型社会"和生态经济区建设将生态文明观念融入社会发展，强化了生态文明观念，且形成了一系列有成效的生态文明体制和机制创新，为生态文明建设提供制度保障。

5. 三峡工程使长江中游城市群生态发展形成新的格局

三峡工程作为一个跨世纪的工程，发挥巨大综合效益的同时，对长江中下游航运、灌溉、供水等也产生了一定的作用，三峡工程对整个长江中游和下游地区的生态环境发展都带来了深远的影响，使长江中游城市群生态文明的发展形成新的格局。首先，三峡工程在没有减少水量的同时通过库容对洪水进行主动的调蓄，依靠水库控泄洪水，大大缓解了长江中游沿岸的防汛抗洪压力。其次，三峡工程的蓄水可以增加长江上游航道通航能力，同时可以增加长江下游冬季通航能力。再次，三峡工程强大的发电能力，如果就近供应长江中游城市群区域，将提高长江中游城市群清洁能源消费比例，带来积极的经济和环境影响。

（三）长江中游城市群生态文明建设的特点

1. "山水林田湖"系统性较强，是天然的生态环境综合体

长江中游城市群地区具有复杂的地貌，水系交错，山林繁茂，历来是"鱼米之乡"，分布着洞庭湖、鄱阳湖以及洪湖等中国最重要的湖泊。长江中游城市群地区山岭和丘陵较多，较大的有秦岭、大巴山脉、南岭山脉、武陵山脉和罗霄山脉等，形成绿色屏障。另外长江中游城市群地区林地丰富，湖北省林地面积占整个省域面积的 41.44%，湖南省则为 55.42%，而江西林地面积占比超过了 60%，为 64.5%。而且长江中游城市群地区作为重要的粮食产出地区，耕地占有量大，湖北省耕地面积占比达到26.39%，江西为 17.74%，湖南则为 18.51%。从长江中游城市群的山、水、耕地、林地的分布情况看，

区内"山水林田湖"系统性较强，形成一个完整的"山水林田湖生命共同体"。因此，长江中游城市群是天然的生态环境综合体，生态环境为长江中游城市群的一体化建设提供优良的天然基础。

2. 生态功能显著，是国家的生态胜地和环境重地

长江中游地区生态格局非常完整，生态屏障功能优越。从区域生态格局组成来看，长江中游城市群北面有秦巴山地，到大别山，再延伸至三峡上游；然后在南部有雪峰山和幕阜山等，并在赣南赣江上游形成一个完整的自然地域单元格局。另外，长江中游地区最大的特色是水系纵横，其以长江为轴，密布大湖，典型代表为洞庭湖和鄱阳湖，而在江湖交汇的核心区是南水北调中线源头。基于长江中游城市群地区的独特生态格局和以水为核心的特色，长江中游城市群地区的生态资本具有国家重要战略地位且是未来竞争力的重要体现，是国家的生态胜地。

长江中游城市群是国家的环境重地体现在两个方面：一方面是长江中游城市群地区环境资源承载力尚好，环境质量状况较佳。但在国家产业重新布局的背景下，产业转移带来的环境风险较大，特别是沿海地区一些高排放和高消耗的产业向内地迁移会给长江中游地区的生态环境承载力带来破坏。另一方面，长江中游城市群内部的老工业基地的环境问题有待解决，如湖南地区的重金属污染局面有待改善，湖北地区沿江布局的化工企业所带来的环境风险较高，还有江西地区的稀土开采尾矿处理率不高和水土流失较为严重。因此，鉴于长江中游城市群地区现有的环境问题和未来的发展需要，该地区环境至关重要。

3. 农业生产功能优越，是国家的核心粮仓

由于独特的地理区位和自然条件，鄂、湘、赣三省均位列我国十三个粮食主产省区之一，农业生产功能突出。湖北省在我国的粮食生产格局中占有重要地位，2013 年湖北粮食播种面积为 4 258.4 千公顷，总产达到 2 501.3 万吨，粮食播种面积和产量分别占全国的 3.8%和 4.2%，亩产突破 391.6 公斤。湖南自古就是鱼米之乡，2013 年湖南粮食播种面积达到 4 936.6 千公顷，总产量达到 2 925.8 万吨，粮食播种面积和产量分别占全国的 4.4%和 4.8%，亩产突破 395.1 公斤。江西是全国产粮大省

和粮源净调出省，2013 年江西省粮食生产获得全面丰收，江西省粮食播种面积 3 690.9 千公顷，粮食总产 2 116.1 万吨，粮食播种面积和总产量分别占全国的 3.3% 和 3.5%，单产 382.1 公斤/亩。由此可见，长江中游地区农业生产功能优越，是国家的重要粮仓。

4. 转型发展环境容量大，可持续发展能力强

长江中游地区湖北、湖南和江西三省都处于亚热带地区，气候条件良好，同时长江中游地区是我国水资源最丰富的区域，水资源承载力较大。这种良好的环境容量也为该地区未来的转型发展提供了良好的基础。2012 年，珠三角、长三角、京津冀城市群的经济密度分别达到 1.96 亿元 / 平方公里、0.9 亿元 / 平方公里和 0.57 亿元 / 平方公里，而长江中游城市群仅有 0.15 亿元 / 平方公里。这既说明长江中游城市群的发展仍有较大的空间，也证明其具有承载长远发展的环境容量和较强的可持续发展能力。

5. 长江中游城市群在长江经济带建设中发挥重要的作用

2014 年 9 月，《国务院关于依托黄金水道推动长江经济带发展的指导意见》指出，长江经济带将全面推进新型城市化发展，提升长江三角洲城市群国际竞争力，培育发展长江中游城市群，促进渝蓉城市群一体化发展，推动黔中和滇中区域性城市群发展，优化沿江城镇化格局，科学引导沿江城市发展，强化城市群交通网络建设，创新城镇化发展体制机制。长江经济带的建设重点在于统筹沿江的三大城市群。长江中游城市群在长江经济带中具有重要的战略地位：从地理位置上看，长江中游城市群处于长江三角洲和成渝城市群之间，京津冀和珠三角之间，承东启西，连接南北；从航运功能上看，由于三峡工程位于长江中游，因此黄金水道的全流域运输功能重点在于三峡工程这个节点发挥连接功能；从生态环境看，长江中游地区的来水量比上游的来水量还要大，水资源优势明显，而且长江中游城市群是长江中游和下游的生态屏障。因此，从地理位置、生态环境和航运三个层面看，长江中游城市群在长江经济带的建设过程中的战略地位突出。

（四）长江中游城市群生态文明建设的挑战

1．维持生态屏障功能压力大

长江中游地区是长江中下游乃至是全国的生态屏障，在长江中游城市群生态文明建设过程中面临着维持生态屏障功能的问题。随着长江经济带的规划实施，长江中游城市群的发展迎来了难得的发展机遇，同时也为长江中游城市群发挥生态屏障功能带来挑战。首先，长江中游城市群的生产活动的扩张必将扩大对生态环境的影响，具体表现在对水资源和林业资源需求不断加大，会挤压自然生态系统的空间；环境污染排放增加，对生态系统持续造成破坏；农业生产活动增加，会加大水土流失的速度；城镇化发展加速，城镇面积增加，人类活动空间扩张，使得生态屏障的面积减少；工业化深化发展，对原材料的需求和污染物的排放，会从根本上破坏生态系统。这些生产和生活上的变化会给当前生态屏障带来压力。因此，随着长江中游城市群的发展，维持生态屏障功能的压力不断加大。

2．重要的粮食生产基地的保障

随着工业化和城镇化的加快发展，长江中游城市群作为重要的粮食生产基地，面临着耕地面积减少和产量降低的问题。随着经济的发展，我国不同区域的粮食耕种面积发生了深刻的变化，在工业化和城镇化发展的初期，东南沿海地区和长江三角洲地区的粮食生产条件优越，是历史上著名的"鱼米之乡"，粮食耕种面积大，产量高。随着工业化和城镇化的发展，城市规模急剧扩大和工业用地需求激增，许多生产条件良好的耕地被永久地改造成了城市建设用地和工业用地，粮食生产功能萎缩。可以预见，随着中国经济发展向内地转移，长江中游城市群的经济发展潜力不断挖掘，城镇化加快和工业化深化导致用地紧张，原有的耕地保有量会不断减少，粮食生产基地的保障压力加大。另外，随着工业化的发展和气候变化，耕地的质量也会发生深刻的变化，粮食产量有降低的风险。因此，在长江中游城市群生态文明建设过程中，长江中游城市群粮食生产基地的发展面临着产量和质量两方面的压力。

3．污染控制和治理压力大

近年来，长江中游地区工业化和城镇化发展较快，与此同时，环境污染事件频发，比较典型的有汉江水华、湖南重金属污染以及江西稀土尾矿矿渣污染事件等，长江中游地区已经进入环境风险高发时期。而随着工业化和城镇化的深化发展，长江中游地区面临的污染控制和治理压力大：首先，城市大气污染防控压力不断加大，由于特殊的地形和气象条件，如何控制频发的城市极端空气污染事件压力大；其次，重金属污染防控难度大，近年来高发的重金属污染事件引起社会高度关注，但是由于产业结构转型代价大、周期长，替代产业培育难度大，不可能在短时期将相关的重金属生产企业迁出或关停，因此，一定时期内，重金属污染防控压力大；再次，农村面源污染治理难，长江中游城市群地区是我国重要的粮食生产基地，相关的农业产业链较长，但是也面临着过度使用农药和化肥，以及畜禽养殖产业不合理发展的问题，由于农村地区面源污染面临治理成本高，效率低问题，因此，长江中游地区面临着农村面源污染治理难题。

4. 生态资本呈现"量增质减"的态势

从保护和改善生态环境出发，长江中游城市群所在地区积极实施"退耕还林、还湖"工程，有步骤地停止耕种，因地制宜地植树造林，恢复森林植被；并停止开发水域，保护湖泊。这些生态工程的实施取得了显著的效果，长江中游城市群所在地区森林覆盖率显著提高，水域面积也持续扩大。长江中游地区的生态资本呈现"量"的增长。在取得这些积极效果的同时，近年来长江中游城市群地区的环境风险不断升高，局部地区的环境质量不断下降，并出现一系列的环境安全事故。比如说湖北省近年来的汉江"水华"事件，湖南省的重金属污染导致的"镉大米"事件，以及江西的稀土开采尾矿污染事件等。由此可见，生态资本在"量增"的同时呈现"质减"的局面。

5. 经济"新常态"下长江中游城市群生态文明建设面临的新挑战

目前，中国经济发展处于增长速度换挡期、结构调整阵痛期和前期刺激政策消化期，"新常态"下中国经济的发展模式和增长方式会出现较大的变化，经济结构的调整速度也会加快，我国东部沿海地区产业向中西部地区转移步伐加快。产业转移的同时会加大产业承接地的环境压力。另外，根据《国家新型城镇化规划(2014—2020年)》，通过加快中西部地区发展和城镇化进程，引导约 1 亿人在中西部地区实现就近的城镇化。如果延续以往的产业发展模式和城镇化方式，长江中游城市群的环境容量很快会达到上限甚至突破。因此，在经济"新常态"下，承接产业转移和人口就地城镇化会给区域的环境发展和生态文明建设带来新的挑战。

二 指导思想、基本原则和战略目标

（一）指导思想

长江中游城市群生态文明的发展应该坚持以邓小平理论、"三个代表"重要思想、科学发展观为指导，深入贯彻党的十八大和十八届二中、三中和四中全会精神，认真落实习近平同志关于"建设生态文明是关系人民福祉、关系民族未来的大计。我们既要绿水青山，也要金山银山。宁要绿水青山，不要金山银山，而且绿水青山就是金山银山"的重要讲话精神，贯彻执行党中央和国务院的决策部署，充分发挥市场配置资源的决定性作用，更好发挥政府规划和政策的引导作用，以改革激发活力、以创新增强动力、以开放提升竞争力，以生态文明水平不断提高为目标，以推动发展方式转型、加强生态环境保护、实现全面协调可持续发展为主线，遵循以人为本、尊重自然、优化布局、生态文化传承的指导原则，以体制机制创新为保障，通过改革推动城市群生态文明建设。

（二）基本原则

尊重自然、加强保护，突出保护好长江中游城市群重要的生态屏障功能和粮食生产基地功能。把保护水面、湿地、林地和草地放到与保护耕地同等重要位置。加强对河流原始生态的保护。农业开发要充分考虑对自然生态系统的影响，积极发挥农业的生态、景观和间隔功能。严禁有损自然生态系统的开荒以及侵占水面、湿地、林地、草地等农业开发活动。在确保省域内耕地和基本农田面积不减少的前提下，继续在适宜的地区实行退耕还林、退牧还草、退田还湖。在农业用水严重超出区域水资源承载能力的地区实行退耕还水。

江湖和谐、顺应自然，加强长江中游城市群环境污染防控。长江中游城市群因水而兴，在环境污染防控过程中要突出保护好水资源。建立健全最严格的生态环境保护和水资源管理制度，加强长江全流域生态环境监管和综合治理，尊重自然规律及河流演变规律，协调好江河湖泊、上中下游、干流支流关系，保护和改善流域生态服务功能，推动流域绿色循环低碳发展。

提高效率、集约发展，更多地强调通过提高资源利用效率来推动经济社会发展。坚持资源开发与节约并重、把节约放在首位的方针，紧紧围绕实现经济增长方式的根本性转变，以提高资源利用效率为核心，以节能、节水、节材、节地、资源综合利用和发展循环经济为重点，加快结构调整，推进技术进步，加强法制建设，完善政策措施，强化节约意识，尽快建立健全促进节约型社会建设的体制和机制，逐步形成节约型的增长方式和消费模式，以资源的高效和循环利用，促进经济社会可持续发展。

（三）战略目标

1. 生态屏障功能得到保持

充分发挥长江中游城市群在整个长江经济带建设过程中"承东启西"的战略地位作用，从尊重自然、保护生态入手，统筹人口、资源与环境之间的关系，提高生态经济效率，严格控制发展的强度和边界，加强对生态系统的投资，增加生态资本的存量和减少生态资本的流量为目标合理有序发展，使长江中游城市群的生态屏障功能得到保持甚至加强。

2. 生态产出能力不断提高

充分吸取东南沿海地区发展经验，防止以牺牲粮食主产区地位为代价求发展；摒弃以往"高投入、高消耗、高排放"的发展模式，以提高生态经济效率为核心追求发展；严格控制开发的强度和边界，防止侵占基本农田和耕地；加强生态资本的投资，提高生态产出的总量；严格控制污染排放和加强生态环境保护，积极修复已污染的环境，努力提高生态产出的质量。

3. 将生态文明建设融入经济社会发展各方面和全过程

同步开展经济建设、政治建设、文化建设、社会建设、生态文明建设，在政治上将生态文明发展作为发展的指导思想，在全社会大力倡导生态文明理念，强化各级执政者加强生态文明建设的意识；在经济上，推动经济绿色转型、实现绿色发展是生态文明建设在经济领域的核心体现；在文化上，逐步完善建设生态文明的道德文化制度，形成广泛、持久的社会意识形态，将生态价值观纳入社会主义核心价值体系，形成资源节约和环境友好的执政观、政绩观；在社会发展上，将公民环境权明确确立在宪法中，提高公众在生态文明建设中的参与程度，使社会公众成为生态文明建设主体。同时，在生产上，提高生态经济效率，推动绿色低碳发展；在消费上，倡导绿色低碳消费。通过"五位一体"协调发展和加强生产、消费端的绿色转变，使生态文明发展融入经济社会发展各方面和全过程。

三 长江中游城市群生态文明建设的主要任务

长江中游城市群依托长江"黄金水道"得天独厚的自然禀赋和国家重视的历史机遇，在经济发展的未来转型和继续提升进程中要担负起加强生态建设、推进生态文明的历史使命，根据生态文明建设的本质要求，转换发展思路，形成与实现经济发展和全面建设中国经济新增长极相适应的生态文明。为了实现前一节提出的一些重要的生态文明建设目标，长江中游城市群需要在生产、消费和文化环节都针对生态文明建设工作中生态保护、污染控制和提高资源利用效率三大领域制定并完成明确的战略任务。

（一）生态保护

1. 生产活动

长江中游城市群是我国人口经济活动比较密集的区域，随着未来该地区的进一步发展，人口和经济活动的进一步聚集，生产生活生态空间的矛盾将日益突出，必须通过加强空间管制，进一步优化长江中游城市群生产生活生态空间结构，有效协调中游城市群之间的空间拓展冲突，促进以生产空间为主导的国土开发方式向生产空间集约高效的国土开发方式转变。具体来说要从整个长江中游城市群区域整体的角度出发，制定针对性的城市群空间管制规划，根据不同国土空间的自然属性、资源环境的承载力来明确划定三类用地空间的管制界限，严格划定生态保护红线，限制生产用地空间的盲目扩张，但是也要考虑到未来承载人口和经济发展的需要，规划后备开发区域。要构建点线面结合、点状开发、面线保护的基本生态格局，维护长江中游城市群区域内生态系统的稳定性和完整性，为城市共同开展生态空间保护提出要求。明确区域绿地、耕地、林地和湿地等生态资源的总量和布局结构。对于长江中游城市群生产过程中的生态空间保护，尤其要注意把农业生产的功能和生态保护工作结合起来，统筹粮食和农业生产与生态保护两条红线。

由于长江中游城市群属于成长型城市群，未来生产空间还会小幅增加，因此在生产过程中要推动该地区核心城市空间向更利于高级生产的方向升级，逐步提升该地区核心城市生活空间人口积聚能力和水平，增加外围城市生活与生产的比重，率先推动核心城市与外围城市的生产空间对接，避免未来的发展中核心城市对外围城市生产空间的单项转移。

在城市层面，长江中游城市群中的每个城市都应该树立建设生态型城市的目标，而在区域层面，要重点协调城市间的跨界生态系统保护和协调机制，统筹规划生态廊道。

2. 消费活动

尽管生产活动对于生态保护起着决定性作用，但是由于生产活动的不可逆转性，因此消费活动对生产的规制将对生态环境保护发挥重要的调节作用。消费决定了生产的目的和方向，消费模式的转变可以带动生产方式的调整，引导生产和再生产向有利于生态环境保护的方向发展。

长江中游城市群未来的发展也要充分发挥消费端对生态保护的重要作用。转变消费模式，倡导绿色消费、低碳消费。首先从政府层面开始践行引导，推进政府绿色采购制度，从环境立法的角度来制定关于生态环境保护的条文来引导普通民众的绿色消费模式转型。武汉市在建设两型社会示范区的过程中，已经在倡导消费转型方面做出一些有益的探索，如改变过去空手购物的消费习惯，鼓励开展环保手提袋推广使用的"袋袋相传"活动等，可以在城市群内分享类似的成功经验。

3. 文化活动

在生态文明建设和新型城镇化的发展要求下，城市发展过程中，通过坚持优秀的传统文化，保护历史文化遗产，结合自然环境和建设条件，建设具有自身风貌的城市，避免"千城一面"的重要性凸显。长江中游城市群文化一脉相承，紧密相连，通过文化生态保护，传承原生、本真的文化遗产，通过发展旅游业，实现生态保护的目的，不仅仅能有助于实现经济社会发展目标，更重要的是能够维护生态环境，在区域建设中维系文化实力的竞争力。针对长江中游城市群的实际特点，首先是立足于城市群建设引领以楚文化为代表的传统文化复苏，这将有助于克制消费意识的膨胀和奢侈生活方式的泛滥；还应以文化城市群的建设推动中游城市群发展方式的转变，不仅仅要使长江中游城市群的生活富足无忧，还应该使居民生活安全、健康；以长江中游文化城市群来引导整个区域的自主创新，应跳出长三角、珠三角、京津冀等城市群纷纷复制仿效首位城市，缺乏个性和文化差异的窠臼，在中游城市群建设中要充分展现和传承不同城市的文化风貌，适应本地生态资源的特征，鼓励以不同的文化指引城市发展道路的差异性。

（二）污染控制

1. 生产活动

在长江中游城市群未来的经济发展转型和升级过程中，要按照生态文明的理念来指导产业布局和优化产业结构，加快技术进步，有效降低生产过程中的能源消耗。在生产过程中，要加大污染治理的投资和工作力度，以强有力的政策保障来解决已有的损害群众健康的突出环境问题，如大气、水和土壤污染问题，逐步改善污染程度。

完善长江中游城市群整体地方环境标准，科学设定新的发展项目准入门槛。针对中游城市群的环境承载力，进口制定针对性的地方环境标准体系建设，以保护极具生态服务价值的中游地区环境保护，发挥中游城市群的生态屏障功能。

要重视工业生产过程中造成的大气、水污染和农业生产中造成的土壤污染防治和控污工作，构建改善环境质量的工作体系，既防治一次污染物，又防治二次污染物，从单独控制个别污染物向多种污染物协同控制转变，形成以环境质量改善倒逼总量减排、污染治理，进而倒逼生产方式调整生产结构的联合驱动机制。

2. 消费活动

从消费端来帮助实现污染控制的控制目标，可以通过对特定的高污染消费品的课税，以相关产品的价格传导机制影响消费需求，从而导致企业生产经营行为的变化，帮助促进企业调整产品结构、改进生产工艺、改变投资方向。例如为了配合在长江中游城市群地区进一步实施环境保护及节能减排政策措施的要求，对产生环境污染的产品，包括建筑装饰材料、含磷洗涤用品、高档纸和煤炭制品、不可降解的一次性用品(如包装物、塑料袋、餐饮用品)、电池以及各种其他污染性电子产品等，征收针对性的消费税。考虑到社会承受能力和消费税实际征收管理中的可操作性等实际情况，可依照先高档后普通、先国际(包括与碳排放有关的消费品)后国内的原则，渐进地增加"绿色税目"的覆盖面，推动针对控制污染的消费税的逐步扩围。可以在不显著增加居民生活负担的前提下，对部分地区进行先行试验探索，并建立合理的税收使用机制，保证以此产生的税收收益能够用于控污专项工作。

3. 文化活动

长江中游城市群地区历史悠久，文化源远流长，以楚文化为核心的传统文化同其他文化交流融合，具有森林、湿地、江河、生态旅游等多种文化，但各城市文化共通点就是依江而生，同时自古以来此地区一直是我国的粮食主产区，因此维系该地区的文化传承绵延必须要严控水污染和农田污染。通过对污染的控制和复原，完善该地区从原始文明、农业文明、工业文明到生态文明的脉络。

（三）提高资源利用效率

1. 生产活动

随着经济的发展和环境要求的提高，清洁生产成了生态文明建设的本质要求和重要组成部分。在长江中游城市群内大力倡导清洁、高效的生产方式，鼓励发展绿色产业，实现绿色崛起，可以提高城市群内生产环境的资源利用效率，使用清洁的能源和原料、采用先进的工艺技术与设备、综合利用资源的措施，能够从源头削减污染，提高资源利用效率，减少生产过程中的污染物产生和排放。

在武汉城市圈和长株潭城市圈的"两型社会"建设过程中，已经在提高能源资源利用效率方面积累了不少宝贵的经验。通过健全市场的准入和退出机制来激励生产领域的节能减排、节约用水、节约原材料和资源综合利用。建立明确的节能减排责任制、积极推行碳交易机制来促进节能减排工作的实施和促进清洁能源的开发利用。切实抓好企业节约用水工作，发展节水型农业生产，推进长江中游城市群的节水型城市建设。积极推广绿色建筑，通过执行严格的材料消耗核算体系来控制生产端的原材料节约。健全废旧物资的回收体系、循环经济试点以及建立城市矿产开发交易体制来提高资源的综合利用效率。

2. 消费生活

从整体规划角度来看，可以尝试在长江中游城市群内整体或示范区域内开展区域基础设施建设多设施共用通道，提高基础设施的建设和利用效率。应该考虑对于消费端的推广和使用清洁能源和节水及其他资源节约行为予以实质性的奖励，鼓励在消费生活中践行节约和提高效率。

3. 文化生活

积极促进并推动该区域城市建设全国生态文明示范城市，通过完善城市设施配套功能建设，提高城市群的整体综合承载力，突出长江中游城市群历史、文化和民族的特色。加大对生态文明的宣传，树立生态文明理念，倡导生态文明行为，建立生态文明推广体系，促进整个区域生态文化繁荣发展。把生态文明教育纳入国民教育、干部培训和企业培训计划，构建从家庭到学校到社会的全方位生态文明教育体系；在全社会广泛开展绿色新生活运动，促进物品循环利用。

四　长江中游城市群生态建设补偿制度创新

　　长江中游城市群分散在长江及支流沿岸，肩负生态屏障和发展基地两大功能。中游城市群主要位于鄂湘赣三省，域内包括多个国家重点生态功能区，也是国家主要的粮食产地，生态功能极其重要，自然环境相对优良，在国家鼓励长江经济带的加速发展背景下，该地区将会呈现巨大的经济发展潜力。因此，在未来中游城市群继续实现新型城镇化发展过程中，划定与区域资源环境承载能力相适应的发展边界，严守耕地红线，保证粮食安全；严格核算环境容量，划定生态红线并切实保障；建立完善的污染防治体系；通过各种机制促进资源有效利用是地区实现可持续发展、实现生态文明建设目标的内在要求。生态建设、环境保护和资源有效利用是构建长江中游城市群健康发展的核心。针对长江中游城市群的特点，需要在生态补偿机制方面进行创新，以促进长江中游城市群以环境友好的方式融合工业、农业和服务业，推动生态文明建设更进一步发展。

（一）生态补偿机制创新的理论基础

　　生态补偿是目前国际广泛认可的保护生态环境、防止污染以及提高资源利用效率的经济和政治手段之一，在全球范围内已经有了大量的实践案例，也得到了国内外众多学者的关注。党的十八大提出了实行资源有偿使用制度和生态补偿制度，奠定了生态补偿在协调区际功能分工、利益冲突、恢复和保护生态环境、促进社会进步方面的重要作用。从目前的研究看，生态补偿的重要理论基础旨在阐明从生态资源到生态资本的转化，具体包括生态资本理论、外部性理论、公共物品理论和社会公平理论等。

　　长江中游城市群具有重要的生态屏障服务任务，包括粮食生产、南水北调、环境保护等等。因此，建立针对该地区的补偿机制是全国范围内探索资源和环境有偿使用经验的重要尝试。以南水北调工程为例，长江中游相关流域通过对水流域的环境保护所产生的正向的环境外部收益可以为北方用水地区所享用；而从整个长江的流向来看，中游地区的生态保护效益也能为下游群体无偿享有。由于中游地区水资源保护活动而获得收益的地区多是北京等经济较为发达地区，因此通过建立补偿机制来使中游地区的环境保护的环境收益内部化，能够使长江流域上下游的边际效应成本相等。长江中游部分地区所提供的水生态服务属于公共产品或准公共产品，也因其公共产品的属性，面临过度使用的问题。建立针对性的补偿机制，利用合理的制度构建来激励中游地区达标水资源的足额供给，也是确保下游和南水北调受惠地区用水安全的重要基础。

全国范围内，所有地区都享有平等的发展和生存权，为了减少长江中游地区由于保护生态环境、保障粮食安全、限制经济发展所产生的牺牲发展和贫困问题，改善中游城市部分地区的生活条件，保障全国范围内的社会公平需要制定合理的生态补偿机制，并在现有的补偿机制体系基础上做出有益的探索与创新。

（二）当前我国生态补偿机制所面临的主要问题

1. 补偿范围狭窄

目前的生态补偿实践工作主要聚焦与森林、草原、流域、湿地、区域、海洋和矿区等七大领域。目前中国许多大城市共同面临的空气污染问题，实质上也是因为过度的工业生产和其他来源的污染排放破坏了完全公共品性质的大气层为所有居民所提供的清洁空气的生态服务价值，却在现行的生态补偿体系中无法得到体现。耕地保护不是一个单纯的农业问题，粮食主产区具有生产粮食产品和生产生态产品的双重功能。在保护耕地红线的问题上，将粮食主产区纳入生态补偿政策的扶持范围，可以帮助从根本上保障国家的粮食安全。

2. 补偿标准确定不科学

受限于法律及行政管理能力，我国对生态补偿对象的划分较粗，而由于各地发展程度存在差异，因此补偿对象所需的机会成本也会存在差异。因此，同样的补偿政策在各个地区实施的效果也会出现重大的差异。但总体来说，补偿方和被补偿方心理预期差异过大，补偿效果欠缺。

3. 补偿方式较为单一

目前，我国生态补偿方式是以政府补偿为主导，市场补偿方式发展相对滞后。生态补偿主要是依靠政府采取财政补贴、行政管制等手段进行的，政府具体途径主要包括货币补偿、实物补偿、政策补偿和技术补偿几种，其中又以资金补偿为最主要和最常用的补偿方式。市场化的补偿方式如：森林碳汇交易、排污权交易、水权交易等尚未有效启动。

4. 补偿资金用途效果难以保证

生态补偿的资金必须直接用于生态补偿工作，并能够切实发挥改善保护对象生态环境的作用。目前的生态保护机制中，对补偿资金最后的使用效益的考察和评估仍有待加强，需明确资金投入后的具体效果。如一些跨地区的流域生态保护机制还存在，每年投入大量资金但下游水质监测数据仍无明显改善甚至呈现恶化的趋势。

（三）创新生态补偿机制的政策基础

1. 国家高度重视生态补偿

随着生态环境问题凸显，我国经济财政能力不断增强，国家对生态补偿的重视程度越来越大。2005 年，党的十六届五中全会《关于制定国民经济和社会发展第十一个五年规划的建议》首次提出，按照谁开发谁保护、谁受益谁补偿的原则，加快建立生态补偿机制。第十一届全国人大四次会议审议通过的"十二五"规划纲要就建立生态补偿机制问题作了专门阐述，要求研究设立国家生态补偿专项资金，推行资源型企业可持续发展准备金制度，加快制定实施生态补偿条例。党的十八大报告明确要求建立反映市场供求和资源稀缺程度、体现生态价值和代际补偿的资源有偿使用制度和生态补偿制度。全国人大连续三年将建立生态补偿机制作为重点建议。2005 年以来，国务院每年都将生态补偿机制建设列为年度工作要点，并于 2010 年将研究制定生态补偿条例列入立法计划。根据中央精神，近年来，各地区、各部门在大力实施生态保护建设工程的同时，积极探索生态补偿机制建设，在森林、草原、湿地、流域和水资源、矿产资源开发、海洋以及重点生态功能区等领域取得积极进展和初步成效，生态补偿机制建设迈出重要一步。

2. 各地积极开展生态补偿实践活动

为探索重点区域综合性生态补偿办法，拓宽生态补偿领域，有关部门组织开展了相关试点（表4-7）。按照国务院批复的《西部大开发"十二五"规划》要求，发展改革委组织开展了祁连山、秦岭—六盘山、武陵山、黔东南、川西北、滇西北、桂北等7个不同类型的生态补偿示范区建设，通过整合资金、明确重点、完善办法、落实责任，为建立生态补偿机制提供经验。2010年，财政部会同林业局启动了湿地保护补助工作，将27个国际重要湿地、43个湿地类型自然保护区、86个国家湿地公园纳入补助范围。2011年，财政部会同环境保护部出台了涉及浙江、安徽两省的新安江流域水环境补偿试点实施方案，明确补偿的资金来源、标准和具体办法，开展跨省级行政区域水环境生态补偿试点。目前我国主要开展的生态补偿工作主要集中在自然保护区、生态效益、流域、资源开发、产业和旅游资源开发领域。

表4-7   各省实施的生态补偿基本信息

生态补偿类型	主要补偿形式	实施省份
自然保护区生态补偿	中央财政转移支付；地方财政转移支付；专项基金；受益者保护；自组织的私人交易	内蒙古、上海、江苏、安徽、福建、山东、湖北、广东、四川、云南、青海、新疆
森林等生态效益生态补偿	中央财政转移支付；地方财政转移支付；地区间财政转移；专项基金；重大生态治理工程；受益者保护；破坏者补偿；组织等私人交易	全国

生态补偿类型	主要补偿形式	实施省份
流域生态补偿	中央财政转移支付；地方财政转移支付；地区间财政转移；专项基金；受益者保护；排污权交易；水权交易	北京、河北、山西、内蒙古、辽宁、
资源开发生态补偿	地方财政转移支付；破坏者补偿	河北、山西、内蒙古、浙江、安徽、云南、山西、新疆等
产业生态补偿	中央财政转移支付；地方财政转移支付	天津、上海、江苏、安徽、山东、云南等
旅游资源开发生态补偿	地方财政转移支付	湖北、江苏、新疆等

3. 长江中游地区各省都有较强的意愿开展生态补偿活动实践

长江中游城市群位于国家版图的中部，是重要的"绿心"要地。鄂湘赣三省都非常重视生态建设的重要意义，未来的长江中游城市群在跨地区生态保护方面，准备加大环境污染治理力度，希望通过构建多样化生态补偿机制和多方面融资，完善污染物排污权交易制度，构建一系列生态保护示范区，把长江中游城市群真正打造成为"中国绿心"。但是由于我国目前实行的以部门管理与行政区管理相结合的流域管理体制，束缚了管理效力的发挥，长江流域上下游间的污染转嫁，存在流动性和不好定性等问题，增加了协调治理污染的难度。因此通过合理的机制设计，保护好三省耕地红线，确保国家粮食安全；做好水域污染防治，联手发挥长江、鄱阳湖、洞庭湖的水资源优势；将长江中游城市群建设成生态安全保护区、生物多样性自然保护区以及湿地保护区，为城市群合作树立环保典范。而生态补偿机制将会逐渐成为长江中游城市群协调实现绿色发展，加强生态文明建设的主要制度建设内容之一。

近年来，洞庭湖、鄱阳湖、洪湖等重点湖泊水域面积缩小。容量减少，防洪调蓄能力下降，局部支流河段、大部分中小湖泊污染比较严重。为了应对这些问题各省已经开始开展了一些有效的制度构建探索。湖南在 2012 年通过《湖南省湘江管理条例》，以保护饮用水源安全为中心，综合治理，重点突破，推荐产业结构调整和优化，强化工业污染防治，突出重金属污染治理，加快城市生活污染治理，确保全流域水环境安全。在赣江治理方面，江西出台《赣江管理条例》，建立赣江流域管理机制，实施"统一领导、分工负责、相互配合、协调运转"的管理机制，并建立水资源管理办法，完善用水总量控制、用水效率控制和水功能区限制纳污等相关制度。湖北近年来为加强三峡库区等重要生态功能区建设，加大城市湖泊保护力度，也出台了一系列措施严禁围湖造田，实行退田还湖，严禁擅自在长江及湖泊采砂挖砂，保护和恢复长江流域生态环境。

根据"中国绿心"构想，中游三省将把建立生态补偿长效机制作为联手保护生态的重点，并探索环境污染的市场化治理机制，建立并完善跨省主要污染物排污权交易制度，建立环境污染责任保险制度。

综上所述，国家和地方在生态补偿机制建设方面已经形成了非常深厚的政策背景，各个地方在生态补偿方面的积极探索也形成了很扎实的实践基础，这对于长江中游城市群开展生态补偿工作起到很好的助推作用。

（四）长江中游城市群生态补偿机制创新的重点领域

1. 耕地保护

长江中游城市地区的鄂湘赣三省均在我国十三个粮食主产区之列，但人均耕地面积均低于全国平均水平。从耕地总量和区位看，三省均有部分面积需要根据国家退耕还林、还湿和耕地休养生息的总体安排作逐步调整；部分地区有相当数量耕地受到中、重度污染，土壤重金属超标大多不宜耕种；还有一定数量的耕地因开矿塌陷造成地表土层破坏，影响正常耕种。三省耕地保护形势都十分严峻。人均耕地少、耕地质量总体不高、耕地后备资源不足成为长江中游三省的所面临到共性问题。同时，部分地方建设用地格局失衡、利用粗放、效率不高，建设用地供需矛盾比较突出。因此在长江中游地区亟须对耕地补偿进行制度性探索，采取与禁止开发区基本相同的补偿政策，既是国家主体功能区配套扶持政策的应有之义，也是国家对主产区粮食耕地的生态关怀。

2. 跨流域调水

长江中游城市群中部分城市受南水北调中线工程影响，水源区 (丹江口库区)与汉江中下游地区的生态环境及经济社会发展受到影响。尽管南水北调中线工程对汉江中下游地区的生态环境也会产生一些有利影响，如提高防洪标准，改善灌溉条件，以及补偿治理工程中提高引江济汗的航运效益；但是总体而言，对水库地区和下游地区来说总体的不利影响更为显著，包括减少河道水量、降低水位、延长枯水期和缩短中水期，此外，还将使一些地区丧失一定的发展机遇。有研究估计的结论显示，南水北调中线工程将导致湖北的十堰、襄阳两地面临直接的生态损失高达 300 亿。

3. 三峡库区水电开发

长江三峡库区是具有水源涵养、土壤保持、生物多样性保护和供水调蓄等四类重要生态功能区。水电可持续发展的关键在于减少生态环境的负面效应。然而，当初湖北未能预见经济高速发展带来的用电需求剧增，三峡发电分配方案中占比例少，现在面临电荒压力，一方面大量清洁电力外输，另一方面却在本地开建新的火电项目，给当地的环境造成新的污染。而从全国范围来看，这种清洁能源和火电燃煤的远距离传输还需面临规模可观的能效损失，如何在新形势下处理由此造成的整体生态损失也需要有新的补偿机制和思路的创新。

（五）长江中游地区重点领域的生态补偿模式研究

本节将研究长江中游城市群分领域的生态补偿方案。根据长江中游三省为区域内及区域外地区所提供的生态系统服务功能所进行的投入和损失的发展机会，估算相对科学的生态补偿资金需求。研究的重点主要集中在耕地保护、流域、水电资源开发等。

1. 长江中游地区耕地外部价值研究

在国家制定的主体功能区规划中，明确将粮食主产区列入了"限制开发"的区域，这对于守住我国 18 亿亩耕地红线，保护 16 亿亩以上的粮食种植面积、从根本上维护国家粮食安全具有极为重要的意义。但在目前的生态保护七大领域中，并未考虑粮食生产的生态补偿。粮食生产是耕地区域最基本的生态功能，国家在制定推进主体功能区的配套政策时，应考虑拓展生态补偿覆盖的范围，真实体现耕地提供的生态服务的价值，将耕地补偿纳入生态补偿政策的扶持范围，让国家的生态补偿机制全面覆盖粮食主产区。为了惠及农民，保障粮食安全，应该将粮食主产区视同禁止开发区给予稳定、可靠的补偿政策支持。可尝试依法确定粮食生产区域，划定粮食生产区的耕地红线，国家按照实际粮食种植面积实行生产补贴，按照当年粮食外调数量实行商品粮食调出挂钩补贴。

（1）长江中游地区耕地基本情况

根据国务院开展第二次全国土地调查的决定，中游三省的土地二调结果均以 2009 年 12 月 31 日为标准时点进行了汇总。根据 2014 年三省提供的数据（表 4-8），在 2009 年年底，湖北、湖南和江西三省的耕地总面积分别为 7 984.5 万亩、6 202.5 万亩和 4 633.7 万亩，三省人均耕地面积则分别为 1.3 亩、0.9 亩和 1.045 亩，均低于同期全国平均水平 1.52 亩／人。

从耕地总量和区位看，三省均有部分面积需要根据国家退耕还林、还湿和耕地休养生息的总体安排作逐步调整；部分地区有相当数量耕地受到中、重度污染，大多不宜耕种，湖北、湖南部分耕地存在土壤重金属超标的问题；还有一定数量的耕地因开矿塌陷造成地表土层破坏，已影响正常耕种。

综合分析现有耕地数量、质量和人口增长、发展用地需求等因素，三省耕地保护形势都十分严峻。人均耕地少、耕地质量总体不高、耕地后备资源不足成为长江中游三省的所面临到共性问题。同时，建设用地增加虽与经济社会发展要求总体相适应，但部分地方建设用地格局失衡、利用粗放、效率不高，建设用地供需矛盾比较突出，因此守住耕地红线也面临一定的压力。

表 4-8　　　　　　　　　　　　　长江中游地区耕地基本情况

土地类型	湖北	湖南	江西
耕地	532.30 万公顷（7 984.50 万亩）	413.50 万公顷（6 202.5 万亩）	308.91 万公顷（4 633.7 万亩）
园地	49.72 万公顷（745.80 万亩）	68.71 万公顷（1 030.7 万亩）	33.45 万公顷（501.7 万亩）
林地	866.49 万公顷（12 997.35 万亩）	1 229.65 万公顷（18 444.7 万亩）	1 042.25 万公顷（15 633.8 万亩）
草地	29.42 万公顷（441.3 万亩）	49.03 万公顷（735.4 万亩）	30.34 万公顷（455.1 万亩）
城镇村及工矿用地	116.38 万公顷（1 745.70 万亩）	123.47 万公顷（1 852.1 万亩）	85.37 万公顷（1 280.6 万亩）
交通运输用地	26.68 万公顷（400.20 万亩）	28.00 万公顷（420.0 万亩）	20.82 万公顷（312.3 万亩）
水域及水利设施用地	207.86 万公顷（3 117.90 万亩）	152.99 万公顷（2 294.8 万亩）	127.37 万公顷（1 910.6 万亩）
另外为其他土地			

（2）耕地外部性价值测算

　　耕地保护一直是我国土地管理工作的重中之重，国家已构建较为完整的耕地保护制度，耕地保护政策也日趋严格，但却未能有效地控制住耕地的流失。影响耕地流失的因素众多，耕地保护多功能效应外溢是关键原因之一。耕地除具有经济产出功能外，其丰富的生态功能、国家粮食安全保障功能、社会保障功能等产生的效益中有相当一部分具有明显外部性，且未得到合理内部化，作为"理性经济人"的耕地保护主体(农民、集体和政府等)在权衡耕地保护利益冲突和核算耕地保护收益时，存在着非对称处置的现象，并最终产生非农化驱动力。

为了根据耕地粮食生产的重要生态和战略功能科学确定耕地补偿的规模，必须科学地界定耕地外部性价值的构成和测算方法。按照我国当前的需求来看，耕地资源的功能可概括为经济产出功能、生态服务功能、国家粮食安全保障功能和农民的社会保障功能，耕地资源的价值是其功能的货币度量。本研究尝试采用市场价格来评估耕地的非市场价值，主要针对具有显著外部性的生态服务功能、国家粮食安全保障功能和社会保障功能所产生的效益进行价值评估，使评估结果能够纳入目前的市场价值体系，对在现阶段界定条件不成熟或无法界定的外部性，如耕地的精神和文化方面的价值等暂作舍弃。

这里将耕地保护外部性价值（E）定义为耕地资源的生态服务价值，国家粮食安全战略价值和社会保障价值的总和：

$$E＝Ee＋Er＋Es$$

其中：Ee 为生态服务价值；Er 为国家粮食安全战略价值；Es 为社会保障价值。这里参考前人研究结论大致估计中游三省耕地资源的外部性价值大约为 180 万元 / hm^2，其中生态服务价值大约占 18%，为 32 万元 / hm^2；粮食安全战略价值大约占 31%，为 55 万元 / hm^2；社会保障价值大约占 52%，为 93 万元 / hm^2。这些数值乍一看似乎没有市场交易支撑，但实际上，这些数额的货币也难能在市场上获取相应的服务和功能。

耕地及其中的生物所构生态系统具有重要的生态服务功能，包括有机质的合成与生产、生物多样性的产生与维持、营养物质贮存与循环、土壤肥力的更新与维持、环境净化与有害物质的降解、植物花粉的传播与种子的扩散、有害生物的控制，调节气候、减轻自然灾害等许多方面。此外，农田系统还具有文化服务功能，具有文化传承、美学、休闲、娱乐、教育等诸多价值。耕地的生态服务价值是从人类生存与可持续发展的角度对耕地价值的新认识，是耕地的生态服务功能的价值体现。借鉴谢高地等提出的"中国生态系统服务价值当量因子表"，测算耕地生态服务价值，公式如下：

$$Ee=Ke×Pk$$
$$Ke=bi/B$$

式中：Ee 为耕地生态服务价值；Pk 为我国耕地（农田）生态服务年价值的平均值，这里参考谢高地等的研究，Pk 取 6 114.3 元 / hm²。

由于6 114.3元 / hm²是全国平均值。地区间的耕地生态系统存在差异性，其中生态服务功能越强，因此提出区域修正系数 Ke，bi 为被评价地区的耕地(农田)生态系统的潜在经济产量，B 为全国一级耕地生态系统单位面积平均潜在经济产量，这里参考王万茂等的研究成果，B 值为 10.69 t/hm²，而不同的地区 bi 值存在差异。

耕地的生态服务价值就是耕地生态服务年价值的提前支付，通过收益还原法，耕地生态服务价值为耕地生态服务年价值与贴现率之商，公式如下：

$$Ee=Ee1/r$$

式中：Ee 为耕地的生态服务价值，$Ee1$ 为耕地的生态服务年价值，r 为还原利率。还原利率的确定采取实际利率法，具体如下：

土地还原利率（r）＝1 年银行存款利率 / 同期物价指数

粮食安全保障功能，是指耕地保护行为为社会提供粮食安全作用而产生的国家层面的社会稳定功能。耕地是国家粮食生产的基础，我国人多地少，人均耕地面积小，粮食需求量大，耕地数量减少与质量降低可能导致农产品供给不足，必将危及国计民生和社会稳定。对于耕地的国家粮食安全功能，其价值是国家在全部耕地资源上耕地粮食安全权的价值体现，采用替代成本法，可通过国家占用耕地收取的费用和保护现有耕地所必要的支出来计算，公式如下：

$$Er=T+Cp$$

式中：Er 为国家粮食安全战略价值；T 为国家对占用耕地收取的费用；

Cp 为国家为保护现有耕地的必要支出。

耕地是农民的"生存资料"，是农民生产的基础，在社会保障体系不健全的中国，耕地作为社会保障的替代物，为农民提供了生存和养老保障，其所承担的社会保障功能远远大于耕地的生产功能。耕地的社会保障价值，是耕地作为政府对农民社会保障的替代，承担着农民的生存、就业和后代延续的最基本价值量。

根据三省所确定的 2020 年最低耕地保有量的规模可以估算出其外部性价值高达 20.2 万亿元，其中湖北 8.34 万亿元，湖南 6.8 万亿元，江西 5.07 万亿元。

（3）耕地补偿框架

传统的耕地补偿考虑的是国家建设征收土地对被征收对象提供的补偿。然而，在对社会分工带来效率的同时，也同时造就了财富的差距和不公平性。自古以来，长江中游地区一直作为粮食基地，为国家粮食的供给和安全做出了巨大的贡献，而粮食生产活动由于经济性不如工业和服务业生产，因此以耕地为基础从事农业活动的积极性一直在下降，这反映的是粮食产品的市场价值无法体现其社会价值的事实。我国耕地资源紧缺，且其面积随时间的推移依然呈惯性下降态势。耕地的减少对我国粮食安全带来挑战的同时，也产生了新的生态环境破坏问题。长江中游地区是我国重要的粮食产区，在未来的经济加速发展过程中，如何实现耕地资源的可持续利用，真正能使耕地保护全面地体现耕地的外部效益是长江中游地区在发展提升过程中进行生态文明建设所面临的重要议题之一。

现行的耕地补偿框架忽视了耕地利用在资本、劳动者素质、供求关系、区位优势等方面的差异问题，因此将导致耕地价值的严重低估；地方政府在转变耕地用途时，往往直接将耕地农业生产的经济效益与非农用途经济效益进行比较，忽视耕地的社会价值和生态价值，也存在低估耕地价值问题。因此，耕地价值评价研究对于保护耕地，保障耕地流转农民利益，促进耕地有序流转，建立合理的耕地保护和补偿制度都具有极其重要的意义。

长江中游城市群实现耕地保护最重要的就是严格履行划定的耕地红线刚性目标，严控耕地面积。为了实现该目标，应考虑在国家层面提高对粮食产区的支持，如提高种粮补贴等。要能使粮产区农民的经济收益与外出打工基本相当，保证其种粮的积极性，支持种粮专业户，通过制度创新，支持农户尤其是种粮专业户以转包、租赁、股份合作等形式转入土地经营权，适度扩大经营规模，有条件的可以开办家庭农场，以提高产粮的经济效益。 健全法律法规，完善最严格的耕地保护制度，加强土地用途管制，防止城市扩张乱征乱占耕地；坚决打击破坏农田基础设施和侵占农业利益的违法行为，保护农民种粮的合法利益。

为提高农民种粮积极性，一方面要不断改进种粮补贴措施，严格按照粮食的实际种植面积给予补贴，而且要给种粮者补贴，把生产领域"普惠式"直补政策调整为对种粮农民"特惠式"直补政策。另一方面加强在流通领域支持粮食生产，让种粮农民实实在在获得国家给予的好处。在流通领域支持粮食生产，首先是要理顺工农业产品比价关系。要控制化肥、饲料、农药等农资价格上涨；同时还要适度提高农产品销售价格，这样才能降低农业的生产成本，提高农业经济效益，从而提高农民种粮的积极性。其次是减少流通环节，促进农产品流通。不断健全农产品市场体系，疏通农产品流通渠道，降低流通费用，使农产品的价值尽快得到实现。

2. 长江中游地区南水北调生态补偿研究

跨流域调水有助于实现水资源优化配置，但同时给整个流域带来的重大深刻影响也不容忽视。长江中游城市群中部分城市受南水北调中线工程影响，汉江中下游地区的生态环境及经济社会发展将受到影响。在未来发展过程中，为了保证供水水质，水源区和影响区都将失去很多经济利益和发展机会，理应获得合理的补偿。

（1）南水北调中线工程简介

中线工程自长江支流汉江的丹江口水库引水，沿伏牛山和太行山山前平原开渠输水，终至北京。但远景还考虑从长江三峡水库或以下长江干流引水，增加北调水量。因此会对丹江口水库库区，汉江中下游地区甚至长江三峡库区都产生影响，进而对长江中游城市群有直接和间接的波及效应。

中线工程对长江中下游尤其是汉江下游地区的生态环境会产生显著的影响，有利影响包括会使汉江中下游的防洪标准提高，改善灌溉条件，以及在补偿治理工程中提高引江济汗的航运效益。但是总体而言，对水库地区和下游地区来说总体的不利影响更为显著，包括减少河道水量、降低水位、延长枯水期和缩短中水期。这些不利影响将使一些地区丧失一定的发展机遇。

（2）南水北调中线工程生态补偿措施和政策

考虑到南水北调工程给中下游地区带来到巨大影响，国家已经出台了一系列相关的补偿措施和政策，具体涉及工程性补偿、生态项目及政策补偿和资金补偿。工程性补偿是国家对汉江中下游生态补偿的主要方式，目前国家全资建设的汉江中下游水利工程主要是四项治理工程，积极推进生态项目的建设以及政策方面的支持也是汉江中下游维持生态平衡的重要补偿方式，主要体现在积极推进汉江中下游梯级开发和现代化试点建设，以及积极争取国家对调水流域治理给予重视两个方面。汉江中下游的资金补偿主要由中央和地方两个层面出资，资金的流向主要还是生态项目的建设，用以维护汉江中下游的生态稳定和经济社会发展。但尽管中央对汉江中下游给予了一定的补偿，但对核算的各种生态损失并未予以充分认可，补偿方式和资金来源较为单一；补偿政策和项目缺乏长效性。

（3）南水北调中线工程生态补偿政策建议

南水北调对全国层面的可持续发展有着非常重大的意义，但是对于汉江中下游乃至长江中下游地区总体来说生态损失大于收益，为了确保相关地区的利益，在全盘考虑中游城市群发展战略时可以考虑以此问题为重点研究对象，考虑跨流域生态补偿的框架和实施方案。

从生态补偿的主客体来看，南水北调的补偿主体包括直接从水资源利用获益的群体；而补偿的客体则包括为南水北调做出贡献的地区和个人，具体包括直接调水水库、汉江中下游流域和长江中下游流域。为了保护这些地区，应由国家以及直接收益地区提供补偿。作为牺牲发展机会的供水地区，由于控制污染性生产机会以及生态环境的变化承担了生态损失，货币补偿只能授人以鱼，不能授人以渔。而供水受益的北京、天津由于优质公共资源的过度集中，中心城市人口膨胀和产业集聚加速了资源消耗和环境负外部性影响，导致其形成巨大的生态资源缺口，亟需疏解。可以换个思路，将南水北调的生态补偿与京津冀地区疏解优质服务资源结合，形成用社会资本补偿生态资本的新思路。通过合理疏解北京、天津等中心城区的优质公共资源，如高校、医院等到供水地区，以优质公共资源置换生态资源，形成造血型生态补偿，既有利于水源地形成新的经济增长极、转变经济发展方式，也有助于降低北京等城市的生态资源需求和环境压力。这种生态补偿方式的创新将有利于长江中游城市群及为华北地区供水的水源地实现更加可持续的发展。

3. 三峡库区水电开发生态补偿研究

三峡工程具有显著的防洪、发电、航运、水资源利用等综合效益。从 2003 年 7 月三峡工程第一台发电机组并网运行以来，到 2014 年，三峡工程通过长达近 1 万公里的输电线路，总共为上海、广东、湖南、重庆、湖北等九省二市输送了 7 500 多亿度电。这些绿色、清洁的能源具有巨大的节能减排效益。在这 11 年间，随着经济高速发展，用电需求不断提高。而 2000 年最早确定的三峡发电分配方案中，华中地区的长江中游各省所分配的发电比例总额要少于华东地区份额。因此，水电发电比例最高的湖北在电力需求无法得到满足的经济快速发展期，还需要外购煤来加大火电生产和供给量。这就造成了清洁能源生产源地无法使用本地生产的水电，却只能通过造成本地污染的方式，兴建新的火电厂。而在煤炭和水电的运输错配过程中，又导致了一定的效率损失。这样具有地区特点的问题也需要有新的制度创新来加以解决。

（1）三峡工程的重要意义

三峡工程最重要的效益是防洪，通过水库调蓄，配合分洪措施，可保证荆江河道行洪安全；与上游水库群联合调度，能使长江中下游的防洪能力进一步提高，三峡工程能有效缓解中下游地区的防洪压力，发挥巨大的防洪作用。

其次是清洁发电效益。由于长江流域煤炭、石油等矿物性能源缺乏，而水能资源丰富。但总体来说，仍属能源短缺地区。三峡工程是长江流域水电开发的重大工程，供电范围包括华东、华中、川渝和广东电网等，除广东省外，其他均在长江经济带内。至 2014 年 6 月底，三峡电站累计发电 7 460 多亿千瓦时，创造的直接经济效益高达数千亿元。

再次，三峡工程还能改善库区流域自然航道，能有效缓解天然情况下枯水期通航水深不足问题；促进船舶运输效率提高，降低运输成本。三峡蓄水通航10年来，累计过闸货运量超过6亿吨，是三峡蓄水前葛洲坝枢纽22年过闸总运量的3倍以上，年过闸货运量已突破1亿吨，是蓄水前最高年货运量1 800万吨的5.6倍。

此外，三峡工程还有一定的供水、补水和调节气候作用。能保障长江中下游生产、生活和生态用水的需求。而三峡工程对于库区和中下游地区气候的影响将会是一个长期、复杂的气候调节过程，但从小范围来看，由蓄水几年的观测结果可见，对于局部气候有一定的调节作用。

（2）三峡库区生态补偿措施和政策

三峡库区的建设在带来多方面综合效益的同时，也给库区的生态环境和库区人们生活带来了很大影响，也牺牲了一定的发展机会，限制了经济的发展空间，对当地居民的生存调节、生存和生活都造成了实质性的影响；同时，为了保障水质，库区内关停了一些企业，失去了一定的就业机会；而清洁发电效益大部分外输的同时，却需要外购化石能源提供部分本地的能源供给。针对这些情况，迫切需要一定的实质性补偿机制创新来协调区域之间、城乡之间的均衡发展。

自三峡工程开建以来，各级政府已经在三峡库区的补偿机制方面做了大量的工作，如在退耕还林、污染企业关停并转、污水处理厂管网建设、生活垃圾处理、库区绿化、公共基础设施建设和取消网箱养鱼等方面都给予了政策和资金支持，通过专项资金建设了一大批环境基础设施和生态保护项目。尤其是在库区人口转移方面投入大量资金，累计完成移民投资541.7亿元，搬迁安置移民113.8万[①]。

但目前三峡库区仍然缺乏统一的生态补偿标准，对于补偿对象、资金来源和补偿的长效机制仍然存在界限不清、补偿不到位以及缺乏长效性等问题。而关于三峡库区提供的电力生产的分配也一直存有争议，在打造中游城

---

① 中国长江三峡集团公司.建设和谐稳定新库区[N/OL],中国,三峡工程报,2010-03-08. http://www.ctgpc.com.cn/fhzt/news.php?mnewsid=39127。

市群的过程中，也需要考虑在这些领域有所突破和创新。

（3）三峡库区水电开发生态补偿政策建议

在打造长江经济带，促进长江中游城市群生态文明建设创新和探索的过程中，应该考虑针对三峡库区的生态功能和社会经济效益贡献，建立生态补偿长效机制，确定生态补偿的领域，明确补偿主体和对象，补偿原则、内容、标准、途径以及监督管理、审计和考核机制的具体内容，为具体操作提供科学依据。

首先，对于库区生态资本生产并外输的水电，应在其价格中划出一定比例的提成用于进行生态补偿。例如，通过国家财政支付的方式对三峡库区生态环境进行补偿。其次，通过实行水电和火电同价，增收部分可以作为三峡生态补偿或清洁能源发展基金。对于水电外输问题，由于其中涉及分配历史问题，短期内难以解决，但考虑到湖北省贫煤少油的实际情况，对于该地区不断增长的用电需求，可以通过水电的主要用电地区提供资金或者提高水电价格增收建立的专项基金中提高资金，帮助输电地区建立可持续的可再生能源发电和利用项目，最大程度地解决该地区面临的"自产清洁能源外输，外购污染能源自用"的困境，通过一种生态资源对于另一种生态资源的置换，来实现对生态环境的补偿和保护。

五　长江中游城市群生态文明建设的战略保障体系

（一）生态工程保障

推进生态工程保障工程建设，是为推动加快转变经济发展方式、生态文明建设、保障和改善民生采取的重大举措。围绕生态工程保障的目标任务，长江中游城市群需要重点实施工程，包括自然灾害防洪减灾工程体系、城区防洪湖泊综合治理、重点工业行业污染治理设施、城乡生活污水处理设施和固体废物污染防治设施等。

1. 自然灾害防洪减灾工程体系

三峡工程是沿江区域重要的生态屏障，在长江全流域抗旱、补水、生态等水资源综合利用等方面发挥积极作用。三峡工程是长江中下游防洪体系的核心工程，除了生产大量的清洁能源以外，还大幅提高改善了长江中游城市群地区重要河段防洪标准和通航条件。作为一项长期的系统工程，长江中游水系治理还存在一些值得关注的问题和薄弱环节，水利设施抵御极端自然灾害的能力尚需进一步提高。因此，要继续流域内防灾减灾体系建设，兴建和完善防洪供水工程体系，进一步提高对水资源的调控能力，实现蓄水、治污、修复生态与防洪减灾工程合理布局。

2. 城区防洪湖泊综合治理

改善和保护湖泊水环境是加强生态文明建设的重要内容，也是实现生态发展战略的基础保障。长江中游城市群区域湖泊集中，打造水畅、湖清、岸美的湖泊环境，既有利于保障水质安全，又有利于改善人民居住环境。防洪设施薄弱和湖泊污染严重是目前城区防洪湖泊综合治理存在的主要困难和问题。加强湖泊生态治理、强化水环境保护需要以保障防洪安全为重点，将湖泊清淤、生态修复、环境治理相结合，大力推进城中湖泊综合治理工程建设。提高城区湖泊防洪能力，修复水系生态，保证湖泊安全，改善人民居住环境，促进城镇建设发展。

对于大型水利工程推进需要科学论证考虑其对生态系统的综合影响。鄱阳湖水利枢纽工程导致的水位巨幅变化会对流域内水资源分配、航道泥沙淤积、生物迁徙、鄱阳湖湿地生态系统产生重要影响。未来城市群整体和区域规划设计方案需要从长远考虑工程可能造成的负面影响。

长江中游的湘鄂赣三省通力合作加强江湖综合治理保护，共同推进以长江及其主要支流，洞庭湖、鄱阳湖为重点的大江大湖综合治理探索，可以进一步突破现有行政区划分割体制，开展更深层次更广泛的生态环保合作，这将为我国跨区域环境治理提供有益经验，长江中游城市群应努力为全国树立解决跨区域环境治理的成功样板。

3. 重点工业行业污染治理设施

长江中游城市群未来应该针对化学需氧量、氨氮、二氧化硫、氮氧化物等主要污染物总量减排和降低重点行业持久性有机污染物排放强度实施一批重点减排工程。重点工业行业包括化工、造纸、印染、废物焚烧、钢铁生产、有色金属冶炼、医药等行业的污染治理设施建设。推进新建电厂、热电厂脱硫脱硝工程建设、加快热电厂已建脱硫设施技术改造，提高脱硫效率，同时启动非电力行业脱硫脱硝技术改造。继续淘汰小火电等落后产能，重点行业废气排放装置配套建设高效除尘设施。

4. 城乡生活污水处理设施

推进长江中游城市群内大中小城市及农村地区污水处理厂建设，完善配套管网。重点关注长江中游流域水系源头地区、环境敏感地区的城镇污水处理设施。加快镇级污水处理设施建设，按照县城以上城市、建制镇、有条件的建制镇逐年逐级推进。加强农村生活垃圾处置分类指导，积极推进农村环境连片整治，全面提高农村生活污水处理率。切实加强城镇污水处理设施运行管理，推行城镇污水处理企业与被处理污水企业合同制管理，提高污水处理效率。加强处理后尾水资源化利用，多途径充分利用再生水资源。

5. 固体废物污染防治设施

加快固体废物污染防治设施建设。加快城市生活垃圾收集处理系统建设，积极开展城市生活垃圾分类收运处置，推进现有生活垃圾处理设施无害化改造，加强垃圾填埋场环境监管和二次污染治理，提高生活垃圾资源化利用水平。加快污水处理厂污泥处置设施建设，促进实现污泥无害化处置和资源化利用。完善工业固体废物回收利用和交换系统，加快危险废物集中处置设施建设，积极改造工业园区配套的焚烧处置设施，切实强化危险废物全过程监管，形成覆盖全省的危险废物回收利用和处理处置设施体系。

（二）生态技术保障

建设生态文明，保护生态环境，生态技术保障是支撑。为实现建设生态文明的目标，生态技术的研发规模和速度对生态环境的保护起到决定性的作用。长江中游城市群生态技术保障建设需要发挥长江中游城市群地区科教优势，完善生态科技标准体系建设，加大投入、推广生态技术示范工程和环境管理技术研究。

1. 发挥科教优势加强人才激励

利用武汉、南昌、长沙的科教优势，建立新能源、有机农业、污染控制和环境管理等生态技术的研发中心。支持企业生态环境科技创新，支持企业生态环境科技创新人才队伍建设。缺乏不同层次的技术人才是生态科技发展的重要制约因素。为改变技术人才不足局面，需要提供优惠政策，加强与国内外高校、科研机构及实力雄厚企业联系获取技术智力支持，积极引进高精尖技术人才以获得人才支持。充分发挥企业在生态环境科技创新中的主体作用，引导和鼓励企业结合市场和自身需求。大力支持以企业为主体的产学研合作，引导和扶持企业开发具有自主知识产权的高新生态环境技术装备和基础装备，创建一批生态环境产业化示范基地和生态工业示范基地。

2. 完善生态科技标准体系建设

完善长江中游城市群整体性包括生态环境质量标准、污染物排放和控制标准、环境监测和环境管理技术规范三个方面的生态环境标准体系。根据实际情况处理好综合性标准和行业标准、国家标准和地方标准的关系。紧紧抓住发达地区产业向中西部地区迁移的历史机遇，适时提高生态环保标准，优选高新技术产业投资和项目。促进以计算机、通信和其他电子设备、电气机械与器材制造等为代表的高新技术产业发展，以及鼓励新能源、新材料、低碳环保产业、低能耗高产出市场前景广阔的其他类型产业发展。整体提高低能耗、低资源消耗、低排放、低碳环保工业行业比重，优化长江中游城市群行业结构。

3. 加强生态技术的科研投入

大力开展综合性生态环境管理和污染防治技术研究，包括饮用水源保护、水土流失防治、水生态保护与修复、流域水污染控制、区域大气污染防治、固体废物处置等重点领域。为生态科技标准制定、修订和实施提供有效的科技支撑。促进生态技术研发和推广应用工作，一方面要不断增强自身生态科技研发、推广与应用能力，加大资金投入；另一方面需要加强与国内外科研机构、技术实力雄厚企业之间的合作，争取外部技术支持。

4. 推广生态技术示范工程建设

结合国家发布的生态环境领域先进适用技术推广目录，加强关键共性技术示范工程建设，推广一批能够解决重点环境问题的先进适用污染防治技术。包括重点行业废水和集中污水处理厂污水处理、畜禽养殖污染综合治理、污染场地修复、生活垃圾和污泥处理处置等。要求示范工程严格按照生态标准要求进行规划和设计，密切跟踪其技术、材料的选择、施工和质量验收，在保证工程质量前提下达到生态设计标准的要求。通过试点示范工程的建设，研究生态材料、设备和技术，测试生态保护效果，以获得生态发展的经济技术指标，总结规划、设计、材料选择和施工应用等方面经验。对于示范工程取得的成功经验，相关职能部门应积极部署，适时推广示范工程的有效做法。

5. 加强生态环境管理技术研究

开展自然资源资产产权制度和用途管制制度实践。对一些重点关注的自然资源资产及其产权进行明确的界定和分类。根据长江中游城市群的实际情况，选取可操作的可明确界定产权的具有经济属性的自然资产进行界定。对于难以界定产权的具有生态属性的自然资源资产，在确保生态可持续条件的基础上，建立自然资源资产的空间规划体系，划定重要自然资源资产的生产、生活、生态空间开发管制界限，用制度保护生态环境。

（三）生态市场保障

生态文明建设需要发挥市场在资源配置中的决定性作用，促进生态系统功能恢复和重建的制度。长江中游城市群地区生态市场保障需要深化环境资源价格改革，完善环境经济政策。健全反映市场供求关系、资源稀缺程度、环境损害成本的环境资源价格机制，促进各类资源合理利用和保护。健全生态环境建设补偿机制、生态发展财税政策和金融政策。加强各类资源特别是长江中游城市群地区森林资源和水资源的利用和保护。

1. 环境污染的市场化治理机制

探索新的机制和途径以改变当前日益严重的环境污染治理现状，是加强生态环境保护的重要内容。完善资产定价有偿使用，实行阶梯水价、阶梯电价，通过市场化机制推行环境污染第三方治理，是环境保护管理体制的必要途径。以市场化机制引入第三方对环境污染进行治理，有利于改变环境保护过多依赖政府的状况，有效解决政府对污染治理基础设施投入不足和运行效率不高的问题。

(1) 健全生态环境建设补偿机制

一是建立有效的生态补偿评估机制，参照国家体制设置格局建立"两型"社会地区生态补偿管理机制，对生态补偿建设项目的实施进展、技术指导和日常维护加以监督和管理；二是开展专项补偿立法，探索多途径的融资体系。设立专项发展基金，利用政策打通环保融资的"瓶颈"，利用财政、信贷和证券三种方式，推进融资市场建设，建立以政府支付为主，其他社会力量补偿为辅的市场补偿机制；三是加强区域间政府合作。推进省级、地方、区域、行业多层协调一致，鼓励实验区生态环境利益相关者间通过自愿协商，实现适合本区域、本项目的财政双向补偿、地区横向补偿和市场补偿"三位一体"的生态补偿模式；四是建立区域间协调一致的环境财政制度，可采取生态环境补偿基金彩票、生态补偿税等形式，加大财政转移支付中的生态补偿力度，完善资源环境补偿政策。

(2) 健全生态发展财税政策

落实好国家关于保护生态环境、加强资源节约的各项税收优惠政策。充分发挥公共财政在生态环境保护和建设方面的导向作用，积极争取国家中央预算内、国债等生态环境建设补助资金、国家财政和相关部委在生态科技研发、示范推广等方面的资金支持。加快体制机制创新，构建高效的监管体系，加强政策导向和信息引导，营造良好的政策和市场环境；完善财税金融政策和价格引导机制，构建政府主导、企业为主、全民参与的生态发展机制。努力形成政府为主导、企业为主体、全社会广泛参与的工作格局，需要突出企业为主体的作用，充分发挥市场调节手段，更多地应用价格、财政、税收政策推动生态发展。

(3) 健全生态发展金融政策

鼓励和支持社会资金以独资、合资、承包、租赁、股份制、BOT（build-operate-transfer"的缩写，意为"建设－经营－移交"，是私营企业参与基础设施建设，向社会提供公共服务的一种方式）等不同形式参与生态环境科技的研究开发与应用。引导金融机构对生态环境保护领域的信贷投放和绿色融资，加强对大企业对生态环境领域融资的规范和监管、激励其对生态环境保护的投入。加大对中小企业对保护生态环境领域发展的支持力度，引导其向符合未来发展方向的、生态的、环保的产业投资。

(4) 森林资源合理利用与保护

长江中游城市群地区拥有丰富多样的森林资源,森林资源开发的潜力极大。目前应立足资源优势,针对开发中存在的问题,对森林资源进行深度整合开发。在对森林资源优势和开发现状进行分析的基础上,探讨长江中游城市群地区森林深度整合利用和开发的原则、战略和对策。

(5) 水资源合理利用与保护

利用南水北调中线等系列重要工程机遇,分段、分区加强长江中游城市群生态经济带水资源综合利用与保护,构建水生态安全体系,提升流域水资源配置能力,优化水资源配置,严格水资源管理,开展节水型社会建设。建立防洪除涝减灾体系、水资源合理配置和高效利用体系、水资源与水生态保护体系、水利信息化体系、流域综合管理等五大体系。促进形成比较完善的流域防洪抗旱减灾体系,基本建立水资源合理配置、高效利用和综合调度体系,探索和逐步建立流域管理与区域管理相结合的水资源管理体制,初步建立流域水权和水量分配制度体系。

(6) 生态制度保障

建设生态文明需要通过体制完善和制度创新。长江中游城市群地区生态制度保障需要建立生态文明建设产权和事权相匹配的制度保障,主要内容包括构建长江中游城市群的生态红线体系、科学规划完善规划组织管理体系、强化生态环境目标责任制管理、完善顶层设计与区域生态发展协调。

2. 构建长江中游城市群的生态红线体系

生态红线管理是执行最严格环境保护制度的重要表现和基础,要使环境保护基本国策发挥应有的效力,解决各种环境问题,应该建立涵盖人口、资源和环境三大核心要素的红线体系。长江中游城市群应该在发展过程中,科学确定人口承载规模,并由此建立资源和环境红线。生态红线体系不仅包括自然生态功能保障,还应该包括环境质量和环境风险,包括对已有的水的总量控制,大气的、土壤的标准等内容。从形式来看,可以设置三种类型的红线,具体包括总量红线,针对污染排放规模、人口承载控制目标等;空间红线,如各种主体功能区的发展界限;强度红线,如与资源利用效率相关的能耗强度上限等。

建立科学等生态红线体系需要明晰生态红线的概念、丰富生态红线的内涵、制定并完善生态红线的划定技术，使生态红线从政策红线，成为一条可操作的实线，中游城市群应该率先在环境红线划分关键问题上摸索出一套程序和方法，形成一套相对完善、可操作的技术规范，在部分重点城市先行试点，继而在全国范围推广。生态红线以外的资源配置不可以错位。生态红线以外的资源配置应按照各地主体功能区规划的功能严格遵守，不能以牺牲生态资源追求发展，同时换取补偿。因此，生态红线机制是生态补偿最基本的原则。

针对不同类型的生态红线，要建立和完善差异化的生态红线评估体系，把资源消耗、环境损害、生态效益纳入经济社会发展评价和干部任免的考核体系中，推荐生态红线区的环境检测与评估考核体系建设。

3. 科学规划完善规划组织管理

长江中游城市群地区生态制度建设需要科学引领、规划先行，突出地方特色。长江中游城市群地区不断膨胀的巨型城市需要考虑划定城市扩展边界。边界设定包括基础设施建设、基本农田占用、生态环境保护等方面。在巨型城市划定城市边界的同时，为中小城市经济社会发展扩展空间。

各级政府要把保护生态环境工作摆在突出位置，建立完善相应领导体制和工作机制。省级、市级成立保护生态环境工作领导小组，负责加强保护生态环境的指导协调，各有关部门要按照职责分工，组建专门工作班子，加强指导、协调和监督。各级政府要把保护生态环境作为重点工作之一，成立相应的领导小组，统筹谋划，协调推进。强化依法治理。加强生态环保立法，完善环境安全制度体系，坚持依法监管环境、依法保护生态、依法治理污染。严格落实环境准入制度，从源头保障环境安全。严格执行污染物排放标准，深入开展各类环保专项执法行动。加强联合执法，完善环境行政执法部门与司法机关的协调配合机制。

4. 强化生态环境目标责任制管理

建立问责机制，严格督查考核。要逐级建立生态环境保护的问责机制，明确各级政府部门及各个项目责任单位、相关责任人的职责。要建立完善考核制度，将保护生态环境的任务纳入各级政府部门的工作考核，要加强督查、考核和情况通报，把保护生态环境实绩作为考核各级干部政绩和工作水平的重要内容。

构建和完善政府生态环境考核评价体系。制定科学可行的政绩评估体系，使其涵盖生态环境建设、生态环境治理和生态环境管理等内容。切实促进推动各级地方政府从粗放型经济增长模式向低消耗、高利用、低排放的集约型模式转变。合理的政绩评估体系需要因地制宜，还需要发挥社会公众参与监督作用。

5. 完善顶层设计与区域生态发展协调

确立国家和统筹区域生态发展目标。充分发挥国家顶层设计的优势，按照国家实现中国特色新型工业化、信息化、城镇化、农业现代化道路建设战略目标的总体部署建立长江中游城市群区域生态发展目标。确立优化开发区域、重点开发区域、限制开发区域生态发展目标，促进区域协调可持续发展。国家应当发挥区域生态发展的领导作用，区域生态发展目标应充分考虑自身条件同国家战略一致。由于中国城市化的进程不断加快，区域发展迅速，支持区域生态发展目标的政策战略需要及时制定并实施。

区分地方配套贡献生态发展责任。需明确各级地方政府及业务部门生态发展责任。因为生态环境污染的外部效应，不同层面的地方政府之间必须协同作战。明确分工和职责既要处理好横向关系，即各级地方政府之间的关系，同时也要处理好纵向关系问题，即中央与地方各级政府之间的关系。在生态环境保护领域，由于存在市场失灵，政府是环境保护投资的关键主体。特别是当一些生态项目超出了区域投资的能力和责任范围的时候，需要国家总体统筹。区域地方首先要配套解决本地区的生态基础设施建设，在大的生态保护项目上，还需要争取获得国家的资金投入。

六 长江中游城市群生态文明建设的政策措施和制度创新

（一）建立健全相关立法执法体系

长江中游城市群在行政区域间存在生态依存关系，可以考虑创新区域生态补偿机制体制的法律法规体系，通过法规明确补偿范围、对象、方式和标准，促进生态资源配置和保护的公平公正与可持续发展。

以新修订的《环境保护法》为基础，加快推进地区和区域大气污染防治法、土壤污染防治法和水污染防治法等法律修订与完善，及时出台相关司法解释和具体规定，明确各地各部门的责任。

统一执法尺度，规范执法程序，对环境案件不论区域，实行统一的专属管辖。落实执法责任，创新执法手段，例如"线上"执法，强化社会监督，对违法人依法给予相应的处罚，提高处罚威慑力。

（二）大力推进市场化机制的运作

扭转过去以政府"唱独角戏"的生态文明建设方式常态，充分重视市场作用的发挥，完善资源有偿使用制度，制定生态补偿的市场化政策措施，推动环境保护成本内在化，健全长效市场化机制，适应新常态。

加快推进水、森林等资源产品的价格改革，尽快将资源税扩展到占用各种自然生态空间，改变环境无价、资源低价的外部性行为，完善资源价格的形成机制，全面反映市场的供求、资源的稀缺程度、生态环境损害的成本和修复效益。

建立生态交易市场，推进生态补偿方式的市场化拓展，将生态补偿财政主导与碳汇、排污权交易、水权交易、押金退款制度、生态商标等市场方式相结合，将资金支持与人才培养、就业培训、技术援助和产业扶持相结合，形成生态补偿的最大合力。

发展生态金融，吸引社会资本进入环保领域，促进生态保护和环境治理的市场化。在生态环境基础设施的建设上，采取特许经营、委托经营、出租、转让产权等方式，实施政府与社会资本合作（PPP）模式。建立生态补偿基金，发展生态众筹等，探索新业态、新产品和新模式，吸引社会资本进入，生态保护区产业转型等保护生态系统健康的相关建设工程。推行环境污染责任保险，健全绿色信贷政策。

（三）加强相关评估和监管制度建设

改变过去强管理轻预防，重投入轻效益的局面，通过制度建设，强化中央环境保护宏观调控和监督作用，统一监管，发挥第三方评估，落实地方政府环境质量负责职责，确保公平公正，促进长江中游城市群协同发展。

建立生态系统评价制度，对城市群整体的生态系统的环境容量、资源总量等进行统计、核算和评估，

建立生态项目、生态资金的评估及监管制度，完善生态环境的监测制度。围绕规划重点领域和监管重点，加强长江中游城市群大气、水、土壤等环境保护与修复项目的建设与监管，促使污染防治与生态保护的统筹。加强对生态补偿资金使用的监管，包括生态补偿基金的使用、流向以及效益的评估和监管。强化生态环境统一监管，统一发布生态环境质量信息，统一和完善生态环境监测网络，建立评估标准，开展长江中游城市群生态安全评估，逐步建立长江中游城市群生态安全预警机制。

设置绿色政绩考核体系，在长江中游城市群中选择基础较好的地区或城市率先编制和实行绿色投入产出表，引入第三方评估机构，建立常规化、定期化的生态环境动态评估制度，评估结果作为绩效考核、责任追究的依据。对领导干部实行资源环境考核体制，建立生态环境损害责任终身追究制。

（四）深入推进区域联动机制和社会共治

应该探索打破现行行政分割，推进区域联动的深入，形成制度联动、主体联动和机制联动的区域联动发展机制。同时，完善社会共治体系，建立全民行动新格局。

构建生态资源环境的长江中游城市群区域联动机制，实现全面覆盖大气、水、土壤以及生态系统修复保护等的污染防治区域联动，加快联合监测布点、自动检测网络建设、联合工程、协商对话等。

推进长江中游城市群的开放式协同发展，构建中游城市群与城市群区域外的长江上游、下游、华北甚至全国的统筹协调机制，促进生态资源的供需平衡。

构建公众参与机制，完善社会共治。对于涉及群众利益的重大决策和建设项目，通过建立沟通协商平台的方式广泛听取公众意见和建议。构建公正参与生态补偿资金监督和评估制度，监督生态补偿资金的合理、合法、高效

的使用。加快建立和完善资源环境公益诉讼制度，赋予公众环境诉讼权，对举报违法和防范污染物的群众给予奖励。

（五）结合新型城镇化建设推进资源均衡配置

改变中游城市群优质公共资源高度集中在三省核心城区的布局，结合新型城镇化建设，促进资源的均衡配置。目前，长江中游区域内最优质的教育医疗文化资源集中在省会城市，社会公共资源的高度垄断集中，必然会带来一定的城市问题和环境生态超出承载力，引发新的生态矛盾，应由政府引导和再规划。

结合"十三五"规划，构建长江中游城市群及城乡之间多种教育和医疗资源灵活共享的机制。结合为区域外地区提供生态服务的实际情况，酌情考虑承接需疏解人口城市的优质社会资源。促进交通、会展等其他资源的均衡配置。使城市群之间的空间距离不会构成交流、活动的障碍。社会资源均衡配置了，人流也就得到了分流，生态环境也就得到主动适应性的保护。

参考文献

[1] 秦尊文，陈丽媛. 推进长江中游城市群生态文明建设一体化. 理论月刊，2014（09）.

[2] 白永亮，党彦龙，杨树旺. 长江中游城市群生态文明建设合作研究——基于鄂湘赣皖四省经济增长与环境污染差异的比较分析. 甘肃社会科学，2014（01）.

[3] 秦尊文. 以生态文明理念推进长江中游城市群发展. 第十一届全国区域经济学学科建设年会暨生态文明与区域经济发展学术研讨会. 2012.

[4] 何天祥，廖杰，魏晓. 城市生态文明综合评价指标体系的构建. 经济地理，2011（11）

[5] 梅珍生，李委莎. 武汉城市圈生态文明建设研究. 长江论坛，2009（04）

[6] 何天祥，王月红. 长株潭城市群生态文明建设水平研究. 文史博览：理论，2012（03）

[7] 魏风劲，易浪波. 生态文明和"两型社会"背景下人口、资源与环境相协调的途径——以长株潭城市群建设为例. 生态经济，2009（05）.

[8] 张振华. 基于生态文明的鄱阳湖经济区城市群建设研究. 北方经济，2014（05）

[9] 申曙光. 生态文明及其理论与现实基础. 北京大学学报：哲学社会科学版，1994

（03）.

[10] 袁克昌. 关于"生态文明城市"建设的思考. 中国人口：资源与环境, 1997(01)

[11] 潘家华. 生态文明的新型城镇化关键在科学规划. 环境保护, 2014（07）

[12] 陈洪波, 潘家华. 我国生态文明建设理论与实践进展. 中国地质大学学报：社会科学版, 2012(05).

[13] 谢高地, 甄霖, 鲁春霞等, 一个基于专家知识的生态系统服务价值化方法[J], 自然资源学报, 2008, 5：911—919.

[14] 王万茂, 黄贤金, 中国大陆农地价格区划和农地估价[J], 自然资源, 1997（4）：1—8.

其他参考文献

[1] 谢高地, 鲁春霞, 冷允法等, 青藏高原生态资产的价值评估[J], 自然资源学报, 2003, 18（2）：189—196.

[2] 谢高地, 张钇锂, 鲁春霞等, 中国自然草地生态系统服务价值[J], 自然资源学报, 2001, 1：47—53.

第五章

长江中游城市群的发展前景与战略任务①

长江中游城市群的发展前景，取决于中国城镇化②和经济全球化的大背景，也取决于其自身发展的主客观条件。要认真研究国际国内发展形势，把握机遇，找准定位，迎接挑战，开创长江中游城市群的美好未来。

一　形势与机遇

（一）　国际形势与挑战

1. 城市群发展是当代城市化发展的基本趋势

区域城市群向国家城市群发展，是全国市场体系、交通体系、物流体系高度一体化的产物。国家城市群向国际城市群或全球城市群发展，是经济全球化条件下，跨国企业对产业链进行全球配置，城市积极参与全球分工的结果。 目前，参与全球分工，具有世界影响力的城市群有：美国东海岸城市群、北美五大湖城市群、日本东海道城市群、英国伦敦城市群、欧洲莱茵河下游城市群、中国珠三角城市群和长三角城市群等。

和上述城市群相比，长江中游城市群有着良好的基础和广阔的发展前

---

① 本章领衔专家秦尊文，执笔秦尊文、梁本凡、彭智敏、张静、白洁、张宁、周志斌，魏登才、袁北星、孙长德、邹光、李美虹、周海燕等参加了调研与讨论。

② 本章既使用"城镇化"一词，也使用"城市化"一词。两者含义基本相同，"城镇化"主要是国内使用，国外文献为"城市化"。

景，但离国际型城市群还有很大差距。随着我国对外开放力度的加大，长江中游城市群进一步发展，正在快速演进成支撑国家经济社会发展的国家级城市群，其国际化程度不断提高，对世界经济格局的影响不断提升，全球型城市群的端倪初现。将长江中游城市群建成国际化世界级城市群，符合当代城市群全球化发展的基本规律。

2. 第三次新技术革命将改变城市群化与城市群全球化的传统模式

以互联网、新材料和新能源为基础，以数字化智能制造为核心的第三次新技术革命将对传统的城市群发展与城市群全球化模式构成巨大冲击。例如，机器人对劳动力的快速替代，导致城市就业制度、社会保障制度以及雇员工资制度出现大的调整。以就业为目的的劳动人口异地转移型城镇化，很快被以提升保障能力水平为目的的就近城镇化模式所取代。那些知识与技术创新领先，去制造拼服务的城市，将会发展成城市群中的龙头城市。新一代数字化技术、网络化技术、智能化技术、分布化技术的广泛应用，清洁、绿色、低碳、生态、零排放特色小城镇也会变得生机勃勃。那些技术创新不足又缺乏文化、缺乏个性与特色，过分强调规模制造的中等城市，其发展会将变得相对缓慢。

未来，创新通吃一切，智慧垄断世界。城市群金字塔体系的顶与基两头生长、中间弱化的趋势越来越强。不同城市群体系之间相互融合加快，世界各国城市体系在更大的范围、领域、广度与深度出现一体化发展趋势。国际化世界级城市群、全球化世界级城市群将不断崛起。长江中游城市群必须适应这一新形势，利用第三次新技术革命所提供的难得机遇，迅速将自己建成国际化世界级智慧城市群。

3. 气候变化与低碳发展给城市群全球化合作发展带来新的机遇

为了确保全球温升水平在 2100 年控制在 2 度以内，国际社会意识到全球温室气体减排目标，客观上要求 2030 年碳排放至少降到 2010 年水平，2050 年比 2010 年降低 40%—70%，2100 年达到零排放。我国已向国际社会表明，2030 年碳排放达到峰值，非化石能源占一次能源比重提高到 20%。长期来看，长江中游城市群城镇化发展速度、路径、碳排放水平，会受到气候变化与碳排放空间的限制。2015 年年底达成的巴黎气候协议会倒逼长江中游城市群大力开发与引进各种低碳技术，取得未来发展的高效优质低碳产业技术优势，为参与新一轮全球产业分工与城市群升级提供了环境与条件。在国际环境发生深刻变化、国内发展出现新常态的背景下，长江中游城市群利用新的战略机遇期，制定并实施低碳城镇化战略，推进新型城镇化与生态文明建设，对避免高碳锁定，削减碳排放，构建能源安全与气候安全，具有极大的战略意义。

4. 世界经济的不平衡增长为长江中游城市群的国际化提供了机会

由于一些地区地缘关系的不稳定，周边国家和地区的正常生产受到影响，为长江中游城市群提供了巨大的出口市场。美国与欧洲等国家和地区由于长期执行去工业化政策，再工业化也难以立竿见影，也为长中游发展外向型出口经济提供了不断增长的市场空间与机会。2013 年长江中游城市群对俄出口增速达 150%，对欧盟口增速达 50%，对美出口增速达 10%。世界市场向长江中游城市群张开了双臂，长江中游城市群需要积极主动参与全球分工，抓住崛起为世界级国际城市群的机会。

（二）国内形势与机遇

1. 国内产能过剩与内需不足，长江中游城市群难以复制沿海旧有发展模式，必须进行创新与转型发展

在产能过剩与内需不足的背景下，我国城市群增长动力出现了新变化。拼投资、拼劳动力、拼资源的要素驱动型传统发展模式一去不复返了。服务化、城镇化、改革、创新均成为经济发展的新动力。资源经济、规模经济的重要性已经让位于分布经济、知识经济和智慧经济。长江中游城市群的发展，决不能复制沿海旧有发展模式，一定要通过改革、创新、转型，大力发展分布经济、知识经济、智慧经济、服务经济与城镇经济，跳出传统工业化模式所导致的"生产过剩危机"与"生态环境危机"，向国家级城市群与国际化世界级智慧城市群的目标迈进。

2. 产业技术转移加速，长江中游城市群承接东部低端转移产业对发展是一把利弊共存的双刃剑

发达国家和沿海发达地区正在进行产业转移与升级。长江中游城市群可以利用工业基础好、工业化空间和环境容量大的优势，利用技术梯度转移规律，继续承接来自发达国家和沿海发达地区转移出来的产业技术，做大做强经济总量。但是，应该看到，没有技术进步与产品创新的产业转移与承接是没有生命力的，也不可持久，同时有可能对资源环境带来巨大损害。所以，长江中游城市群发展要看到产业转移与承接的利弊，要严格限制工业基础好、急待转型升级发展的大中城市生吞活剥，简单承接东部转移产业。东部转移产业可以布局在县及县以下产业园区。县及县以下产业园区承接东部转移偏低端的劳动密集型产业，也要有所选择。要求落户转移企业在技术与产品和环境管理方面要有大的提升。

3. 全国的大气、水、土壤等环境污染问题正在得到大规模高强度的整治，未来城市群发展会受到更严格的环保政策的规范和约束

目前，全国的大气、水、土壤环境问题已经不容忽视，城市雾霾遍及全国，居民生活品质受到严重影响。长江中游城镇群的发展必须符合生态文明建设的要求，生态安全成为刚性约束，淘汰"三高"工业，发展清洁产业、高新技术产业、绿色低碳产业、现代服务产业，实现城市群发展的生态文明转型，是长江中游城市群创新发展的重要任务。

二　发展定位

《国务院关于依托黄金水道推动长江经济带发展的指导意见》（国发[2014]39号）对长江中游城市群的定位是"引领中部地区崛起的核心增长极和资源节约型、环境友好型社会示范区"。《长江中游城市群发展规划》的定位是：中国经济发展新增长极、中西部新型城镇化先行区、内陆开放合作示范区、"两型"社会建设引领区。这主要是在2020年要建成的目标。从长远来看，长江中游城市群应当有更高的定位。

（一）具有国际竞争力的世界级城市群

1976 年 2 月，有"城市群理论之父"之称的法国地理学家 J·戈特曼提出世界上有六大 Megalopolis(大城市群)之说。"世界六大城市群"分别为：美国东北部大西洋沿岸城市群(波士华大城市群)，以芝加哥、匹兹堡、多伦多为中心的北美五大湖城市群，日本以东京、横滨、大阪为中心的太平洋沿岸城市群(东海道城市群)，英国以伦敦为核心的城市群，欧洲西北部以巴黎为中心的城市群，中国以上海为中心的城市群(长江三角洲城市群)。此后，这六个城市群被公认为世界级城市群。

长江中游城市群作为后起者，其总面积、总人口超过六个城市群中任何一个，而经济总量和增长质量都还有较大差距。但是，长江中游城市群发展速度较快，赶超势头强劲，正在努力提升产业竞争力和综合实力。近年来，城市群中心城市的自主创新能力逐步增强。全国现在的 6 大自主创新示范区就有两个在长江中游城市群：武汉东湖国家自主创新示范区、长株潭国家自主创新示范区。国家设立自主创新示范区的目的，就是通过形成世界一流的高科技园区，带动所在区域增强国际竞争力。武汉东湖国家自主创新示范区"中国光谷"、长株潭国家自主创新示范区"中国动力谷"，分别是我国光电子信息产业、动力产业的主力军。要以此为突破口，促进长江中游地区一体化发展，培育发展一批具有国际竞争力的产业集群，力争到 2030 年努力将长江中游城市群打造成具有国际竞争力的世界级城市群。

（二）中国经济核心增长极

长江中游城市群能否成为中国经济核心增长极，可以通过与现有公认的三大增长极（长三角、珠三角、京津冀）的比较得出结论。

长江三角洲城市群总面积 28.6 万平方公里(含被国发[2014]39 号文件新纳入的皖江城市带，计 7.6 万平方公里)，总人口 1.4 亿；"大珠三角"(广东、香港、澳门)总面积 18.1 万平方公里，总人口近 1.1 亿人（1）[①]；京津冀都市圈 18.3 万平方公里，总人口近 1 亿人；长江中游城市群是以武汉城市圈、

[①] "小珠三角"总面积 4.71 万平方公里，人口近 1 亿人。我们认为，港澳在珠三角的作用巨大，而且空间上与深圳、珠海连成一片，应视作一个增长极。

环长株潭城市群、环鄱阳湖城市群为主体构成的新城市群,总面积31.7万平方公里,总人口1.21亿。从幅员上来看,长江中游城市群超过长三角城市群、大珠三角城市群、京津冀都市圈。从经济总量上来说,长三角第一,大珠三角、京津冀分别为第二、第三,长江中游城市群列第四位。另有成渝城市群,总面积约21万平方公里,总人口近1亿,经济总量比长江中游城市群少三分之一左右,但它也是全国主要的增长极。至于其他提出争创第四极的区域,无论是幅员还是经济总量都与上述五大城市群有较大距离。

我国进入新常态后,经济增长的动力有了新的变化。目前,制约经济持续增长的主要因素已经从供给转变为需求,有效需求相对不足是现代市场经济中的常态。李克强同志2012年12月28日在九江讲话指出:"内需潜力东部有,中西部回旋余地和发展空间更大,沿江地带是重要的战略支点。"他认为,中部地区像围棋中的"天元",地位非常重要,是今后发展的重中之重,也符合梯度转移的规律。2014年3月公布的《国家新型城镇化规划(2014—2020年)》,也明确要求长江中游城市群"成为推动国土空间均衡开发、引领区域经济发展的重要增长极"。

因此,长江中游城市群要加快转变经济发展方式,实施创新驱动战略,内需外需双轮驱动,大力发展壮大先进制造业,积极培育战略性新兴产业,建设成为具有全球影响的现代产业基地和全国重要创新基地,提升城市群综合实力和竞争力,带动中西部地区加快发展,构建继长三角、珠三角、京津冀三大增长极之后的中国经济核心增长极。

(三)"五化协同"发展示范区

十八大提出工业化、信息化、城镇化、农业现代化"四化"同步发展。2015年3月24日中共中央政治局召开会议,首次提出"协同推进新型工业化、城镇化、信息化、农业现代化和绿色化",由此,"四化同步"完善为"五化协同"。目前,我国正处于工业化和城镇化"双加速"的关键时期。工业化和城镇化的快速推进,很容易与农业和粮食、生态和环境产生冲突,从而造成工业化和城镇化与农业现代化、生态环境不协调的局面。沿海珠三角、长三角等地区的经验教训值得深刻反思和总结。这些地区过去曾经是全国重要的粮食主产区，自改革开放以来，工业化和城镇化的快速推进不断吞食着大片农田，耕地面积大幅度减少，粮食生产呈现萎缩状态，农业现代化明显"腿短"，广东、浙江等地早已由过去的粮食主产区转变为粮食主销区。长江中游是中国重要的粮食主产区之一，要吸取珠三角、长三角等地的经验教训，从国家利益的战略高度，切实搞好耕地保护和粮食主产区建设，积极探索一条经济发展与生态环境保护有机融合的绿色崛起新路子。

《国家新型城镇化规划(2014－2020年)》强调"中部地区是我国重要粮食主产区"，要求"必须严格保护耕地特别是基本农田，严格保护水资源，严格控制城市边界无序扩张，严格控制污染物排放，切实加强生态保护和环境治理，彻底改变粗放低效的发展模式，确保流域生态安全和粮食生产安全"。长江中游城市群要优化城市空间形态和空间布局，建设与山脉水系相融合的宜居宜业城市。促进城镇发展与产业支撑、就业转移和人口集聚相统一。提高城镇综合承载能力，打造农业转移人口"就近城镇化"典范。要在增强中心城市辐射带动功能的同时，加快发展中小城市，有重点地发展小城镇。长江中游大部分中小城市和县域资源环境承载力强，应依托优势资源发展特色产业，夯实产业基础；小城镇的发展，要按照控制数量、提高质量、节约用地、体现特色的要求，积极做到"三结合"，即与疏解大城市中心城区功能相结合、与特色产业发展相结合、与服务"三农"相结合。同时，要以工业化带动农业现代化、城镇化，以信息化提高工业化、农业现代化水平，以信息化提高城镇化水平。

总之，要以确保生态和农业为底线，以"就近城镇化"为特色，将长江中游城市群建设成为全国"五化协同"发展示范区。

（四）内陆合作开放先行区

2014年4月底，李克强总理在重庆主持召开座谈会指出："让长三角、长江中游城市群和成渝经济区三个板块产业和基础设施连接起来、要素流动起来、市场统一起来，形成直接带动超过五分之一国土、约6亿人的强大发展新动力。"《国务院关于依托黄金水道推动长江经济带发展的指导意见》对长江经济带的四大战略定位中的第二个定位就是"东中西互动合作的协调发展带"：立足长江上中下游地区的比较优势，统筹人口分布、经济布局与资源环境承载能力，发挥长江三角洲地区的辐射引领作用，促进中上游地区有序承接产业转移，提高要素配置效率，激发内生发展活力，使长江经济带成为推动我国区域协调发展的示范带；第三个定位是"沿海沿江沿边全面推进的对内对外开放带"，要求"创新开放模式，促进优势互补，培育内陆开放高地"。《长江中游城市群发展规划》明确要求建设"内陆开放合作示范区"。

开放合作包括对内、对外两个方面。长江中游城市群在对内开放方面，要不断完善城市群融合发展的体制机制，构建统一的市场开放体系，在全国率先建立一体化的城市群发展模式。以长江黄金水道和重要交通通道为纽带，畅通内外联系，加强与长三角、珠三角、成渝地区联系互动，建成我国东中西互动合作的枢纽区。在对外开放方面，依托中心城市共同打造开放平台，利用好武汉阳逻港、岳阳城陵矶港、九江城西港的启运港退税政策和"汉欧"铁路国际大通道，积极参与全球合作和国际交流，加强与丝绸之路经济带、21世纪海上丝绸之路的衔接互动，打造内陆地区最大的对外开放先行区。

（五）生态文明建设引领区

武汉城市圈和长株潭城市群2007年12月同时获批"两型社会"建设综合配套改革试验区，而"两型社会"建设是生态文明的核心内容。2013年7月习近平总书记视察湖北时指出："两型社会建设意义重大，是发展内在要求；我们不能照搬发达国家现代化模式，因为地球没有足够资源支撑；必须走自己的道路，对人类有所贡献。"长江中游地区正在以"两型社会"建设为全国生态文明领航。

《国务院关于依托黄金水道推动长江经济带发展的指导意见》对长江经济带的第四个战略定位是"生态文明建设的先行示范带"："统筹江河湖泊丰富多样的生态要素，推进长江经济带生态文明建设，构建以长江干支流为经脉、以山水林田湖为有机整体，江湖关系和谐、流域水质优良、生态流量充足、水土保持有效、生物种类多样的生态安全格局，使长江经济带成为水清地绿天蓝的生态廊道。"长江中游城市群要以两个国家级"两型社会"建设示范区（武汉城市圈、长株潭城市群）和两个国家级生态经济区（环鄱阳湖、环洞庭湖）为依托，加快资源节约型与环境友好型社会建设，推动形成绿色低碳的生产生活方式和城市建设运营模式，建立跨区域生态建设和环境保护的联动机制，打造具有世界影响力的生态型城市群，为全国生态文明建设积累经验，提供引领示范。

三　战略任务

当前，长江中游城市群发展的主要任务，就是全力构建以下七大体系。

（一）构建综合交通运输体系

1. 提升长江黄金水道功能

"中游畅，则长江畅"。充分发挥长江运能大、成本低、能耗少等优势，打造畅通、高效、平安、绿色的黄金水道。积极推进航道整治和梯级渠化，提高支流航道等级，形成与长江干线有机衔接的支线网络。加快推进荆江河段航道整治工程，加强航道工程模型试验研究。加快信江、赣江、江汉运河、汉江、沅水、湘江等高等级航道建设。优化港口功能布局，提升武汉长江中游航运中心功能，加快九江、黄石、荆州、宜昌、岳阳等港口建设，完善集装箱、大宗散货、汽车滚装及江海中转运输系统。加强集疏运体系建设。完善三峡公路翻坝转运系统，推进铁路联运系统建设，建设三峡枢纽货运分流的油气管道，积极实施货源地分流。加快三峡枢纽水运新通道和葛洲坝枢纽水运配套工程前期研究工作。加快推进内河船型标准化，研究推广三峡船型和江海直达船型，鼓励发展节能环保船舶。

2. 形成快速大能力铁路网

加快建设上海经武汉至成都的沪汉蓉沿江高速铁路和上海经南昌、长沙至昆明的沪昆高速铁路，连通南北高速铁路和快速铁路，形成覆盖50万人口以上城市的快速铁路网。改扩建沿江大能力普通铁路，规划建设衢州至丽江铁路，提升沪昆铁路既有运能，形成覆盖20万人口以上城市客货共线的普通铁路网。

加快建设蒙西至华中重载铁路。蒙华铁路全长 1 837 公里，跨越蒙、陕、晋、豫、鄂、湘、赣七省区，是继大秦线(山西大同至河北秦皇岛)之后国内又一条超长距离的运煤大通道，也是长江中游城市群继京广、京九、焦柳之后又一条纵向铁路大通道，将对襄阳、荆门、荆州、常德等沿线城市有较强的拉动作用。

3．建设高等级广覆盖公路网

依托沪蓉高速、沪渝高速、沪昆高速、杭瑞高速和京港澳高速、大广高速、二广高速，建成连通重点区域、中心城市、主要港口的高速公路网络。加强省界地区的普通国道、省道衔接，提高国省干线公路技术等级和服务水平，消除普通干线省际"断头路"。到 2020 年，普通国道二级及以上公路比重达到90%以上；加快县乡连通路、资源开发路、旅游景区路、山区扶贫路建设，加快农村客运网络化体系建设，全面实现具备条件的乡（镇）、建制村通沥青（水泥）路。大力开展过江通道建设，推进铁路、公路、城市交通合并过江，有序建设功能完善、能力充分、集约高效的长江过江通道。

4．加快建设航空网络

加快武汉国家门户机场建设，规划建设第二机场。强化长沙黄花国际机场区域枢纽功能，发挥南昌昌北国际机场、宜昌三峡国际机场等干线机场作用，增加国际国内运输航线。完善航线网络，提高主要城市间航班密度，增加国际运输航线。

完善支线机场布局，推动襄阳刘集机场、常德桃花源机场、九江庐山机场、宜春明月山机场、景德镇罗家机场的改扩建与升级工程，启动新建荆州、荆门、黄冈、赤壁、天门、岳阳、衡阳、上饶、抚州、鹰潭、新余等支线机场，优化航线网络，提高主要城市间航班密度。加快落实湖北、湖南两省的低空开放政策，推动将范围扩大到江西省，大力发展通用航空。建立机场战略联盟，支持共建干支线运输市场。

（二）构建组团式城镇体系

1．发挥三大中心城市引领功能

强化武汉、长沙、南昌的中心城市地位，完善合作工作推进制度和利益协调机制，加大开发开放力度，健全以先进制造业、战略性新兴产业、现代服务业为主的产业体系，提升要素集聚、科技创新、高端服务能力，发挥规模效应和带动效应，提升现代化、国际化水平。

长江中游城市群的形成，并不是要削弱武汉城市圈、环长株潭城市群、环鄱阳湖城市群，而是要通过进一步增强武汉、长沙、南昌中心城市功能，引领和带动武汉城市圈、环长株潭城市群、环鄱阳湖城市群三大城市组团之间的资源优势互补、产业分工协作、城市互动合作，共谋发展，打造中部崛起的高地。

2. 提升区域性中心城市综合实力

大力发展宜昌、襄阳、黄石、荆州、衡阳、岳阳、常德、九江、景德镇、萍乡等区域性中心城市，壮大城市规模，扩大辐射半径，带动周边地区发展。强化产业支撑和基础设施建设，完善社会服务及居住服务功能，提升城市宜居宜业水平，提高城市的综合承载能力和服务功能，以绿色、智能、和谐、创新为方向，不断提升城市发展质量。

3. 积极发展中小城市

加快现有中小城市经济发展，以各类高新区、经济技术开发区和承接产业转移园区为载体，培育壮大支柱产业，扶持中小城市发展特色产业和劳动密集型产业，形成中小城市合理分工的产业发展格局，提升就业承载能力。加快社会事业建设，推进交通、通信、供电、给排水等城镇基础设施建设和网络化发展，提升中小城市的综合承载能力和聚集能力，逐步成为农村人口就近转移的主要载体。

4. 分类发展小城镇

把小城镇作为承接城市辐射、统筹城乡发展的重要节点，优先支持县域中心镇发展，增强公共服务和居住功能，成为接纳农村人口转移的重要节点。依托现有资源和产业优势，集中打造一批特色鲜明的农林生态型、工业带动型、商贸物流型和文化旅游型小城镇。按照资源状况、发展基础和环境容量，通过扩容提质将有条件的重点中心镇培育成为小城市。

5. 推动边界城市一体化

加强长江中游城市群毗邻地区的交流，重点推动咸宁、岳阳、九江打造"小三角"，推进荆州与岳阳、益阳、常德，黄冈、黄石与九江，萍乡与长沙、株洲、湘潭等城市间的合作，以打通"断头路"为重点加强交通通道连接，推进水利、电网等基础设施对接，引导城市公交网络与区域空间发展良性互动。鼓励各毗邻地区根据地方特色，率先开展重点领域合作的探索。

（三）构建现代产业体系

1. 优化发展传统制造产业

一是装备制造业。以长沙、武汉、南昌、株洲等市为依托，着力提高装备设计、制造和集成能力，大力发展绿色制造，大幅度提高产品档次、技术含量和附加值，促进装备制造业结构优化，共同打造具有世界影响力的装备制造产业基地。

二是汽车及交通运输设备制造业。整合武汉、襄阳、南昌、长沙等地汽车工业，构建一体化的汽车及零部件产业链，打造全国重要的汽车研发生产基地。依托长江"黄金水道"，以大企业(集团)为核心，发展壮大武汉、宜昌、岳阳、黄冈、九江等地船舶产业，整合设计制造资源，加快船舶配套产业体系建设。

三是冶金工业。以武汉钢铁、新冶钢、华菱钢铁、新余钢铁等骨干企业为龙头，兼并、重组一大批中小钢铁企业。依托铜、铝、钨、铅、钽、铌、稀土等有色金属资源优势和产业实力，加大有色资源勘探、找矿力度，加快淘汰落后产能，加强技术改造，促进有色金属产业向高新化、集约化、清洁化、循环化方向发展。

四是石油化工产业。坚持园区化、集约化和精细化发展，积极推行清洁生产，依托武汉石化、长岭炼化、巴陵石化、九江石化、荆门石化、江汉石油等骨干企业，强化分工合作和产业配套，延伸下游产业链，促进产业循环发展，共建长江中游绿色石化产业集群。

五是家电产业。以武汉为龙头，以长沙、南昌、荆州等为支撑，打造中部地区家电产业基地。支持长沙宁乡建设家电绿色资源再制造基地，培育新的产业支柱。

2．突破性发展战略性新兴产业

一是新一代信息技术产业。坚持走规模化、集群化、外向型发展道路，提高系统集成能力，完善产业链，壮大产业群，集中优势重点发展光电子信息、下一代网络、应用电子、信息服务等领域。支持以武汉东湖高新区为龙头，整合周边地区资源，构建光电子信息产业集群。

二是高端装备制造产业。立足武汉、南昌、长沙、株洲、襄阳、荆门等市的各自优势，重点发展高档数控装备及系统、激光加工设备、航空制造、中高端工程机械装备、高端电力牵引轨道交通装备、通用飞机等，推进成套装备的智能化、高端化和网络化。

三是新材料产业。依托武汉、长沙、南昌、宜昌、益阳、景德镇等市现有材料产业基础，重点发展电子新材料、生物及环保材料、化工新材料、新型建筑材料、高端陶瓷等领域，共建一批特色产业基地。

四是生物产业。以武汉、南昌、长沙等国家生物产业基地为重点，加快一批生物产业项目建设。加快推动以企业为主体、科研院所和高校共同参与的生物和新医药产业产学研用联盟建设。

五是节能环保产业。加强节能环保和循环利用领域的重大技术、装备和系统的研发与制造，大力推广应用节能环保技术和产品，提高节能环保服务水平，打造长江中游节能环保产业集聚区（基地）。

六是新能源产业。发挥新余、宜昌、黄冈、咸宁、娄底等地产业基础优势，加快发展太阳能、风能、生物质能、地热能等新能源，推进新能源开发利用产业化进程，重点发展太阳能光伏发电设备及组件生产、风力发电应用及整机制造等。适时开展长江中游核电项目评估，在有条件的地区启动核电项目建设。

七是新能源汽车产业。加快武汉、长沙、南昌、襄阳、株洲新能源汽车研发和产业化，办好武汉新能源汽车工业技术研究院。加强新能源汽车整车与零部件制造企业的合作，重点发展插电式混合动力汽车、纯电动汽车等新能源整车。

3．加快发展现代服务业

一是创新发展金融业。武汉要依托科教优势大力发展科技金融，借助长江中游航运中心建设大力发展航运金融、物流金融，推进武汉成为中部地区的金融中心和全国重要的金融机构高端后援服务基地。长沙、南昌要围绕"两型社会"和生态经济区建设发展绿色金融。开展长江中游城市群银行业合作，积极推动汉口银行、湖北银行、长沙银行、南昌银行、九江银行等区域内城市商业银行跨行政区设立分支机构。共同优化金融生态环境，促进经济金融良性互动。

二是大力发展商贸物流业。运用信息技术和现代经营方式改造提升传统商贸业，优化商贸流通布局，加快现代商贸业发展，共同打造长江中游商业功能区。强化商品特别是农产品现代物流基地和流通枢纽地位，加快生产资料流通和配送中心建设，形成以交通枢纽、中心城市和大型商品集散地为依托，辐射中部乃至全国、连接国际的物流平台和区域性商贸中心。加强分工合作，建设不同类型的物流园区，促进现代物流业发展。积极建设边界商贸物流中心，繁荣边界市场。

三是加快发展文化旅游业。整合荆楚文化、湘文化和赣文化，注重通过传承弘扬历史文化提升城市的"辨识度"，营造开放包容的城市人文环境，加强对长江中游城市群历史文化名镇、名村的保护和旅游开发。打造精品旅游线路，以长江水路为主通道，以游轮为交通工具，整合形成长江三峡—荆州古城—洞庭湖（岳阳楼）—武汉（黄鹤楼）—九江（庐山）—鄱阳湖线路。发挥高铁优势，打造长江中游城市群高铁旅游圈。按照"资源共享、客源互动、品牌同建、市场齐管"的原则，打造长江中游无障碍旅游区。实施旅游信息互通，构建旅游信息咨询平台，积极探索推行旅游"一票通"。

四是积极发展商务会展业。规范发展法律咨询、会计审计、工程咨询、认证认可、信用评估、广告会展等商务服务业。携手推进城市会展合作，共同开发中部会展大市场，发展一批具有国际影响力的专业会展，把中博会、机博会、食博会、农博会、光博会、汽车展等具有一定品牌基础的展览会办成精品、名牌展。建立长江中游城市群会展联盟，加强展览组织者的横向联合，把长江中游展览资源用好用足，实现利益共享。开展经济贸易洽谈会、展销会，推介各地的特色产品。

五是整合发展信息服务业。整合建立区域内综合性的软件和信息服务公共技术平台，建设长江中游城市群地区物流信息交换中枢。培育创新型、特色化的软件服务和信息服务企业，积极发展增值电信业务、软件服务、计算机信息系统集成和互联网产业，大力发展服务外包产业。大力发展电子商务，提高服务业信息化水平。办好"中三角商务网"，加强城市群企业信息技术交流，实现商务信息的互通共享。

4．稳步发展现代农业

一是建设国家粮食安全重要保障区。继续发挥国家粮食主产区的优势，实施全国新增千亿斤粮食生产能力规划，实质性推进"单改双"，大力推进高产创建，提高粮食综合生产能力。重点通过加强以农田水利设施为基础的田间工程建设，改进农业耕作方式，提升耕地质量，健全科技支撑与服务体系，提高粮食生产科技贡献率，加快优良品种选育及推广应用，完善粮食仓储运输设施，巩固提升全国重要商品粮生产基地地位。

二是大力发展经济作物生产。稳定棉花播种面积，促进棉花生产向优势区域集中。继续支持长江中游"双低"油菜带建设，实现规模化、标准化、优质化生产。因地制宜发展水果、蔬菜、花卉、茶叶、蚕桑、苎麻等经济作物和特色农产品生产，加快品种更新换代。积极发展花生、芝麻、胡麻、油葵、小杂粮等作物生产。合理利用山区资源，培育以油茶、核桃等为主的木本粮油产业。

三是加快发展畜牧水产业。加强畜禽标准化规模养殖场（小区）和良种繁育体系建设。积极发展节粮型畜牧业，积极推行秸秆养畜和种草养畜。充分利用长江流域丰富的水域资源，建设现代渔业生产基地。积极发展湖泊、水库等大水面生态养殖，科学发展稻田和庭院水产养殖，合理开发低洼地水产养殖。

四是提升农业产业化经营水平。发展农业产业化经营，扶持农业产业化龙头企业，引导大型和特大型龙头企业向优势农副产品产区集聚，与农户建立利益联结机制，提高农业经营的组织化程度，培育一批专业大户、家庭农场、农民专业合作社和龙头企业等规模经营主体,力争将长江中游城市群建设成为全国农业产业化示范基地。

(四)构建自主创新体系

1．共建共享科技创新平台

围绕重点发展的高新技术产业和传统产业的改造升级,整合创新资源,建立城市群技术创新体系。加强国家、行业、地方的重点实验室、工程中心、工程实验室和公共技术服务平台的统筹衔接,完善部省会商、院地合作、部门共建等协同机制,促进创新资源优化配置及有效整合。深化跨部门、跨区域和跨行业开放合作,完善公共科技资源共建共享机制,构建布局合理、开放高效的区域创新资源共享网络。推进高等院校和科研院所构建多种模式的创新资源开放共享机制,鼓励和引导创新资源开放合作。

2．打造重点创新集聚区

加强武汉东湖国家自主创新示范区和长株潭国家自主创新示范区建设,推进体制机制创新和政策先行先试,加快创新支撑条件建设,探索创新驱动发展的新思路、新模式。推动国家高新技术产业开发区和国家经济技术开发区以提升自主创新能力为核心的"二次创业",加快建立服务于知识技术密集型产业发展的共性技术创新平台和公共服务平台,优化创新创业环境,增强园区自主创新和持续发展能力。推进武汉、长沙、南昌、宜昌、萍乡等国家创新型试点城市建设,带动形成一批各具特色、充满活力的省级创新型城市,构建特色鲜明、优势互补的创新型城市群。将创新与创业紧密结合,以创新带创业。加快武汉市、长沙市、南昌市和荆州市、荆门市、株洲市、湘潭市、宜春市、萍乡市等国家级创建创业型城市建设,形成"大众创业、万众创新"的局面。

3．推进重大产业技术攻关

重点在高端装备制造、新一代信息技术、新能源、新材料、新能源汽车、生物医药等战略性新兴产业领域加强科技合作,共同实施科技创新工程,开展科技攻关项目。鼓励城市群内骨干企业与高等院校、科研院所、上下游企业、行业协会等共建研发组织,建设产业关键共性技术创新平台。支持建立企业主导的城市群产业技术创新战略联盟，强化技术创新合作、创新平台建设、技术转移扩散、人才联合培养等功能。依托国家实验室等科技创新平台，共同建立产权明晰、责权利明确、协同创新能力强的产业技术研究院，实现产业共性技术、关键技术的合力突破。

（五）构建开放型经济体系

开放型经济体系，既包括对内开放，也包括对外开放。长江中游城市群要双轮驱动，为全国做出示范。

1. 优化城市群市场环境

一是优化市场流通环境。推动建立重要产品的地方标准目录，消除贸易技术障碍，形成协调一致的长江中游城市群区域性标准体系。促进市场流通环境一体化，建立无公害农产品、绿色食品等优质农产品以及工农业省级名牌产品的"绿色通道"，破除因行政管理体制隔阂而产生的区域间的市场壁垒。

二是优化市场主体准入环境。推进工商登记制度改革，实现城市群市场准入政策的一致性，促进城市群市场主体登记注册的一体化。武汉城市圈、环长株潭城市群、环鄱阳湖城市群的企业到其他两方投资并控股开办公司，可依全体股东需要，在公司名称中使用投资控股方名称中的行政区划和字号。支持资本市场建设，促进股权投资、融资担保、融资租赁、小额款贷公司、交易所等投融资企业合规经营、创新发展。支持企业兼并重组、做大做强，提高综合实力和竞争力。

三是加快企业信用体系建设。探索建立城市群企业信用信息互通交流机制，实现企业登记、企业监管等信用信息共享。加快推进长江中游城市群工商信息系统建设。建立完善企业信用信息档案、信用激励引导机制和失信预警惩戒机制、企业信用征信系统、企业信用信息管理系统和企业信用信息披露系统，提升监管执法效能。

四是深化商标行政保护一体化。建立区域内驰名商标、著名商标重点保护名录，并予以同等力度的保护，相互通报重大商标侵权案件情况，加强跨省商标侵权案件的联动协查，形成长江中游城市群知名商标保护协作网络。

　　五是加快实施监管执法联动一体化。加强在流通领域重要商品质量监管、反不正当竞争、打击传销、整治虚假违法广告等方面的交流与合作。加强城市群重点商品、重点行业监管的交流与合作，及时通报已查处或正在查处的对生活、生产有重大影响或跨区域爆发、有蔓延趋势的商品质量问题，商标、广告、合同违法现象及各种不正当竞争行为的相关信息。

　　2．进一步加强国内区域合作

　　一是共建长江经济带。积极与长三角和成渝城市群展开区域联动，建立港口合作机制和产业合作发展机制，将产业梯度转移的区域发展目标与国家主体功能区建设紧密结合，充分发挥长江中游城市群资源丰富、要素成本低、市场潜力大的优势，统筹建立合理的产业转移机制，探索重点开发区域承接产业转移有效模式。

　　二是打造京广经济带。2011 年 12 月，京广高铁全线通车。京广高铁的运行极大地拉近了沿线城市之间的时空距离，使长江中游城市群南连珠三角，北接京津冀，将南北两大经济圈紧紧连接在一起，推动京广经济带的形成和发展，并成为京哈京广轴的主体部分，将会在拉动南北经济发展中发挥举足轻重的作用。

　　三是全面推进区域合作。长江中游城市群在贯穿东西、南北两条经济带的同时，还以其中国经济地理中心的位置辐射北部湾、海峡西岸经济区和关中——天水城市群、丝绸之路经济带等地区。长江中游城市群要通过长江和汉江水道、"汉新欧"铁路等通道加强与"一带一路"的对接，通过茶马古道加强与俄罗斯、蒙古等国的联系。

　　3．打造承接产业转移平台

　　紧紧抓住发达国家和国内沿海地区产业转移的机遇，适应经济结构战略性调整的需要，因地制宜重点布局一批承接产业转移的示范区，抓好荆州承接产业示范区、衡阳中国加工贸易梯度转移重点承接地等的建设；积极鼓励其他地区根据实际主动承接项目转移。同时，要加强政府规划和政策引导，合理确定产业承接发展重点，探索建立省际间产业转移统筹协调机制，引导产业转移有序推进。

4. 积极推进国际交流合作

长江中游城市群要充分利用与国外政府间合作，大力推进对外开放。发挥政府高层会晤和政府间合作的作用，特别是要充分利用与伏尔加河、密西西比河、莱茵河三个大河流域已有的合作机制，并以此为突破口，推进国际交流。

一是深化与俄罗斯伏尔加河流域的合作。两国领导人提出了加快推动和加强长江中游城市群与伏尔加河流域城市群的区域合作。要积极构建中俄城市群双边城市可持续发展平台，共同打造中俄城市可持续发展和环境合作示范区。积极与俄罗斯伏尔加河流域城市群开展环境保护、产业发展、政府贷款、企业投资、技术创新、文化发展等领域合作。在国家领导人的亲自推动下，中俄经贸合作一定会有大的突破，特别是在汽车、石化等产业方面合作的空间还非常大。

二是加强与美国密西西比河流域的合作。积极借鉴密西西比河流域的治理模式与经验，加强长江流域的治理。利用定期召开中美长江—密西西比河战略合作论坛，凝聚和增强共识，加强港口建设与运营，开展航运服务交流，探索内河航运进出口、物流仓储、加工增值和中转运输服务等业务，提升双方港口航运服务能力，并全面推进临港经济发展、港口自由贸易区及综合保税区建设与管理等领域的合作。

三是扩大与西欧莱茵河流域的合作。长江中游的湖北、湖南、江西等省与法国、德国等莱茵河流域重要国家一直有着重要联系。法国是西方大国中第一个与中国建交的国家，在武汉设有总领事馆，领事馆区为长江中游地区。湖北是与法国较早开展友好交流与合作的省份，近年来合作领域不断扩大、成果不断丰富，尤其是双方自 2010 年签署武汉城市圈可持续发展领域合作意向书以来，在城市规划、公共交通、建筑节能、新型材料等领域合作取得重要进展。两地开辟有巴黎至武汉国际航线，是国内热门航线之一。江西、湖南也与法国、德国有密切合作。如被称为德国"中部之州"的黑森州共与欧洲、北美和亚洲地区七个省区建立了友好合作伙伴关系，亚洲只有中国的江西省和湖南省。要进一步加强与法国、德国等国的交流，借鉴莱茵河流域治理经验，在水质保障、动物保护、防洪治患、鱼类迁徙、水利能源、航运导航等方面开展合作。

四是积极开展与其他区域的合作。要加强与中亚、东亚、东南亚、东欧、南美、澳洲、非洲等区域的交流与合作。要注重大力开拓非洲市场，积极发展对外工程承包和劳务输出，引导企业扩大对非洲投资。加强与联合国所属机构、相关国际组织和国家的联系，在维护生态安全、应对全球气候变化、发展低碳技术和绿色经济等重大领域广泛开展交流。中央已明确要适当扩大对外援助的项目，推动对发展中国家的经济外交。要积极争取国家的对外援助项目建设，带动有关产品出口。同时保证项目建设的质量，在国外树立良好的企业形象，为企业进一步走出国门奠定基础。

（六）构建能源保障体系

长江中游三省都是能源短缺省份。湖北是全国第四大能源调入省份，年产石油只能满足全省 10%左右的需求，天然气更少；每年需要的煤炭 90%以上靠外省供应；水电资源开发率已超过 85%，且电力由国家统一支配。湖南、江西情况类似，都存在"缺油少煤乏气"问题。长江中游城市群必须加快构建能源保障体系。

1. 优化油气供应体系

加快城市群油气管网建设，逐步形成统一的天然气输送网络和成品油管道网络。加快输油管道建设，形成原油、成品油规模化的管道运输，重点建设兰州—郑州—长沙成品油管道阳逻和江西支线、武汉—广水、湘潭—娄底等成品油输送管道。进一步完善成品油管道运输工程配套设施，建设长沙、湘潭等成品油管道油库。加快武汉、岳阳、荆门、九江等大中型石油化工企业技术改造和改扩建工程，建设长江中游地区大型原油加工基地，实现集约发展。

完善城市群干支相联的天然气输送网络，重点建设西气东输三线工程、武汉—赤壁、荆州—公安—石首、株洲—衡阳、瑞昌—九江—景德镇等项目。配套建设天然气储备设施，重点建设南昌麻丘、孝感应城等地下储气库。支持企业参与天然气上游资源开发，优化气源供应结构。鼓励燃气企业跨区域经营，构建能源流通和交易中心。

2．提升煤炭保障体系

加快蒙西至华中地区铁路煤运通道建设，缓解城市群煤炭调入压力。推进武汉、南昌、宜昌、株洲、衡阳、娄底、九江、萍乡等一批煤炭储备基地建设，选择有条件的城市布点煤炭交易（集散）中心，有效保障煤炭供应。强化煤矿安全技术改造，重点做好中、小矿井整合和改造，提高安全生产水平。控制煤炭消费量，逐步减少原煤直接使用，推广各种经济有效的煤炭洁净技术，加快洁净煤技术的应用。

3．完善电网体系

加快城市群特高压电网建设，新建武汉、长沙、南昌等城市交流特高压站，加快荆门至武汉、荆门至长沙和武汉至南昌特高压通道建设。加强城市群电网主网架建设和城乡配电网建设改造，提高供电能力和供电可靠性。构建统一的电力安全体系及应急处置体系，提高电网抗灾能力和电力减灾应急能力，建成供应力强、结构优、稳定性好、效率高的区域现代电源及电网体系，逐步实现电力同网同价。依托信息、控制和储能等先进技术，推进城市群智能电网建设。

4．构建新能源开发利用体系

积极优化能源结构，加快新能源的开发与利用。制定和实施城市群新能源和可再生能源发展规划。加强能源科技研究，积极推动太阳能、风能、水能和生物质能等再生能源的开发与利用。促进咸宁通山核电站、九江彭泽核电站、益阳桃花江核电站等尽快开工建设。加强能源保障管理合作，逐步统一能源保障监测体系和能源调度管理，建立和完善能源战略储备和能源危机联合防控机制，确保能源安全。

（七）构建生态文明制度体系

1.生态文明决策与执行制度

生态文明建设是一项系统工程，需要从全局的高度通盘考虑，搞好顶层设计和整体部署，必须统一制定、严格执行生态文明法律法规，形成一个有机的整体。国土空间开发保护制度（主体功能区制度），实施最严格的耕地、林地保护制度、水资源管理制度和环境保护制度，实行最严格的能源管理制度、最严格的温室气体控制制度、最严格的产业准入制度，建立完善最严格的源头保护制度、损害赔偿制度、责任追究制度，建立健全资源环境法规体系、政策体系、标准体系、资源环境考核评价体系，着力完善资源环境审批管理体制、污染物减排管理体制、污染防治体制等。

要加快权衡利弊的选择性制度建设（以市场主体交易形式来实施）。改革完善生态环境税费制度、改革完善生态补偿制度（包括生态环境补贴制度）、全面推进水权交易制度、全面推行排污权交易制度、积极探索碳权交易制度等。

要逐步探索和完善有利于长江中游生态文明建设的法律体系。健全生态环境行政执法与司法联动联席会议制度，充分利用刑事司法手段，严厉打击破坏生态污染环境违法犯罪。加强资源环境等部门的执法力量和软硬条件，提高执法水平。将环境执法力量进行整合，明确环境执法地位，强化环境执法权威，建立有力高效的生态环境执法体制。建立完善企业环境信用评价体系，评价结果反馈给金融系统，让失信者受到惩戒。建立跨界环境污染事故通报协商处置机制，完善事故发生通报机制、应急监测结果互通机制、事故协调处置机制、调查情况互通机制和联合后督察机制。

2．生态文明考核评价制度

以长江中游城市群发展实际为出发点，从资源节约、环境友好、生态经济、生态文化等方面进行生态文明建设考核评价。

一是资源节约考核评价体系。主要考核单位 GDP 能耗、单位 GDP 水耗、矿产资源消耗弹性系数、非化石能源占一次能源消费比例、单位土地产出率、新增亿元生产总值新增建设用地、工业用水重复(循环利用)率、再生资源回收利用率、工业固体废物综合利用率、城市生活垃圾资源化率等指标。

二是环境友好考核评价体系。主要考核森林覆盖率、建成区绿化覆盖率、土地退化指数、重要江河湖库水功能区水质达标率、地表河流省控断面达Ⅲ类水质的比例、生态保护地面积比例、二氧化碳排放强度、COD 排放强度、二氧化硫排放强度、氨氮排放强度、氮氧化物排放强度、城市污水集中处理率、水土流失治理率、公众对居住区域环境的满意度、空气质量优良天数比率等。

三是生态经济考核评价体系。为了避免盲目的 GDP 崇拜，应综合产业结构、城市化等方面的状况来评价，主要考核人均财政收入、城镇居民人均可支配收入、农民人均纯收入；高新技术产业增加值占 GDP 比重；节能环保产业等战略性新兴产业增加值占 GDP 比重；无公害、绿色和有机农作物种植面积占播种面积比例；生态工业园区及循环经济园区产值占工业园区的比例、清洁能源使用率等指标。

四是生态文化考核评价体系。主要考核每 10 万人生态文明教育基地数量、生态文化宣传教育普及率、中小学环境教育普及率等指标。

3．生态文明激励与约束制度

建立有利于推进生态文明建设的财政、税收、金融、土地、消费、人社、监察等各方面的配套制度。长江中游城市群各级政府要切实增加对生态环境保护与建设的投入，将生态建设资金列入本级预算。引导全社会扩大对生态环境保护与建设的投入，鼓励和支持社会资金投向生态文明建设，推动生态建设和环保项目的社会化运作。积极支持生态项目申请银行信贷、设备租赁融资和国家专项资金，发行企业债券和上市融资。政府通过财政贴息补助、延长项目经营权期限等政策，鼓励不同经济成分和各类投资主体，以独资、合资、承包、租赁、拍卖、股份制、股份合作制、BOT 等不同形式参与生态建设。健全绿色信贷政策。以国家确定的节能减排、淘汰落后产能的重点行业、涉重金属行业、对土壤造成严重污染的行业，以及环境风险高、环境污染事故发生次数较多、损害较大的行业为重点，研究制定绿色信贷行业指南。构建绿色信贷环境信息的网络途径和数据平台。建立绿色信贷政策效果评估制度，把绿色信贷真正落到实处。

4．生态文明公众参与制度

生态文明深入人心不是一朝一夕的事情，要有长远的眼光，从生态精神文化、生态物质文化、生态制度文化、生态文明示范区建设四个方面着手，建立生态文化的传播机制，树立人与自然和谐观念，增强保护生态环境意识，推动全社会形成德治与法治共同作用的生态文明建设的约束机制。充分发掘武汉市"袋袋相传"等群众自发参与生态文明建设的鲜活典型，发挥公益环保非政府组织的作用，调动全社会建设美丽家园的积极性。

四　对策建议

长江中游城市群要实现五大战略定位，建成七大体系，应有相应的对策措施。为此，我们提出十大建议：

（一）建立城市群协同协调机制

首先是建立中央与地方的"上下联动"机制。在长江经济带上升为国家战略的背景下，尽快成立长江中游城市群领导小组作为工作推进和协调机构，并由国务院领导担任组长，国家发改委领导和相关省份主要领导担任副组长，领导小组办公室设在国家发改委，由其具体负责长江中游城市群部际协调的日常事务和对各省的指导工作，不越权管理其辖区内各级政府的日常事务，而只是负责涉及各个辖区之间的区域范围政务，比如说大型水域的环境保护、跨区域的重大基础设施项目等。三省政府要加强与国家有关部门的沟通衔接，及时解决一体化发展中的突出问题，共同争取国家政策支持。

其次是建立三省政府的"平行互动"机制。由湘鄂赣三省党政主要领导轮流作为召集人，每年定期召开一次省际联席会议，明确下一年合作的方向和重点，向国务院、有关部委争取有关政策和项目，就合作中需要解决的重大问题进行集体磋商；由三省政府秘书长或副秘书长参加，负责协调推进合作事项的进展，组织有关单位联合编制推进合作发展的专题计划，并向年度行政首长联席会议提交区域合作进展情况报告和建议。同时，各成员方可在发展改革委设立工作办公室，负责区域合作日常工作。

再次是建立和完善"多方参与"机制。强调在跨区域协调发展过程中多元主体的参与，注重发挥政府部门的综合协调作用、企业的资源配置作用、非营利组织的沟通交流作用、专家学者的参谋咨询作用，从而建立起网络状结构的治理协调机制，提高全社会的参与意识，推动政府扶持与市场运作相结合，多方参与，组建跨地区的民间组织，以民间的力量自下而上地推进长江中游城市群建设，努力形成长江中游城市群一体化发展的强大合力。

（二）落实长江中游城市群发展规划

国务院批复的《长江中游城市群发展规划》要求：全面落实党中央、国务院关于依托黄金水道推动长江经济带发展的决策部署，加快实施新型城镇化战略、促进中部地区崛起战略和创新驱动发展战略，以全面深化改革为动力，推动完善开放合作、互利共赢、共建共享的一体化发展机制，走新型城镇化道路，着力推进城乡、产业、基础设施、生态文明、公共服务"五个协同发展"，积极探索科学发展、和谐发展、转型发展、合作发展新路径和新模式，努力将长江中游城市群建设成为长江经济带重要支撑、全国经济核心增长极和具有国际影响的城市群。

为扎实有效落实《长江中游城市群发展规划》，还要制定长江中游城市群城镇化发展、土地利用、水资源管理、交通、旅游业、商务、水利、农业、金融、医疗卫生、科技、教育、文化、生态建设、环境保护、对外开放、市场管理等方面的专项规划，将长江中游城市群建设扎扎实实向前推进。

（三）加强生态建设和环境保护

将幕阜山地区建成"中国绿心"。长江中游城市群三个中心城市武汉、长沙、南昌基本呈等边三角形分布，幕阜山地区坐落其间，被三市之间的环状高速公路和铁路合围，形成了一个天然的"绿色心脏"地带。由于它是中国最大的"绿心"，同时又处于中部地区，也被学者称为"中国绿心"。这里是土地革命时期全国六大革命根据地之一——湘鄂赣苏区的核心，是中共领导秋收起义和建立县级红色政权最早的地区之一，也是中国工农红军第一面军旗升起的地方。目前，幕阜山地区经济和社会发展还比较落后，由于各种原因既未列入国家级生态功能区，也未列入国家集中连片特困区，亟须国家政策支持。建议将幕阜山区增补为国家级生态功能区，加大转移支付力度。搞好森林和山地资源保护，推动长江中游城市群建设成为景观优美、生态优良、功能完善、宜居宜业、效益持久的生态网络体系。同时，将原湘鄂赣苏区上升到国家级扶贫开发试验区，比照执行赣南中央苏区政策。与"中国绿心"品牌相配套，加快发展生态文化旅游，积极发展生态农业，开发绿色产品，建设绿色城镇，倡导绿色消费，努力将幕阜山地区打造成脱贫致富的先行区、华中地区旅游度假胜地、内陆地区新型能源基地、长江中下游生态安全屏障和绿色农产品生产加工基地。

加强水生态建设和水环境保护。长江中游城市群区域内河流纵横、湖泊密布。三省可联合行动，以长江、洞庭湖、鄱阳湖为重点，共同加强河流湖泊的治理。重点是加强长江防洪大堤加固、水资源综合利用、水污染综合治理、湖泊治理等事项的合作建设。搞好城陵矶附近超量洪水分蓄、荆南四河的治理以及华阳河流域治理。加强长江与洞庭湖、鄱阳湖演变与治理研究，特别要研究三峡工程带来的清水下泄引起的有关问题，论证洞庭湖、鄱阳湖水系整治工程，进行蓄滞洪区的分类和调整研究。完善防洪保障体系，实施长江河道崩岸治理及河道综合整治工程，尽快完成长江流域山洪灾害防治项目，推进长江中游蓄滞洪区建设及中小河流治理。

加大生态补偿力度。探索研究水资源保护"双向"生态补偿机制。加大中央财政对三峡库区等重点生态功能区的均衡性转移支付力度，逐年增加重点生态功能区转移支付规模，适当减少集中连片特困地区公益性建设项目市级配套资金。

建立全国碳排放权交易中心和碳金融中心。目前，湖北碳市场成交量占全国总量的50%以上，市场参与度、投资者数量和省外引资金额均居全国第一，引资效果初步显现。要充分利用这一良好基础，逐步向外拓展，提供碳排放指标、准CDM项目、碳基金、碳期货等交易等碳金融产品。

加快"两型社会"建设。加大对武汉城市圈、长株潭城市群两个综合配套改革试验区的政策支持力度，检查中央各部委对试验区扶持政策的落实情况；加大对鄱阳湖、洞庭湖两个生态经济区的政策支持力度，对落实国务院批准规划的执行情况进行检查。

（四）推进基础设施互联互通

要强化城市群交通网络建设。2012 年长江中游各省就签订了《推进设立长江中游城市群综合交通运输示范区合作意向书》，国家有关部门应尽快支持落实，在长江中游地区设立综合交通运输试点示范，推进交通基础设施互联互通。充分利用区域运输通道资源，建设以武汉、长沙、南昌为中心的"三角形、放射状"城际交通网络。加快黄石至九江客运线建设，使武汉至南昌的城际铁路全线贯通；将武汉至咸宁城际铁路延伸至赤壁，将长沙至岳阳规划的城际铁路延伸至临湘，进而连通赤壁和临湘，使武汉至长沙的城际铁路全线贯通，实现长江中游城市群内中心城市之间、中心城市与节点城市之间 1—2 小时通达。

支持长江中游地区水利基础设施建设。构建以水源工程建设、灌溉工程为重点的水资源综合利用体系，以河湖连通、水系治理、水生态修复和保护为重点的水资源及水生态保护体系，以健全体制机制、强化执法监督、加强能力建设为重点的水利管理体系，共同提高水资源保障和时空调控能力，确保城市群供水、饮水安全；防洪减灾体系。按照"加强协作、团结治水、统筹兼顾、江湖两利"的总体要求，共同构建以堤防加固、蓄滞洪区建设以及河道整治为重点的防洪减灾体系；加强引江济汉、兴隆水利枢纽等南水北调相关工程的后续支持和配套。推进鄱阳湖、峡江、涴溪口、金塘冲、城陵矶等一批水利枢纽工程的建设，提高水资源的综合利用水平。

支持长江中游信息基础设施建设。重点推进一批综合性网络应用工程、公益性信息服务工程、信息化与工业化融合工程等重点应用项目建设。推进城市群政府信息资源的深度开发和广泛利用，建立信息资源目录体系和交换体系，组织开展政府部门间、政府与企业和公众间基础信息共享试点，建设长江中游城市群信息港。推动建设以武汉、长沙和南昌为龙头若干个现代化智能城市，以 4G、宽带网为基础，以物联网、云计算等平台为依托，推广智能化应用，把长江中游城市群建设成为无线化、数字化、信息化、智能化的"智慧城市群"。

（五）加快工业化城镇化步伐

长江中游是《全国主体功能区规划》确定的最大的"国家重点开发区域"，并地跨三省，这种情况全国独一无二。长江中游地区是我国今后工业化城镇化的主战场。国家相关部门要支持长江中游城市群工业化、城镇化发展。

应支持长江中游地区相关产业发展，加快工业化步伐。将重大制造业项目在长江中游城市群优先布局，依托水电能源和矿产资源的资源加工业项目优先安排，并提供用地保障。鼓励重点船舶制造企业做大做强，对企业搬迁、改制给予土地和资金等支持，对其重大技术改造项目给予技改补助和税费优惠；建设船舶工业走廊和船舶配套工业园，对园区企业实行相关规费减免，引导中小船舶制造、维修企业向工业园区聚集，形成产业优势；支持发展面向国内外市场的船舶交易、船舶金融、船舶保险、船舶经纪及船舶注册等高端服务，制定外向型船舶贷款优惠政策和进口配套件的海关关税减免政策，促进船舶进出口贸易发展。国家有关部门要加大对长江中游地区承接产业转移示范区建设的支持力度，检查落实对荆州、湘南承接转移示范区的政策。在老工业基地调整改造方面，中央财政支持健全社会保障制度，给衰退产业退出及其人员安置以政策扶持；支持符合条件的整体搬迁企业发行债券；支持老工业基地工矿废弃地治理和复垦；支持老工业基地毒地治理。

加快长江中游城市群的城镇化发展步伐。适当扩大长江中游重点开发区域建设用地规模，推进工业化和城镇化进程。探索实行城乡之间人地增减挂钩政策，城市建设用地的增加规模与吸纳农村人口进入城市定居的规模相挂钩；探索实行地区之间人地挂钩的政策，城市化地区建设用地的增加规模与吸纳外来人口定居的规模相挂钩。

（六）扶持粮食主产区发展

农业是长江中游地区的基础，三省都是农业大省，都是全国重要的粮食主产区，一直以来在稳定全国粮食生产、保障国家粮食安全中发挥着举足轻重的作用。

在推进长江中游城市群建设的过程中，要切实保护好耕地和基本农田，高度重视粮食生产，同步推进农业现代化建设，确保工业化和城镇化的加快推进，不以牺牲农业和粮食为代价，为保障国家粮食安全做出新的贡献。针对国家粮食供需结构中水稻供应偏紧的状况，长江中游城市群要加大农田水利基础设施投入，尽快提升粮食生产保障能力。以加强粮食生产基地建设为重点，加强粮食生产重大工程建设的合作。

要支持长江中游地区粮食主产区建设和现代农业发展。建议启动实施"长江中游地区中低产田改造和粮食增产工程"，依靠科技进步和中低产田改造，确保粮食增产和农民增收。积极发展现代农业，加快农业结构调整，大力推进农业产业化经营，加强农村基础设施的共建，提高农业综合生产能力。共同健全对粮食主产县（市）的利益补偿机制，在现有对产粮大县奖励政策基础上，中央财政根据粮食主产县（市）粮食产量、商品粮增加量和贡献率，每年给予一定的补助，使其人均财力达到全国平均水平。

（七）支持创新驱动转型升级

2012年以来，科技部、工业和信息化部、国防科工局等都积极支持长江中游城市群通过创新驱动促进产业转型升级。有关部委要加大对自主创新和高新技术产业发展支持力度，发挥武汉东湖自主创新示范区的引领示范作用，推进长株潭自主创新示范区建设，对三省国家高新区予以倾斜。推进跨长江中游地区企业间协作配套和产业合作互补，完善上下游产业链，提升区域产业集中度，打造区域富有活力的现代产业集群。通过工业和信息化部等部委协调解决新型工业化进程中的重大问题，在国家规划内和年度计划规模内固定资产投资项目上予以倾斜，推进长江中游地区产业结构战略性调整和优化升级，支持优先发展生物医药、新材料、航空航天、信息产业等，推进重大技术装备国产化，指导引进重大技术装备的消化创新，推进信息化和工业化融合，推进军民结合、寓军于民的武器装备科研生产体系建设。

充分发挥武汉、长沙等市高校多学科多功能的综合优势，联合国内外各类创新力量，建立一批协同创新平台，形成"多元、融合、动态、持续"的协同创新模式与机制，培养大批拔尖创新人才，逐步成为具有国际重大影响的学术高地、行业产业共性技术的研发基地和区域创新发展的引领阵地，在国家创新体系建设中发挥重要作用。支持加快自主创新示范区和高新技术产业园区建设。要促进大学科技园建设与发展，推动科技成果转化；大力推动知识产权质押贷款试点工作；推进重大专项课题间接经费列支试点工作；允许科技型企业加速研究开发仪器设备折旧。

（八）设立自贸区和国家级新区

自贸区是推进改革和提高开放型经济水平的"试验田"，2013年8月，国务院正式批准设立中国（上海）自由贸易试验区。2014年12月，又分别设立天津、广东、福建设立3个自贸区。长江中游城市群地处长江经济带腹地，对外开放水平长期落后于东部沿海地区。要尽快批准设立武汉新港空港综合保税区，支持在区内开展离岸金融、融资租赁、原材料分拨交易、期货交割以及汽车整车进口业务，先行先试金融、外汇、税收等特殊优惠政策；支持武汉在东湖综合保税区、武汉新港空港综合保税区基础上，升级为内陆（武汉）自由贸易试验区，与上海自由贸易试验区联动，形成东西呼应、区域协调、布局合理的自由贸易试验区格局。设立内陆（武汉）自由贸易试验区，有利于发挥武汉区位、交通和市场枢纽优势，加快内陆腹地开放，辐射带动长江中游城市群成为长江经济带发展的开放高地。

国家级新区实际是一项特殊管理权。自1992年上海浦东新区成立以来，我国已经批复11个国家级新区，其中华东地区3个、西南地区3个、西北地区2个，华北地区、华南地区、东北地区各1个，目前只有华中地区一个也没有。随着国家级新区从全国性的战略布局高地转向区域性的增长极，未来国家级新区的数量将持续增加。目前，长江中游湘鄂赣三省正在积极推进湘江新区、光谷新区和昌九新区建设和申报工作。国家应尽快批准中部地区建设两个以上国家级新区。

（九）打造万里茶道经济带

清代至民国初年，湖北、湖南、江西等产茶区的茶叶以汉口为起点，借道汉水北上，过河南，进山西，越大漠，经蒙古乌兰巴托到达蒙俄边境的通商口岸恰克图，继而在俄罗斯境内继续延伸。这条继丝绸之路之后又一条重要的国际文化商贸通道被称为"中俄万里茶道"，也被俄罗斯人称为"伟大的茶叶之路"。可以挖掘这一历史文化底蕴，打造万里茶道经济带，融入国家"丝绸之路经济带"大战略。

历史上的中俄万里茶道正好通过伏尔加河流域，李克强2012年4月访俄时与俄方商定加强长江中游城市群和伏尔加河流域城市群的区域合作。国家发改委、外交部为此专门召开了座谈会，鄂湘赣三省也都高度重视。打造万里茶道经济带可以成为长江中游城市群和伏尔加河流域联系的纽带，使两国领导人达成的共识落到实处，也能使长江中游城市群提升到国际合作的战略高度。

打造万里茶道经济带，也为湘鄂赣三省建设长江中游城市群挖掘到新的历史底蕴和共同建设的着力点。1851年后，湖南临湘、安化和湖北蒲圻的黑茶并称为"两湖茶"，成为输俄茶叶的主要原料，以蒲圻羊楼洞为中心涵盖鄂南、湘东北、赣西北的茶叶生产区逐步成形（这一区域被称为"羊楼洞茶区"）。1861年汉口开埠之后，俄商将羊楼洞变成砖茶原料的生产中心基地，在汉口投资设厂，促使汉口成为中国乃至世界茶叶贸易中心，其茶叶交易量约占全世界的一半，湖南、江西茶叶出口均从此北上。今天，打造万里茶道经济带，可以将湘鄂赣更紧密地联系在一起，共同为长江中游城市群发展和中部崛起做出更大贡献。

（十）明确武汉国家中心城市地位

国家级的城市群应当有国家级的中心城市引领。长江三角洲城市群有上海作龙头，京津冀都市圈有北京、天津作发动机，珠三角城市群有广州作领头羊，成渝城市群有重庆作核心，并且这五个城市均被国家相关文件明确为"国家中心城市"。在国家五大一级城市群中，唯独长江中游城市群没有明确"国家中心城市"。而在长江中游地区和中部地区最有实力的武汉市，新中国成立之前是仅次于上海的全国第二大城市，改革开放前是仅次于3个直辖市的全国第四大城市。改革开放之后，由于国家实施"东部率先"战略，武汉的经济总量一度落后到10名开外。"中部崛起"战略实施近十年来，武汉地位逐步回升，2013年、2014年连续两年GDP在全国城市中列第四位，仅次于五个国家中心城市和深圳、苏州。深圳由于与香港基本连成一体，苏州距离上海太近，均不可能单独成为"国家中心城市"。而武汉距离其他国家中心城市都在 1 000 公里以上，有着独立的腹地，完全可以成为"国家中心城市"。特别是国家推进长江经济带建设，为武汉带来极为有利的机遇。国家在长江经济带明确了上海、武汉、重庆三大航运中心，也明确了"长江三角洲、长江中游和成渝三大跨区域城市群"，而在三大城市群的龙头城市中只有武汉还没有被明确为"国家中心城市"。但从武汉在长江流域和全国的地位来看，从长江中游城市群的"第四极"和世界级大城市群的定位来说，应及早将武汉明确为国家中心城市。

同时，既然国家推出长江经济带战略，就应当将人们习惯认为是长江"总部"的武汉地位予以明确和提升。这将成为国家重视和推进长江中游城市群的重要标志，同时也将填补中部地区的空白，有力地促进我国区域经济协调发展和国土空间均衡开发。

随着国家进一步推进长江战略，下一步国家有关部委还有可能设立流域性机构。建议将这些机构尽量设在武汉，以利于巩固和提高其长江"总部"这一地位。39 号文件提到"运用市场化机制探索建立新型科研机构，推动设立知识产权法院"，而武汉是全国知识产权研究的高地，长江流域又是全国专利申请最多的区域（2013 年的前 10 个省市有 7 个属于长江流域），可考虑优先在武汉设立跨区域的知识产权法院。而且武汉海事法院已运行 30 多年，有成功先例。

此外，要推动更多国家在武汉设立领事馆。目前上海已开领事馆 61 家、广州 37 家、重庆 7 家，而武汉只有 4 家。在清末民初武汉有 20 家。在这个方面，武汉横向比差距大，纵向比"今不如昔"。支持武汉建设领事馆区，争取更多国家在汉设立总领事馆，开办领事签证业务。

参考文献

[1] 李扬主编：《中国经济增长报告（2014—2015）——创新、体制转型和"十三五"展望》，社会科学文献出版社，2015 年.

[2] 李梅影：《城市群学者名录》，《人民日报》2003 年 7 月 7 日，第 12 版.

〔3〕 潘家华、魏后凯主编:《中国城市发展报告 No.6——农业转移人口的市民化》,社会科学文献出版社,2013 年.

〔4〕 潘家华、魏后凯主编:《中国城市发展报告 No.7——聚焦特大城市治理》,社会科学文献出版社,2014 年.

〔5〕 潘家华、魏后凯主编:《中国城市发展报告 No.8——创新驱动中国城市全面转型》,社会科学文献出版社,2015 年.

〔6〕 秦尊文:《第四增长极:崛起的长江中游城市群》,社会科学文献出版社,2012 年.

〔7〕 秦尊文:《城市群的形成机制和演化过程》,吉林人民出版社,2006 年.

〔8〕 秦尊文:《长江经济带研究与规划》,湖北人民出版社,2015 年.

〔9〕 王缉慈、王德禄等:《区域经济:九万里风鹏正举》,《中国经济快讯周刊》2002 年第 42 期.

〔10〕 中国市长协会:《2001—2002 中国城市发展报告》,西苑出版社,2003 年.

第六章

长江中游城市群合作的体制机制创新^①

目前，长江中游城市群处于一体化发展的初级阶段，需要整合区域各方面力量，不断突破体制障碍和行政区划限制，在行政管理、空间结构、资源开发与合理利用、市场和生产要素互融互通、生态建设与环境保护、基本公共服务对接、对内对外开放等方面深化改革，加强城市间的配合和联动，放大国家区域发展政策叠加效应，发挥城市群的辐射和带动作用。从这个意义上说，必须把体制机制创新作为构建长江中游城市群的重要途径，使湘赣鄂三省实现优势互补、合作共赢。

一 体制机制创新的进展

近年来，特别是 2012 年 2 月湖北、湖南、江西三省人民政府签订合作框架协议以来，"中三角"大力开展体制机制创新，城市群一体化建设迅速推进。

（一）基础设施建设和管理的合作

中三角打破行政区划限制形成合力，建立协调合作机制，从发挥区域整体优势出发，对重大基础设施统一规划，合理布局，联合投资，既发挥各自比较优势，又进行合理分工。中三角交通运输部门已建立协调机制，大力推

---

① 本章领衔专家秦尊文，执笔秦尊文、路洪卫、汤鹏飞、陈丽媛、刘陶、刘东、魏登才、袁北星、孙长德、邹光、李美虹、周海燕等参与了调研。

进航空、高速公路、铁路、水运整体联动的大交通体系一体化进程，共同努力建设国家级综合交通运输示范区。决定建立省际不停车收费系统和长江中游甩挂运输联盟。所谓"甩挂"，就是"甩掉挂车"，货车到达目的地后，卸下挂车车厢（实或空），车头拉上别的车厢（空或实）即可继续行驶。另外，省际"断头路"正在加强连接规划和建设，连通三省的蒙西至华中重载铁路筹备工作正在有序推进。

2014 年 9 月 19 日，武汉、长沙、南昌等市交通部门负责人齐聚武汉，研究启动编制城市群综合交通规划，打造国家级综合交通枢纽，就建立交通运输合作联席会制度、发展规划合作机制、道路运输行政执法协助机制、公路信息交流合作机制等签署协议。2014 年 12 月 4—5 日，湘鄂赣三省十二县市道路交通管理协作组织第五届年会在铜鼓召开，会议提出要相互协作，联防联治，共同维护边界区域的交通安全秩序。2015 年 4 月 23 日，长江中游城市群水运合作联席会在湖北武汉召开，湘鄂赣三省港航部门负责人共同签署水运合作备忘录，将在规划对接、航道连通、港口合作、企业抱团、安全应急、信息共享、资质互认六大流域加强合作，重点推进长江"645"（武汉至安庆 6 米、武汉至宜昌 4.5 米）深水航道整治和"荆南四河" (松滋河、虎渡河、藕池河、调弦河)整治等系列工程。2015 年 4 月 29 日，长江中游城市群道路运输联席会在武汉召开，赣鄂湘三省运管（客管）部门共同签署备忘录，将在构建物流大通道、省际公交、跨省接驳、一卡通刷、联网售票、小件快运、综合运输、应急联动等 8 大领域进行深度合作。

中三角电力部门已布局电网一体化建设。到 2015 年，中三角将建成特高压电网、形成"一横两纵"主网架结构。其中荆门至武汉、荆门至长沙和武汉至南昌特高压通道，将与"十一五"形成的 500 千伏中部主框架一起，汇集川电、三峡电力以及北方送入火电，向湘鄂赣三省供电。

城市基础设施建设一体化创新。以湖北黄梅小池与江西九江市为例。两地隔江相望，九江公铁两用长江大桥将两地紧紧的联系在一起。全国首条跨省公交九江 17 路公汽直通小池，九江长江二桥也于 2013 年 10 月 28 日建成通车。湖北省将进一步推进两地基础设施有效对接，规划加快推进建设九江客运站小池江北分站，协调规划建设京九铁路小池货运站和工业园区铁路支线，推广使用统一的公交 IC 卡，推行出租车同城同价。积极协商有关方面加大对九江、黄梅两地注册车辆通过九江长江大桥收费优惠力度，逐步实现零收费。合理规划和利用长江岸线资源，建设小池深水码头，配套建设九江江北仓储基地和集装箱中转基地。加强小池通信基础设施建设，逐步建立两地统一的信息服务平台，为区域经济社会发展提供信息服务支撑。

（二）产业一体化的合作

2012 年三省经信（工信）部门签署了长江中游城市群产业一体化战略合作协议。决定鼓励扩大相互投资，推进产业融合发展，加快主导优势产业集聚，提升区域产业综合实力。促进企业跨省域兼并重组，加快市场开放和生产要素合理流动，推进跨省域企业间协作配套和产业合作互补，完善上下游产业链，提升区域产业集中度，打造区域富有活力的现代产业集群。

2015 年 4 月中旬，由工信部牵头，湖北、湖南、江西三省经信委（工信委）共同参加的长江中游城市集群产业一体化战略合作论坛在武汉召开，三省讨论了客观存在产业发展的结构趋同和相互竞争等问题，达成五项产业一体化战略合作机制，未来以三省的石化、汽车产业为突破口，加强合作。2015 年 5 月 24 日，在荆门举行了赣湘鄂啤酒产品质量检评会，促进三省啤酒行业的技术进步和产品质量提高。

"中三角"旅游业也建立了合作机制。2012 年三省共同启动旅游合作的相关工作方案。2014 年 5 月 18 日，在武汉举行的第七届华中旅游博览会上举办了长江中游城市群旅游合作主题活动，武汉、长沙、合肥、南昌四个省会城市旅游局或旅游协会相关负责人共同为中三角旅行社联合体大联盟揭牌，四省代表现场还签订了"互送百万市民畅游中三角合作协议"，共同推出了涵盖四省主要旅游景区的 35 条优惠旅游线路。2015 年 5 月 19 日，武汉、长沙、南昌、合肥四地旅游部门在 "2015 年中国旅游日"活动上，正式推出"长江中游城市群旅游年卡"，实现 200 元即可全年无限次畅游"中三角"40 多家景区。

三省间互设了异地商会，如湖北省湖南商会、湖北省江西商会等，这些商会在促进产业一体化发展方面发挥了不可替代的作用。湖北省湖南商会在武汉市硚口区建有湘商大厦，紧邻武汉市王家墩中央商务区，占地 7 900 平方米，建筑面积 3.48 万平方米。这是湖北首个以外省商会命名的大厦。商会还办有《湖南人》杂志，有力地促进了湘鄂两省民间交流和中三角建设。江西企业家也积极投资湖南、湖北。目前在湖北各地活跃着 30 多万赣商，投资总额 700 多亿元，仅在武汉市就有 10 多万赣商，注册企业数千家。

农业合作也在稳步推进。2012 年三省农业厅签订了战略合作协议。2015 年 7 月 2 日，湘鄂赣三省农科院在武汉举办了首届"中三角"农业科技创新论坛，组建了湘鄂赣农业科技创新联盟，未来将以三省农科院为平台，在江汉、两湖平原地区水稻大面积保量提质增效生产技术研究与示范，湘鄂赣作物种质资源保护、创新和利用，山区旱杂粮高效生产模式研究与示范等 23 个重大科技命题上协同攻关，共同促进区域重大农业科技成果产出和高效转化。

（三）市场一体化的合作

2012 年 2 月 24 日，三省商务部门在武汉召开长江中游城市群商务发展第一次联席会议，发布了《武汉宣言》。根据《宣言》，三省将深入开展商务战略合作和区域协作，构建互利共赢、长期稳定的区域商务合作关系，创新合作机制，遵循"平等协商、协调互动，优势互补、扬长避短，市场主导、政府推动，整体推进、重点突破"的原则，加强交流沟通和务实合作，集合集成不同区域特色和比较优势，共同致力于建设"商贸流通一体化、对外贸易一体化、对外投资合作一体化、承接产业转移一体化、口岸通关一体化、商务信息一体化"合作机制。为实现上述商贸交流与合作和一体化建设，"中国中三角商务网"正式上线，采用英语、日语、韩语、德语、意大利语、法语、西班牙语、葡萄牙语、俄语等 10 种语言版本。

2015 年 7 月 23 日，江西获批成立了"中三角商品交易中心"，为区域要素市场的发展增添新动力。2015 年 7 月 30 日，长江中游商业功能区规划编制工作座谈会在武汉召开。湖北、湖南、江西三省商务厅和湖北省社科院有关领导和专家参加会议，商务部市场建设司、商务部研究院、商务部驻武汉特派办事处等有关负责同志在会上作了重要讲话。此次会议正式启动了《长江中游商业功能区规划》编制工作。

此前，湘鄂赣三省工商行政管理部门在武汉签署了《战略合作框架协议》："鼓励三省企业跨省投资兴业。成员方企业到其他成员方投资并控股开办公司，可依全体股东需要，在公司名称中使用投资控股方名称中的行政区划和字号"，这意味着湘鄂赣三省工商部门放宽了成员方企业到其他成员方投资控股开办公司的名称限制，如"湖北稻花香酒业股份有限公司"到湖南、江西控股开办公司，可申请使用"湖北稻花香酒业湖南有限公司""湖北稻花香酒业江西有限公司"。《框架协议》"允许一省内登记的企业迁转到其他省份登记，相关省登记机关应提供迁转服务"；"实行境外投资者资格公证认证文件共同认可"，境外投资者经过一次公证认证，在当年内持公证认证文件复印件，到湘鄂赣三省辖区内任何地区投资设立公司，工商部门都认可，视同原件效力。该条款将大大缩短境外投资者办理公证认证文件原件的时间，减少境外投资者成本，提高湘鄂赣三省招商引进和利用外资的效力，加快外商投资企业快捷设立，促进湘鄂赣三省外商投资企业快速发展。《框架协议》规定"对一省企业来其他省投资的企业登记注册申请，提供'绿色通道'服务；对一省重点优势企业来其他省投资的，采取提前介入、指定服务窗口、指定专人负责等措施"；"及时交换驰名、著名商标名单，对其他省的驰名商标、著名商标、地理标志证明商标实施与本省驰名商标、著名商标、地理标志证明商标同等力度的重点保护。相互通报重大商标侵权案件情况，加强跨省商标侵权案件的联动协查，交流商标战略的经验和做法"；"支持具有较强实力的广告企业通过参股、控股、兼并、收购、联盟等方式进行跨地区、跨媒体、跨行业和跨所有制的资源整合、高效配置和产业升级。推动和服务大型广告企业项目落地，共同拓展广告市场。开展各类广告产业发展交流活动，促进区域性广告产业资源优势互补，支持广告产业园区合作发展，提高三省广告业在全国的竞争力"；"共同推进企业诚信体系建设。建立三省企业信用信息互联互通、互查互认制度，联动实施信用激励、预警、惩戒措施，逐步实现企业登记和监管信息资源共享"。

（四）社会事业一体化的合作

在科技部指导下，三省科技厅已在武汉签订《长江中游城市群科技合作框架协议》，在建立科技联席会议制度、做强高新技术产业、争取国家科技计划支持、推动产学研合作、实现科技创新资源共享、加强科技计划管理与协调、开展区域可持续发展战略研究、设立中三角科技创新论坛等方面开展广泛深入的合作。

三省文化厅在武汉共同签署了《文化发展战略合作框架协议》，三省图书馆签订了《湘鄂赣三省公共图书馆联盟协议》，开通了三省公共图书馆联盟网站。三省文化部门将在建立联席会议制度、舞台艺术精品交流演出、红色题材作品巡回展、演艺市场开发、文物保护利用、非物质文化遗产生产性保护技艺展、公共图书馆联盟建设等方面进行广泛深入的合作。武汉剧院、湖南大剧院、江西艺术中心倡议成立的"中三角演艺联盟"在武汉剧院正式挂牌。旨在加强区域合作，突破传统剧院单打独斗的市场操作方式，以规模化优势吸引国内外演出商，降低演出成本，实现资源共享。联盟成立后，三省各剧团与剧场将紧密合作，以"零场租、零演出费"的股份制模式加强演出交流，演活剧团，激活剧场。

三省卫生部门共同签署了《长江中游城市群卫生事业发展武汉共识》，就建立新型农村合作医疗跨省结算、医疗卫生资源共享、血吸虫病联防联控等八个方面达成共识。卫生部部长陈竺出席签字仪式。此前，武汉市江夏区卫生局与湖南省直中医医院签订了新型农村合作医疗跨省定点直补协议，使该区数千农民工受惠。

三省教育厅签署了《教育合作协议》和《高校图书馆资源共享合作协议》。鼓励高等学校开展联合办学、课程互选、学分互认、教师互聘、学生访学、学科共建等多种形式的校际交流与合作。

另外，三省的发改、气象、林业、环保、外事、金融等部门就中三角相关事业发展一直保持密切沟通和交流。

（五）推进对外开放的合作

"中三角"已成为国际交流的一大区域品牌。2012年4月29日，中俄双方高层决定推动长江中游城市群和伏尔加河流域中游城市群的区域合作。国家发改委联合外交部在北京召开的中国长江中游城市群与俄罗斯伏尔加河流域城市群区域合作座谈会，湖南、湖北、江西三省有关负责人参加。8月26日至31日，国家发改委、外交部组成联合调研组赴三省开展长江中游城市群和俄罗斯伏尔加河流域城市群区域合作专题调研。9月21日，湖北省委省政府领导和省直相关部门负责人赴湖南，共商推进长江中游城市群与俄罗斯伏尔加河流域城市群开展区域合作。伏尔加河沿岸联邦区有14个联邦主体，其中汽车、航空制造、石化、船舶制造、农业等产业优势明显。该联邦区已制定2020年经济发展战略，优先目标是吸引外资，中俄双方具有很大的合作潜力，将进一步推动经贸、投资、高科技以及人文等领域合作。9月18日，中三角中美企业投资并购对接会在武汉举行，30多家企业汇聚江城，共商赴美投资大计，助力中三角扬帆出海。目前，长江中游城市群与伏尔加河流域城市群的合作正在深入推进中。

"中三角"正在成为对外招商引资的品牌。武钢新日铁（武汉）镀锡板有限公司总经理原田通夫说："新日铁在湖北的第一次投资，吸引我们的是'中三角'的发展潜力。"香港品牌发展局副主席吴清焕说："与'珠三角''长三角'日渐饱和的市场空间相比，以武汉、长沙和南昌为核心城市的'中三角'跃升为内地经济新的第四增长极，吸引港商加快拓展的步伐。

（六）省会城市之间的合作

继2013年2月在武汉召开长江中游城市群省会城市首届会商会后，又先后在长沙、合肥召开长江中游城市群省会第二、三届会商会，发布了《长沙宣言》《合肥纲要》，省会城市合作取得积极进展。

2014年6月12日，"长江中游城市群省会城市第二届科技合作联席会"在长沙召开，总结了首届科技合作联席会确定工作目标，提出未来五个方面的任务，要求促进四市科技合作向"多元化、常态化、实效化"方向发展。2015年2月6日，在合肥举办了长江中游城市群省会城市第三届会商会，围绕"深化合作、共赢未来—新常态下加速长江中游城市群一体化发展"主题，就深化四省会城市合作进行了深入的协商和探讨，并形成《合肥纲要》，提出建立住房公积金异地使用合作机制，构建水上"高速航道"，建立环保"黑名单"制度严禁黄标车四市相互转籍，社保关系可无障碍跨地区转移接续，共享企业质量信用信息，建立打假联动机制，建立招投标异地远程评标系统等重点合作任务。2015 年 4 月 29 日，四省会城市举办长江中游城市群四省会城市人社工作一体化发展第二届会商会，就四市人力资源合作、城镇职工基本医疗保险异地就医即时结算、人力资源网络互联互通等内容达成共识并签署合作协议。

目前，四城市的住房公积金缴存实现异地互认和转移接续，预计年底将实现医保跨市异地即时结算。2015 年 4 月 29 日，第二届长江中游城市群四省会城市联合专场招聘会在长沙举办，来自合肥、武汉、长沙、南昌的近 200 家企业参会，提供近 5 000 个招聘岗位。

（七）理论研讨和对外宣传的合作

2014 年 10 月 23 日，以"弘扬苏区精神，促进区域发展"为主题的第三届湘鄂赣苏区论坛在湖南省平江县举行。来自湘鄂赣三省的 44 个苏区县代表参会，共同探讨如何将苏区历史资源转化为社会发展的经济资源之道。2014 年 11 月 19 日，由湖北省社会科学院、中国社会科学院城市发展与环境研究所等主办的长江中游城市群发展战略研讨会在北京召开，为长江中游城市群建设建言献策。

2015 年 4 月 8 日，由中国社会科学院和湖北省人民政府主办，中国社会科学院城市发展与环境研究所、中国城市经济学会和湖北省社会科学院承办的"长江论坛"在武汉举行，与会专家学者将围绕"长江中游城市群发展战略研究"这一主题，就战略定位及对策、独特优势与巨大潜力、生态文明建设战略研究、产业协同发展与升级转型、区域协调发展与对外开放等议题进行探讨交流。

2012 年以来，三省的媒体就长江中游城市群对外宣传进行了深入合作。2013 年 4 月 7 日，"长江中游城市群"主题活动日在博鳌亚洲论坛会议中心举行，博鳌亚洲论坛理事长、日本前首相福田康夫，副理事长、中国国务院原副总理曾培炎，秘书长周文重，国务院新闻办原主任赵启正，博鳌亚洲论坛原秘书长龙永图等 200 多位重要嘉宾出席。湖南省委书记、省长徐守盛和湖北省省长王国生、江西省省长鹿心社等分别在主题活动上发表演讲并推介长江中游城市群。

二　区域合作中存在的问题与成因

随着长江中游地区之间的社会经济联系逐渐增多，对区域内有限发展空间和资源的争夺也渐趋激烈，各地在产业发展、大型基础设施建设及土地开发等方面互不协调、互为掣肘的矛盾也日益突出，阻碍了区域整体优势的发挥和竞争力的提升。

（一）区际利益协调机制不健全

首先，在整体层面上，促进长江中游城市群健康可持续发展，需要科学、准确、清晰地明确各城市的发展定位，形成良性竞争、互补发展的格局。目前，湘鄂赣三省积极推进长江中游城市群建设，并努力上升为国家发展战略。但是，城市群建设还没有明确具体的规划，三省缺乏整体衔接配套机制，导致空间开发仍处于各自为战的状态，生产力整体布局和资源环境承载力空间禀赋、人口分布不统筹、不协调。因此，如何从战略和全局角度，优化长江中游城市群资源和要素在国土空间上的配置，加强区域功能整合和空间整合，更好地发挥城市群整体的集聚效应和辐射功能，已成为长江中游城市群进一步发展需要研究解决的首要问题。此外，长江中游城市群作为国家重点开发区域，促进产业和人口集聚，接纳限制开发区域及禁止开发区域的转移人口，承接东部地区优化开发区域的产业转移，这一发展趋势必将带来极大的资源需求，产生大量的生产性和生活性污染，使城市群发展面临极大的资源环境挑战。而行政区划将长江中游地区的自然环境人为地分割，由于不同行政区各自对辖区内的资源利用、污染治理负责，限制了跨区域对环境资源的充分利用。如何处理好长江中游城市群发展与资源环境承载能力、生态安全格局之间的矛盾，推进生态文明建设一体化，腾出更大的资源环境容量和承载力，有效推动区域经济一体化的发展，也是长江中游城市群迫切需要解决的重大课题之一。

其次，在区域合作层面上，长江中游城市群处于起步阶段，三省间还缺乏相应的利益协调机制。长江中游城市群区域合作组织形式较为松散。经高层领导进行了双边互访和多边协商，长江中游城市群建立了合作框架协议，三省政府各有关部门间、市与市之间订立了很多合作协议。但很多合作项目涉及责任主体问题，涉及资金问题，由于缺乏实体性合作推进机构，区域合作很难落到实处，而且对落实合作项目工作也没有明确的问责机制，合作事项落实情况往往不能影响各地政府或省直部门工作绩效，因此有时被摆到边上，得不到应有的重视。与此同时，武汉城市圈、环长株潭城市群、江淮城市群和鄱阳湖城市群各自的一体化处于"打基础"阶段，这就必然使小圈(群)合作远远强于大区位合作，实效性强的合作机制还有待进一步加强。各地出于加快自身发展的考虑，往往从本地区、本城市的利益出发，对长江中游城市群的整体协调发展造成不利影响。在招商引资方面，竞相出台优惠政策，竞相在用地价格和税收方面提供有利条件，一些城市对投资额大的企业甚至免费送地和代建厂房。在跨界基础设施建设和环境治理方面，公路建设尚存在不少断头路和瓶颈路；长江中游航道建设缺乏稳定的投资渠道，投入严重不足。在产业发展方面，各城市分工衔接不够，大多数城市都把汽车及零配件、食品烟草、装备制造、电子信息、石油化工、电子信息作支柱产业，而横向联系层次较低、配套水平不高，不能形成产业集聚效应。在市场方面，区域内部人才、资本、技术等要素资源流动还没有足够畅通。另外，各地保障制度不统一，使得社会保障在区际之间的转移阻碍重重；三省间的科技、教育、人才等资源分散。如何从区域合作共赢发展的角度出发，协调区际利益，建立行之有效的区域联合协作机制，是长江中游城市群健康发展的迫切解决的关键问题。

（二）区域协调问题的三大成因

一是区域经济一体化与行政区划分割矛盾。随着长江中游城市群的建设，区域经济一体化与行政区划分割的矛盾越来越突出：一方面，经济一体化的趋势越来越明朗和紧迫，区域内各城市之间存在着非常密切的人员、资金、物品的流动和信息传递；另一方面，长江中游城市群又是拥有多级、多个行政单元的区域，各级政府主导行政区内的经济发展，每个市、甚至每个镇都是一个经济体，经济运行表现为按行政管辖范围来组织地区经济发展的"行政区经济"（诸侯经济）运行模式。由于经济发展是考核地方政府业绩的重要指标，地方政府动用手中的权力按行政意愿主导经济发展，虽迫于市场化大势减少对经济主体的直接干预，但经济发展中政府的影子仍清晰可见甚至比计划经济时还有所加强。囿于行政区的利益分割，相互毗邻但非隶属关系的城市政府间的协调比较薄弱，由此诱发一系列跨界矛盾。

二是区域一体化过程中存在"市场失灵"。区域一体化是一种渐进均衡化的过程，这一过程往往首先是由市场机制推动的。但在区域一体化过程中，市场机制的某种障碍造成区域资源配置达不到帕累托最优，产生市场失灵的原因有：（1）外部性的存在。外部性问题在区域环境保护中比比皆是，如上游城市发展污染工业而对下游城市直接造成污染，但上游城市并未就这种外部不经济性而对下游城市进行赔偿；又如某些城市大气污染严重，影响了整个区域的大气质量，但并未对区域内其他城市进行赔偿，这些都是外部不经济性问题，由于长江中游城市群是一个大的生态系统，如果各地都无视这种外部不经济性的存在，将导致整个区域环境的恶化。（2）公共产品的存在。区域性基础设施是一种公共物品，就跨省基础设施建设而言，各城市作为消费者在区域性基础设施建设上存在"搭便车"行为，公共物品的供给就会出现低效率，于是就出现了断头路问题。（3）市场机制本身不能够解决社会目标问题。在区域一体化进程中，区域间社会公平目标依靠市场机制是无法实现的，因为市场机制会将资源尽可能地向效率高的地方配置，只有当不平衡发展到相当程度，才会向平衡的方向发展，在市场机制下，区域发展不平衡是绝对的，平衡是相对的。

三是区域一体化过程中的政府宏观调控缺失。针对市场失灵问题，那只有依靠政府宏观调控来弥补市场缺陷，以实现区域资源的最优配置和全社会的福利最大化。存在市场失灵、需要政府进行宏观调控的领域有区域环境保护（存在经济外部性）、区域性大型基础设施建设（公共物品）、区域公平维护（市场机制本身不能够解决社会目标问题）等方面，而目前省级政府对这些领域的跨区域调控能力有限的，缺乏必要的调控手段（资金、法律等），在行政区经济格局下，地方政府恰恰却是需要协调的利益主体。

当前，长江中游城市群发展面临的体制和机制问题与各地方政府的利益驱动、行为缺乏约束密切相关。从长江中游城市群的实际情况来看，存在着双重区际经济联系：一是以各地方政府利益为主体的行政性区际关系；二是以地方企业为利益主体的市场性区际经济关系。在现行体制背景下，由于各级地方政府作为一级利益主体的地位较突出，因而，在客观上行政区际经济关系就掩盖、削弱了市场性区际经济关系，甚至对市场性区际经济关系产生经常性的行政干预，以致影响到区域经济的整合与发展。

三 政府合作的体制机制设计

（一）以共同目标为导向的协调机制创新设计

中国的经济改革正在面临着从原有的摊大饼式的帕累托改进迈向改革分饼机制的卡尔多改进。按照"卡尔多改进"准则，加强中央政府的转移支付力度，协调区域间经济、社会、生态利益调整，深化完善市场机制、合作机制、互助机制和扶持机制，以解决一体化难题为突破口，推动建立健全符合新时期发展要求的区域管理体制与利益调节机制。

1. 区域合作目标和总体要求

共同的目标是区域合作的利益基础。通过整体规划和集成，形成跨省域的经济一体化大城市群，在新型城镇化、拉动内需、创新驱动、流域开发、生态文明等方面探索新路，打造中国经济新的增长极。

——新型城镇化示范区。长江中游地区连接中、东、西三大区域，在全国新型城镇化格局中占据重要地位，积极探索以不牺牲农业和环境资源为代价的新型城镇化道路，坚持新型工业化、信息化、城镇化、农业现代化同步发展，在城市间优势互补、合理分工的基础上，优化城市的功能与结构，提升城市的品位和质量，加大统筹城乡区域发展力度，共同寻求一种城镇基础设施不断完善、综合承载能力不断增强、人居环境不断改善、城乡二元结构深刻改变的新型城镇化实现形式。

——生态文明建设先导区。依托"两型"社会建设和生态文明的试点，从美丽中国的战略高度，积极探索生态与经济协调发展的道路，以水资源合理利用、水环境保护和治理等为重心，为全国大江大湖综合整治和流域综合开发提供示范，努力打造全国生态型城市群的"两型"社会建设的示范区。

——扩大内需的重要战略支点。长江中游城市群居中部地区核心区域，在国内市场体系中处于枢纽地位。以武汉为中心的 4 小时高铁圈内聚集着数亿人口，市场空间广阔。充分利用综合交通运输枢纽地位，集中优势资源，加快自主创新步伐，提高工业化层次与水平，打造我国重要的能源原材料基地、装备制造及高技术产业基地，构建以内需拉动促进经济增长的新模式，成为中部地区的核心区域和支撑地带，在推进中部地区乃至整个国民经济又好又快发展中发挥引领、带动和示范作用。

——国家粮食安全重要保障区。湘鄂赣三省都是国家粮食主产区，也是全国淡水养殖资源最富集的区域。积极开展跨流域、跨区域的共同行动，把优化农业、渔业区划布局与加速推进农业产区的现代化结合起来，大力提高农业、渔业综合生产能力，构建国家粮食安全重要保障区。

推进长江中游城市群区域一体化发展，强化区域合作与发展，基本指导思想应该体现"高起点、多方位、新模式"的总体要求。高起点，即在中国地域分工体系发展过程中，使长江中游城市群成为国内扩大内需的主战场，充分发挥极化和扩散效应，促进全国健康可持续发展。多方位，即形成全方位、多层次、宽领域的对内对外开放格局，各省能够在区域一体化中获取更多发展"红利"，又能在长江中游城市群整体对外开放格局中获取更大发展空间。新模式，即以自主创新、两型社会、生态经济为主题，强化战略合作，构建生态文明体系下的区域合作发展的新模式。

2. 利益协调机制创新重点解决三大问题

总体来讲，利益协调机制要重点解决以下三大问题：

一是如何设计恰当的区域利益协调机构。是设立地区间的联席会或委员会，还是设立一个高于各地区行政级别的管理机构。从国内外的经验来看，有强制约束力的协调机构比无强制约束力的协调机构更有效率。

二是如何建立起利益协调机制，包括利益分享和利益补偿机制。首先要发挥区域内各地区的比较优势，出现利益不一致的时候，按照一定的规则进行协调，做到互惠互利。其次也要注意适当"反哺"欠发达地区，推动欠发达地区成为区域经济发展新的增长极，建立起一种利益分享和利益补偿的机制。

三是如何推进利益协调机制的实施。在平衡区域内不同主体利益的基础上，设计出合理的管理体制、参与主体分工合作机制和开发时序，为契约或者合作规则的真正落实提供技术性支持。

3．利益协调机制创新的总体思路

区域经济利益分享与补偿机制是区域经济协调制度体系中不可或缺的制度安排。在制度层次上不仅包括国家层面的利益分享与补偿，还包括省际或省内城际之间的利益分享与补偿；在内容上不仅包括利益分享与补偿方式和手段的具体制度安排，还包括利益分享与补偿内容的确定、利益分享与补偿基金的筹集和管理，以及利益分享与补偿运行组织结构等具体制度安排。

从追求区域共同利益这一合作原则出发，推进三省政府建立利益共享、沟通有效、决策迅速、信息通达的政府合作模式，以政府合作为基础，以解决一体化难题为突破口，充分整合优势资源，实现整体效益的乘数效应。

一是坚持整体谋划与重点突破相结合。随着我国进入全面建成小康社会决定性阶段和深化改革开放、加快转变经济发展方式攻坚时期，按照长江中游城市群打造新型城镇化示范区、生态文明建设先导区、扩大内需的重要战略支点、国家粮食安全重要保障区的定位，不再是"单打一"的经济类命题，更多的是经济、社会、生态、文化、行政"五维"协同发展的命题，需要在"五维"融合发展中寻找体制机制的制度性突破。在深化改革中寻求城市群健康发展和协调发展新的动力源和增长极，兼顾长远发展和近期着力点，把基础设施一体化和生态环境建设作为优先领域，把推进市场、产业和公共服务一体化作为对接难点，有计划、分步骤实施一批合作事项，争取在关键环节上率先突破。

二是坚持政府推动与市场主导相结合。既要对接国家顶层设计，加强湘鄂赣之间、省市县之间政府协调联动，又要遵循市场规律，切实发挥企业在产业、项目、要素转移等方面的主体作用，调动社会各方面的积极性，形成政府联动、企业主动、民间促动的合力，实现省政府推动与各市推动的结合、政府推动与社会能动的结合、领导协商与部门推进的结合等，形成长江中游城市群发展合力，最大限度地释放协同发展红利。从区域合作的角度形成多边协调关系，形成区域内整体性行动，实现各地区相互之间的联动效应。以利益关系为纽带，按比较利益原则进行合作，集中力量打造共同利益，在充分尊重各地不同利益的基础上，通过强化市场的资源配置功能来扩展地区合作秩序，深化区域分工体系。

三是坚持三省携手与中央支持相结合。湘鄂赣三省按照打基础、管长远的要求，三省携手互补，做到机遇共同把握，资源共同利用，品牌共同打造，市场共同建设，产业共同发展，改革共同推进，共同打造长江中游城市群发展愿景，通过利益协调和利益分享的机制使各地都能从区域合作中获得好处，取得"共赢"局面。与此同时，中央政府要采取积极措施加以引导与推动，围绕投资、金融、财政、税收、土地及人才政策等方面，打破行政区经济限制，克服地方主义思想，整体利益服从局部利益，当前利益服从长远利益，消除区域合作中的各种行政性保护和市场自身无法克服的障碍，实现三省的整体综合实力和竞争力的提升，

四是坚持"分蛋糕"与"做大蛋糕"相结合。区域合作涉及利益调整的问题，利益结构的复杂性，使得改革的难度大大增加。"分蛋糕"就是对既有利益格局的调整，"做大蛋糕"就是携手共创新的增量利益。要以增量利益带动存量利益的调整，新增的利益一定要遵循公平的改革，增量的改革倒逼存量的改革。无论"分蛋糕"还是"做大蛋糕"，都要突出问题导向，大力推进新一轮改革开放，着力破除制约生产要素自由流动和优化配置的体制机制障碍，加大政策措施创新力度，缩小湘鄂赣三省在政策、环境、公共服务等方面的差距，在协同发展中培育长江中游城市群新优势。

在全球化、区域一体化的大趋势下，国家加强区域协调、共同发展的政策导向，区域外部其他地方政府的竞争压力等，要求区域内地方政府积极采取行动，促进相互间合作，实现区域市场的扩大和资源的优化配置，进而创造对区域发展更有利的环境。

（二）借鉴国内外城市群成功经验进行体制机制创新

伴随区域一体化发展的推进，国内外都在积极研究探索构建跨区域一体化体制机制，深化区域间的利益协调，值得我们在推进长江中游城市群建设中认真学习和借鉴。

1. 英国伦敦城市群的政府协调机制

英国伦敦城市群以伦敦—利物浦为轴线，包括伦敦、伯明翰、谢菲尔德、曼彻斯特、利物浦等数个大城市和众多中小城镇，分别属于众多的互不隶属的行政区管辖。1964 年就创立了"大伦敦议会"，专门负责整个大伦敦地区的总体协调发展和管理，这又不可避免地同城区的地方管理机构发生一些矛盾甚至冲突，并且也增加了行政机构和行政成本。20 世纪 80 年代，"大伦敦议会"被撤销了。取而代之的是，大伦敦市被分成 32 个较小的"自治区"（行政管理区）和伦敦市区，实行所谓分块各自管理。1994 年 5 月，英国针对地方发展的战略管理和综合协调中的许多问题，中央政府决定在各个大区域设立政府办公室，伦敦政府办公室作为中央政府在伦敦下派的办事机构，专事伦敦地方层次的战略规划和综合一体化协调发展；随后成立了伦敦规划咨询委员会，作为大伦敦地区协调发展的研究咨询机构。2000 年，进一步成立了大伦敦市政府（Greater London Authority），统辖整个大伦敦地区 32 个自治区和伦敦市区整体协调发展，研究制定伦敦发展战略规划。

2. 美国城市群的政府协调机制

早在 1910 年，美国就将那些由中心城市和其有较高社会经济一体化程度的相邻地区所组成的区域定义为大都市区。目前，已经形成了东北海岸都市群、环大湖都市群、西海岸都市群、墨西哥湾都市群等几个大型的都市群。美国城市群和大都市区的一体化协调管理主要有以下几种办法。一是建立有权威的大都市区政府。为协调区域性矛盾，解决单一城市政府无法解决的问题，有的大都市区在城市政府之上探索建立了具有较高权威性的区域政府。这方面的典型例子有"双城大都市区议会"和"波特兰大都市区政府"。二是地方政府协会。在美国的不少城市群中，产生了多个地方政府之间横向的协会组织，并且得到联邦政府和州政府的明确支持，成为具有官方行政色彩的松散型地方行政法人组织。如 1966 年成立的南加州政府协会，协调的范围涉及洛杉矶县、奥兰治县、里弗赛得县等 6 个县，协会的日常运行经费由联邦和州政府拨款及各协会成员城市缴纳年费解决。三是设立单一功能的特别区或专门协调机构。根据某种特定的管理需求，划出一定的区域范围，设立专门管理机构，实行区域协调管理。这种特定的区域及其专门管理机构在美国统称为"特别区"。目前，美国共有 3.3 万多个特别区。其职能可以概括为两个方面：协调利益冲突和提高资源共享性。四是地方政府之间签订的专项协议。这是美国城市群普遍采用的区域协调方式，主要是在重大公共设施建设、社会治安及环境保护等领域。

3．长三角的城市群政府协调机制

长三角是我国开展区域合作最早的区域之一，目前，形成了决策层、协调层和执行层"三级运作、统分结合、务实高效"的区域合作机制。决策层即"长三角地区主要领导座谈会"，主要是决定长三角区域合作方向、原则、目标与重点等重大问题。沪苏浙皖党政主要领导每年举行会晤、商议，提出推进长三角区域合作的要求及合作重点领域，由一市两省政府分头组织落实。协调层即由常务副省市长参加的"长三角地区合作与发展联席会议"，主要任务是落实主要领导座谈会的部署，协调推进区域重大合作事项。座谈会以轮流做东的形式每年召开一次会议，沟通协商合作领域及合作内容。执行层包括设在省（市）发展改革委的"联席会议办公室""重点合作专题组"以及"长三角地区城市经济合作组"。长三角地区现有交通、能源、信息、科技、环保、信用、社保、金融、涉外服务、工商管理等 10 个重点合作专题组，各专题组的工作由省（市）业务主管部门牵头负责，推进各重点专题领域的具体合作事项；城市组即长三角城市经济协调会，组织架构由成员单位市长联席会议及其常设的日常工作办公室构成，探索和推进城市间、城市与城区间多边及双边合作项目的实施，目前，城市合作组成员单位由原有 16 个城市扩大到现在的 22 个城市。

4．泛珠三角的政府协调机制

泛珠三角的政府协调，主要是设立了三层制度。一是行政首长联席会议制度。内地省长、自治区主席和港澳行政首长联席会议制度。每年举行一次会议，研究决定区域合作重大事宜，协调推进区域合作。二是政府秘书长协调制度。由九省（区）政府秘书长或副秘书长、香港澳门特别行政区政府相应官员参加，负责协调推进合作事项的进展，组织有关单位联合编制推进合作发展的专题计划，并向年度行政首长联席会议提交区域合作进展情况报告和建议。各成员方设立日常工作办公室，负责区域合作日常工作。九省（区）区域合作的日常工作办公室设在发展改革委（厅），香港、澳门特别行政区由特区政府确定相应部门负责。三是部门衔接落实制度。各方责成有关主管部门加强相互间的协商与衔接落实，对具体合作项目及相关事宜提出工作措施，制订详细的合作协议、计划，落实与本部门有关的合作事项。

5．对长江中游城市群的启示

从国内外的理论与实践中，长江中游城市群的区域间利益协调机制的创新可以得到如下启示：

一是要有制度化的议事和决策机制。定期召开三省高层会议，为各地政府就地区经济发展问题进行协商并形成共识提供必要的经常性机制。它既有灵活性(包括在议程安排和方式上的多样性和可调节性)，又有一定的约束力，即任何议程一旦达成共识，形成议程和进行承诺，就有了"隐形压力"，必须完成。

二是要建立起一套功能性机构。除负责日常联络和组织工作的秘书处外，还应设立各种专业委员会和工作小组。它们具有一定的管理、协调、研究分析和组织职能，并越来越具有一定的常设性质。如可设立长江中游城市群区域规划委员会、跨省道路衔接管理委员会等专业或综合职能管理机制。

三是要鼓励建立各类半官方及民间的跨地区合作组织。建立在政府指导下的联合商会和行业协会，大企业联合会和企业联谊会，产权交易联合中心和证券交易分中心等。充分调动企业和社会各界的积极性，促进社会各界广泛参与，和官、产、学、研、民、媒互动，提高社会参与度。

（三）构建推进合作的机制框架

既然经济的空间溢出效应要求突破行政边界刚性约束的羁绊，那么就需要地方政府通过联席会议进行跨界横向协调，即协商机制。由于地方政府的有限理性和市场的不完全性，地方政府自发式的协调不一定能达到省际纳什均衡，这就需要中央政府设立权威仲裁机构进行纵向协调，即仲裁机制。借鉴长三角、珠三角区域合作体制，采取"自主参与、集体协商、共同承诺"的方针，建立"上下联动、双层运作、多方参与"的区域合作体制。

1. 上下联动

长江中游城市群建设是跨地区的系统工程，需要中央与地方、省与市上下联动，共同推进。

一是中央与地方的"上下联动"。在长江经济带上升为国家战略的背景下，尽快成立长江经济带工作领导小组作为工作推进和协调机构，并由总理或常务副总理担任组长，沿江省市一把手担任副组长，小组办公室放在国家发改委，由其具体负责长江中游城市群部际协调的日常工作和对各省的指导工作，不越权管理其辖区内各级政府的日常事务，而只是负责涉及各个辖区之间的区域范围政务，比如说大型水域的环境保护、跨区域的重大基础设施项目等。三省政府加强与国家有关部门的沟通衔接，及时解决一体化发展中的突出问题，共同争取国家政策支持。应由国家发改委牵头制定推进长江中游城市群发展的指导意见及有关规划。

二是省市"上下联动"。长江中游城市群一体化建设中的有关事项，国家已有决策的按决策执行，尚未决策的由三省政府共同决策，三省省直部门和市州有效推进。加强三省规划间的联动实施，注重各省市专项规划的衔接，共同编制和实施相关重点规划。

2. 双层运作

注重行政契约在推动区域协调发展中的重要作用，在区域合作的实践中，行政契约机制一般被称为行政首长联席会议制度，包括各省市及其部门的负责人联席会议，这种会议在协商的基础上所形成的协议就是行政契约。合理确定参与区域协调发展的主体，完善行政契约的程序和内容，提高行政契约在缔结程序上的科学化和民主化程度。

目前，湘鄂赣三省已经签订《加快构建长江中游城市集群战略合作框架协议》，并提出了相关协调机制。在此基础上，建立决策协调层和执行层"双层运作"的区域合作机制，高层领导（省级）沟通协商明确任务，执行层具体协调、推进落实。

一是决策协调层。（1）建立联系会议制度。成立长江中游城市群区域合作领导小组，由湘鄂赣三省党政主要领导轮流作为召集人，每年定期召开一次省际联席会议，明确下一年合作的方向和重点，向国务院、有关部委争取有关政策和项目，就合作中需要解决的重大问题进行集体磋商。（2）建立政府秘书长协调制度。由三省政府秘书长或副秘书长参加，负责协调推进合作事项的进展，组织有关单位联合编制推进合作发展的专题计划，并向年度行政首长联席会议提交区域合作进展情况报告和建议。同时，各成员方设立日常工作办公室，负责区域合作日常工作，三省区域合作的日常工作办公室设在发展改革委。

二是执行层。（1）部门衔接落实制度。各方有关主管部门成立重点合作专题组，在发展规划、重大交通基础设施、市场一体化、产业布局、长江岸线资源利用、生态环境保护与建设、文化旅游、科技教育、社会事业等诸多重要方面，加强相互间的协商与衔接落实，共同争取相应国家部委支持，对具体合作项目及相关事宜提出工作措施，制订详细的合作协议、计划，落实与本部门有关的合作事项。（2）城市经济协调会制度。落实《武汉共识》《长沙宣言》，以省会城市为核心，逐步吸引城市群各地级市组织参与，在自主创新、工业分工协作、扩大内需和市场开放、推进交通基础设施建设、生态文明建设、共建文化旅游强区、公共服务共享、社会保险平台等方面，探索和推进城市间双边及多边合作项目的实施。联合举行重大会展，联合开展传媒推介，联合开展境外招商，塑造长江中游城市群整体品牌。

3．多方参与

强调在跨区域协调发展过程中多元主体的参与，注重发挥政府部门的综合协调作用、企业的资源配置作用、非营利组织的沟通交流作用、专家学者的参谋咨询作用，从而建立起网络状结构的治理协调机制。

提高全社会的参与意识，推动政府扶持与市场运作相结合，多方参与，组建跨地区的民间组织，以民间的力量自下而上地推进长江中游城市群建设，努力形成长江中游城市群一体化发展的强大合力。（1）组建长江中游城市群研究中心，开展关于长江中游城市群发展与合作的课题研究；编撰长江中游城市群发展报告，建立区域发展与合作文献资料库；积极推进长江中游城市群各类学术论坛，为一体化建设提供理论和舆论支持。（2）充分发挥行业组织在区域产业一体化中的积极作用，推进三省行业协会建立稳定的合作交流关系，推进行业经济领域的横向协调、行业内的自律监督。选择城市群关联度强、配套效率高、发展情景广阔的优势产业，成立行业协会联盟，在信息沟通、行业标准的制定、市场的规范等方面加强组织和指导。（3）建立长江中游城市群企业联系会制度，积极推进区域内企业相互考察学习、洽谈合作项目，在共创商机、产品设计研发、市场开拓、经营管理等方面加强协调及协作。（4）加强新闻媒体的互动、联合和交流，对长江中游城市群进行全面、立体、多方位的展示，促进社会各界对城市群建设的认识，为长江中游城市群发展营造良好的舆论氛围。

四 深入推进合作体制机制的创新

（一）空间开发的区域合作机制创新

从长江中游城市群健康发展的视角与全局利益角度出发，深化限制及禁止开发区域利益补偿机制、空间开发区域合作机制等，优化国土空间的开发格局，推进长江中游城市群生产空间集约高效、生活空间宜居适度、生态空间山清水秀。

1. 优化国土空间的开发格局

依据国务院批准的《全国主体功能区规划》《国家新型城镇化规划》和《长江中游城市群发展规划》，建立健全三省规划协调制度，推进三省在基础设施、产业布局、城镇布局、环境保护等规划加强对接，确保空间布局协调、时序安排统一，共同规划实施一批区域重大合作项目。推进省际边界区域开展规划协商，并大力推进编制联合规划。具有区域性影响项目的规划建设，如垃圾填埋场、污水处理厂、污染型项目等可能对相邻地区造成影响的，应当征求相邻地区的规划意见；各城市（镇）边界地区的开发建设，倡导开展城市（镇）之间双边或多边合作，共同组织开展规划编制或专题研究工作。

在各省范围内，进一步明确主体功能区规划的基础性地位和战略性地位，做好国民经济和社会发展总体规划、区域规划、城市规划、土地利用规划、生态环保规划、交通发展规划等以及重大项目布局与主体功能区规划的衔接协调。在市县层次，以国民经济和社会发展规划为依据，以国家和省主体功能区规划为基础，探索将经济社会发展规划、土地利用规划、城镇体系规划合并，编制综合性的"多规合一"规划。

2. 健全区域间利益补偿机制

对于长江中游地区限制开发区域和禁止开发区域，积极构建利益补偿机制。

建立对于限制开发区域的利益补偿机制。通过争取中央加大财政转移支付力度，大力扶持长江中游城市群内的老工业基地城市、矿业（资源）型城市、历史文化名城、革命老区发展。积极推动老工业基地城市和资源枯竭型城市产业发展转型，不断提升城市的服务功能，扩大区域影响，解决就业问题；争取国家资金支持，优先投资技术更新，加快科技改造与技术更新，再创城市竞争力。加强历史文化名城规划管理，严格保护历史文化资源，协调好新城建设与旧城保护，并加强资金、政策等方面的支持。对于大别山、井冈山革命老区，在财政转移支付、基础教育、职业培训等方面予以倾斜；巩固中小城镇的发展地位，使其成为带动贫困地区发展的中心；结合地区特点，发展旅游业、特色农业、农副产品加工工业等。

建立对于禁止开发区域的利益补偿机制。大力推进长江中游城市群国家级水土保持生态功能区建设。积极研究和制定完善水土保持生态补偿的政策措施，通过建立生态补偿基金等多种方式，为此类地区在生态保护上开拓更多的相对稳定的资金来源渠道。在积极争取国家和省水土保持生态建设资金的同时，采取多种形式，鼓励社会各界参与水土保持建设。把小流域综合治理与林果或其他产业开发相结合，力争经济、生态、社会效益同步提高。探索推进生态移民，鼓励居民向城镇集中或其他地区转移。降低人口密度，恢复植被。

3. 深化跨区域合作利益协调

一方面，积极推进沿江城市跨江联动发展。突破行政区划界限，拓展发展空间，推进鄂州—黄州、黄石—散花（黄冈）、九江—小池（黄冈）、洪湖—临湘、岳阳—白螺（荆州）等跨江联动。推进城市交通、供电、供水、通信等基础设施跨江全面对接。以托管或共建的模式，发展"飞地经济"。 合作双方共同组建开发区资产经营公司，进行利益分成，可以将土地折价入股、资金和招商引资项目入股，收益按照股份比例分成。在长江岸线的开发上，坚持共同开发、合作互利的原则，合理规划和利用岸线资源，完善港口码头集疏运体系，实现功能互补、集约高效。

另一方面，大力推进省际边界区域合作发展。一是重点深化咸宁、岳阳、九江"小三角"合作，从跨界流域的治理、边界断头路、边界市场开放等具体项目入手，共同打造长江中游城市群建设的先行区、示范区。推进幕阜山区上升到国家级扶贫开发开放试验区，编制幕阜山重点生态功能区规划，积极争取幕阜山区享受罗霄山片区、大别山片区扶贫攻坚同等政策。二是重点深化洞庭湖生态经济区合作，推进洞庭湖生态经济区向国家申请国家农业生态重点保护区，对农业基础设施建设统一布局；建立统一的洞庭湖生态农业标志和品牌；建立洞庭湖生态经济区农业科技技术联盟；健全粮食主产区利益补偿制度，对洞庭湖生态经济区保障粮食安全所牺牲的发展机遇，争取国家加大对粮食生产补贴力度，提高标准，充分调动农民的种粮积极性；加大中央财政对产粮大县的转移支付和奖励力度。三是深化赣湘边界合作示范区建设。按照江西萍乡与湖南株洲签订《赣湘开放合作试验区战略合作框架协议书》，就交通基础设施、旅游、园区、市场、物流等领域展开全面合作，总体布局为"一区两园"，即在以赣湘开放合作试验区作为一个整体的基础上，先行布局"赣湘开放合作试验区湘东园区"和"赣湘开放合作试验区上栗园区"，后期将朝着一区跨省多园运作模式发展，向实行"共同管理"的区域管理模式迈进，在"赣湘开放合作试验区"平台内，双方将充分利用现有优惠政策，承载对方的所有项目或者优惠政策向对方开放，变互相竞争关系为互相合作关系。

（二）资源开发与合理利用的区域合作机制创新

以区域一体化为目标，不断完善区域合作机制，深化基础设施、信息平台、科教资源、人才资源的合作。

1．充分挖掘和利用长江资源

（1）深化航道及岸线开发协调

充分挖掘和更好地利用长江资源，这是长江中游城市群发展的关键所在。重点围绕长江黄金水道航运资源合理开发利用、长江岸线资源整合等，深化区域合作，合理集约开发资源，避免重复开发资源，遏制资源浪费，使自然资源得到永续利用。

强化沿江城市群的增长极效应，首先要发挥长江"黄金水道"的作用。深化长江航道局与三省交通厅的战略合作，联合推进长江黄金水道中游段开发利用，联合整治长江航道，推进长江中游地区航运干支相通、基本成网，提高通航能力。建议从三峡电力收入中拨付一定比例的资金，用于长江航道建设和养护。建议参照交通运输部普通国道补助标准，对港口的集疏运道路给予专项资金补助。进一步提高长江中游岸线资源使用效率，加强港口规划管理和岸线使用管理，加快做好沿江城市间长江岸线资源的整合、优化和提升工作，为沿江开发和跨江融合腾出宝贵空间。

深化长江航道局与三省交通厅的战略合作，联合推进长江黄金水道中游段开发利用，联合整治长江航道，推进长江中游地区航运干支相通、基本成网，提高通航能力。探索建立"以桥养航"机制，从过江大桥收费中提取基金，用于长江航道建设和养护。进一步提高长江中游岸线资源利用效率，加强港口规划管理和岸线使用管理，加快做好沿江城市间长江岸线资源的整合、优化和提升工作，为沿江开发和跨江融合腾出宝贵空间。

（2）深化内港合作机制

进一步加强与长江三角洲、成渝城市群等港口协作联动，发挥承上启下、通江达海的关键作用，推动上中下游协调发展、沿海沿江沿边全面开放。充分发挥武汉新港启运港政策优势，加强与上海国际航运中心的密切合作，着力引进一批国际采购集团、第三方物流企业和国际航运集团，畅通国际贸易通道。加快以武汉为牵头方的长江中游航运中心建设，加强长江中游地区港口资源整合和重组力度，联合推进武汉新港与九江港、岳阳港、黄石港、荆州港、宜昌港等港口的资产重组和整合，实现中游地区港口共赢，力争将武汉航运中心建设为集先进技术和高效服务于一体的现代化大港。引导要素向沿江聚集，充分发挥武汉国内最大内河港口城市优势，扩大长江中游港口腹地范围，与周边区域合作建设"无水港"。主动接受下游长三角产业辐射，加强与上游成渝区经济合作，促进全流域的联动发展，共同推进长江经济带的一体化建设。

2. 推进交通基础设施共建共享

（1）以耦合理念统筹综合交通发展规划

建立三省基础设施规划协调衔接制度，牢固树立耦合发展理念，立足城市群整体建设高度，统筹规划引导城市群综合交通发展规划，即交通与土地利用、城市规划的耦合；各级政府层面交通规划的耦合，区域交通、圈内交通、中心城市交通等多层次耦合发展，明确各层次交通系统功能定位、发展战略、衔接转换等重点，以形成通达度高、联系快捷的综合交通网络。进一步加强各省高速公路建设方案的统筹协调，推进综合交通枢纽和物流中心逐步实现"无缝对接"。根据各地方交通发展条件和各交通方式适用范围特点，优化综合交通网络结构配置，尤其注重多方式衔接的枢纽功能建设，提高组合效益。

（2）推进跨区域重大交通设施建设

争取国家支持城市群跨区域重大交通设施建设，争取国家将长江中游城市群综合交通运输体系建设纳入国家试点示范，优先安排长江中游地区交通重大基础设施项目，以武汉、长沙、南昌为中心，推进长江中游城市群形成"三角形、放射状"城际交通网络。实现武汉、长沙、南昌之间 2 小时通达，武汉、长沙、南昌与周边城市之间 1—2 小时通达。一是二是建立和不断完善重大项目的协商推进机制，争取国家从金融、信贷、项目审批、土地等方面，对省际"断头路"项目予以优先安排和资金倾斜，完善区域高速公路网络，形成"两横三纵"（两横是沿江综合运输通道、上海至昆明综合运输通道；三纵通道分别是沿京九综合运输通道、沿京广综合运输通道、沿二广综合运输通道）的综合运输大通道。

（3）构建完善区域性交通设施投入分担、效益分享机制

区域性重大交通设施，应逐步构建完善设施共建、运营共担、效益共享的建设、管理机制。跨区域重大交通设施建设、公交线路开通，由途径地区

按比例出资，共同建设和运营。各级政府财政予以优先倾斜保障，充分运用项目融资、政府债券等融资手段，并适度推行市场化经营。在土地要素保障上，积极争取国家、省级层面专项下达都市群重大交通设施建设用地指标，并在都市群层面统筹协调耕地占补平衡。对细化分解的建设任务，确立统一的建设时序和建设标准，纳入各地方重点项目盘子，充分明确和落实要素投入。对交通设施建设中涉及的政策处理问题，应制定统一处理政策，避免因处理标准的差异导致的"断头路"现象。

（4）推进长江中游城市群交通一体化

推进湘鄂赣三省 ETC 联网，加强区域联网收费、公路管理方式一体化，探索建立长江中游统一的 ETC 结算清分制度和体系。协调推进长江中游地区道路集装箱运输市场健康发展，三省共同开展甩挂运输的试点和推广工作，探索建立长江中游城市群甩挂运输联盟。支持省际航空支线发展，采取代码共享等措施，推进城市群异地候机楼建设，共同培育客流市场。整合湘鄂赣三省京港澳、福银、沪昆、沪蓉、沪渝高速客运班线资源，以线路为纽带，推进跨省际运输企业合作，探索组建跨省客运线路公司。推进三省道路客运售票联网系统建设，构建以道路客运站场信息平台为基础的客运售票联网系统，推进跨区域客运售票联网系统和电子客票系统建设。鼓励跨省边界地区相互开通区域公交化班线，逐步实现客运线网的区域融合。

3．推进信息基础设施共建共享

（1）建立信息基础设施建设协调机制

联合开展区域信息基础设施发展战略研究，立足国家确定的区域信息基础设施发展战略，协调长江中游地区城市间信息基础设施发展，加强区域性通信基础设施的规划衔接。推动城市间电信运营商之间的沟通，推进城市互联网络交互中心建设，实现区域内高速交换，增强基础通信的同城效应。逐步探索形成统一的长江中游地区无线电区域监测操作规程、接壤地区重点业务频率协调原则。加强长江中游地区城市间云计算、数据中心的协作共享，促进超算中心的开放共享，继续提高存贮中心、容灾备份系统等信息基础设施的共享水平，推动长江中游地区城市间数据互备工作。

（2）推进"数字长江"建设

完善长江航运数据中心及数据交换平台建设，加快海事、三峡数据分中心以及长江电子航道图数据分中心的建设，推动实现与国家级数据平台和沿江地方港航单位的数据交换与共享。组织研究大数据、云计算、互联网移动通信、北斗卫星导航等前沿技术与航运业务的融合应用，积极推广基于船载终端和手机应用程序(APP)的信息服务。

（3）建立物流信息平台对接机制

建立长江中游城市群内统一的交通信息中心，实现区域内道路交通信息采集、处理和发布的一体化，逐步建立交通信息共享与协调机制。推进区域内的智能交通系统建设，建成与长江中游地区各货物集散枢纽（集散地）联网、与国内外主要物流信息节点相衔接的公共物流信息网络平台，实现智能标签在陆海空口岸及各物流集散节点的普及应用。参与建设长江流域集装箱多式联运 EDI 系统，完善长江中游与长江三角洲口岸信息交换和多式联运信息服务功能。建立区域内车辆出租信息服务平台，利用武汉东西湖区物流货运信息网的平台优势，为长江中游城市群提供全国公路货车信息服务。

4.推进科教资源共建共享

（1）产学研科技联盟机制

结合三省各自的优势和特色，构建若干跨省市的产学研创新联盟。通过"两基模式（基金+基地）"，加速区域科技资源的集聚、流动、辐射与共享。"基地"即新技术开发区，以武汉东湖、长沙、南昌、宜昌、孝感、株洲、湘潭、益阳、衡阳、鹰潭等高新技术产业开发区为重点，打造长江中游城市群新技术园区联盟，共建科技成果转化基地，依托联盟的相关大型技术或项目合作，建设合作示范园、科技园外园等，实现相关产业的技术升级。共同设立"基金"，鼓励三省或地方政府成立共同科技基金，围绕电子信息、生物医药等重点领域，支持开展长江中游地区重大科技联合攻关。推广东湖自主创新示范区经验，符合条件的产学研科技联盟可以申请登记为法人，承担国内外重大科技项目的，财政可以按照相应比例予以配套资金支持。

（2）科技基础条件共建共享机制

一是依托武汉大学、华中科技大学、中南大学、南昌大学等高校和 701、

237

709、650、602 等院所的科技资源，围绕关键技术、共性技术进行联合研究开发，形成优势产业领域的技术创新战略联盟，积极将科技成果转化为国家标准或国际标准。

二是联合推进三省科技资源共享，推进建立大型科学仪器设备协作共用网、长江中游城市群地区科技文献资源共享服务平台建设。建立健全实验室、大型科学仪器设备、科技文献、科技数据等科技资源开放共享和激励机制，引导各类科技资源面向社会提供服务。推广东湖自主创新示范区的做法：财政资金投资或者资助的科技资源开放共享所获收入自行支配。自有资金形成的科技资源面向社会提供服务的，可以按照规定给予奖励。

三是加强科技发展战略研究机构之间研究成果、基础数据及学术的交流与合作，共同解决行业共性关键技术难题。

四是联合开展科技人才引进与培养，加强企业院士工作站等产学研合作基地建设，实现重大产业技术的突破和系统集成。

（3）高等教育资源共建共享机制

一是以武汉大学、华中科技大学、中南大学、湖南大学、南昌大学等重点院校为基础，签订"长江中游城市群高等学校对口支持合作计划"，完善激励政策和措施，鼓励、支持重点院校与区域内的省属普通院校在教学改革、人才培养、学科建设、科学研究、教师队伍建设等方面开展全面对口支持合作。

二是加强"高等学校数字图书馆""高等学校教育教学公共平台""高校产学研合作网上公共服务平台"等教育资源公共平台与共享体系建设，提升长江中游城市群内高等教育的整体水平。

三是开展长江中游城市群示范性高职院校试点建设，大力推进岳阳、九江、孝感、鄂州等职教园教育联动试点，探索建立区域技工院校协作机制，逐步在长江中游城市群地区为经批准设立的技工院校相互间开放就业市场。

二是以信息化为主要内容和载体，在教学、科研和学校管理等方面建立长江中游地区云教育服务平台，实现优质资源的共建共享。

（4）高层次人才智力共享机制

一是促进湘鄂赣三省共建中国科学院院士、中国工程院院士、国家级有突出贡献的中青年专家、博士生导师等高层次人才名录，及时更新，并视情况逐步将人员名录扩大到其他方面的高层次技术人才。

二是各方鼓励本地高层次人才采用柔性流动方式，到他方从事咨询、讲学、兼职、科研和技术合作、技术入股、投资兴办高新技术企业或其他技术服务。

三是以项目合作为主要载体推进高层次人才智力的交流合作，合作项目包括长江中游城市群范围内经济社会发展重大项目的论证、咨询和组织实施，高等院校、科研院所和其他企事业单位的重要科研项目、技术攻关、推广和应用项目。

（三）市场管理的区域合作机制创新

消除区域内阻碍产品和生产要素流动的制度性障碍，充分发挥市场机制在区域合作中资源配置的基础性作用，发挥政府的引导作用，打破地区封锁和行业垄断，推进跨地区投资与产业转移，形成各种商品、服务和要素自由流动的市场网络体系。

1. 平等保护各类市场主体合法权益

深入贯彻国务院出台《国务院关于促进市场公平竞争维护市场正常秩序的若干意见》，以统一市场建设来促进区域经济一体化，实行宽进严管，激发市场主体活力，平等保护各类市场主体合法权益，维护公平竞争的市场秩序，促进经济社会持续健康发展。

加快探索建立统一的区域市场规则体系。继续清理市场经济活动中含有地区封锁内容、妨碍公平竞争的规定及各类优惠政策，促进规则透明、竞争有序。积极探索和改革企业审批方式和制度，尽可能降低市场准入门槛，统一长江中游城市群市场准入政策。推进长江中游地区市场主体登记情况互查机制。建立"长江中游城市群"知名商标保护协作网络，积极探索区域内"知名字号""知名商标""知名商品"联保机制，对区域内的驰名商标企业，建立统一的知识产权保护工作台账，实行定期的信息互动制度。推进湘鄂赣三省地方电子口岸平台逐步实现互联互通和信息共享，形成联网申报、核查和作业的通关协作机制，建立长江中游地区便捷通关企业统一认定标准和管理互认机制。

建立长江中游城市群消费者权益保护绿色通道，实现区域内消费者投诉异地受理，联合调解。根据消费者投诉中的热点、难点问题，适时发布警示、提示，提醒消费者防范消费陷阱，科学、理性消费。

2. 推进市场监管的区域联动

推动湘鄂赣三省监管互认、执法互助，形成权责一致、运转高效的区域市场综合监管体系。运用大数据理念和技术，启动建设协同监管信息共享平台，促进政府行业管理和监管执法信息的归集、交换和共享，推动全程动态监管。加强互联网领域打击侵权假冒工作，建立权利人沟通机制和推行网上交易可疑报告制度。

建立长江中游地区工商行政执法协调机制，在反不正当竞争执法监管、治理商业贿赂、知识产权保护综合监管、市场价格综合监管、打击传销综合治理等方面，增强执法的联动性、统一性，构建长江中游地区规范有序的市场环境。推进跨省边界地区工商部门联合执法，建立工作信息交流、行政执法互动、重大案件沟通、热点问题追踪、重大事项共商的平台。

建立健全部门间、区域间食品药品安全监管联动机制。完善食品药品质量标准和安全准入制度。充分发挥群众监督、舆论监督作用，全面落实食品安全投诉举报机制，涉及跨省市的食品安全问题，三省在第一时间向对方通报，并且开展联合协查工作。建立实施长江中游地区黑名单制度，形成有效的行业自律机制。

3. 推进区域间信用体系互认

推动长江中游地区流通企业信用信息系统的互联互通，实现三省流通企业的行政许可、资质认定、行政处罚、法院判决裁定等信用信息共享。基于组织机构代码和个人身份证号，整合长江中游地区信用信息资源，实现区域内公共信用基础数据库的互联互通、共享查询。建立区域统一的信用服务市场，深化区域信用服务机构备案互认工作，共同规范和促进信用服务市场发展；鼓励信用服务机构跨省市合作和开展业务。

引导商圈或平台型企业，建立对入驻商户和上下游企业的信用评价机制，发布失信企业"黑名单"和诚信企业"红名单"，营造"一处守信、处处受益，一处失信、处处受制"的区域社会诚信发展环境。依托行业协会，建立行业诚信公约、企业诚信守法等级评估互认制等，引导企业增强信用意识，形成守信得益、失信受制的行业氛围。

4．推进人才合理流动

受社会保障制度地区分割、统筹层次低的影响，劳动力、人才在区域的自由流动受到较大制约，人口流动是缩小地区间收入差距的一个关键性因素。因此，长江中游城市群应尽快打破户口制度和其他种种限制政策，促进劳动力流动。

整合三省人才服务机构的优势，三方共建统一的人才服务平台和服务窗口，成立长江中游城市群人才市场。通过在长江中游城市群城市之间轮流举办经常性的交流洽谈会或专场招聘会，为用人单位提供及时、高效、便捷的人才服务。探索建立区域人力资源市场信息化标准，逐步建立标准统一、资源共享的用工需求信息库和劳动力资源信息库。

推进专业技术职务任职资格互认机制。加快出台《长江中游城市群专业技术职业资格认定协议》，对经三省人事行政部门核准的中、初级专业技术资格予以互认，不再进行复审、复评或确认，在聘用待遇、晋升年限要求等方面实现一体化，为实现人才自由流动和人才资源的共享提供基础。

（四）产业与投资的区域合作机制创新

1．建立产业转移的利益共享机制

（1）建立国家层面产业转移的区域利益协调机制

根据《全国主体功能区规划》，长江中游城市群属国家重点开发区域，承担着承接优化开发区域产业转移和限制开发区域人口转移的功能。继续推进湖北荆州、湖南湘南承接产业转移示范区建设，支持江西建设承接产业转移平台，为全国特别是中西部地区就地就近城镇化提供产业支撑。

争取国家政策支持，鼓励承接沿海地区产业转移。根据产业结构演进和高级化的一般路径，产业空间转移通常是从高生产力地区向低生产力地区移动。但是，由于区域之间存在产业生产力梯度，如果生产力水平差距太大，区域产业承对接和融合发展将很难实现。因此，必须加大对有利于提升长江中游城市群产业发展基础的重大基础设施、人力资源开发或人力资本投资、产业技术研究和应用、产业组织等方面的政策支持，提高区域产业之间的承对接和融合能力。

支持长江中游城市群吸引农民工回归创业就业。中西部地区在沿海打工农民工众多，大量农民工返回本地创业，可以有效地承接东部沿海地区产业转移，并成为农业转移人口市民化的主体。支持开发区、工业园区建立农民工创业园，开展技术创新，发展新型产业，推进产学研结合，逐步将科技成果转化为产品，转化为现实生产力。支持有条件的企业，通过股份制改造，吸纳大量返乡人员参股，通过新的项目实现新的创业。同时，大力发展对农民工的职业技能培训。通过不断提升农民工技能，来提高收入水平，进而加速其市民化的进程。引导劳动力就近就地转移就业，促进产业和人口集聚，加快推进"四化"同步发展。

（2）建立长江中游城市群层面产业转移的区域利益协调机制

在产业一体化发展方面，鼓励武汉、长沙、南昌的传统产业生产加工基地向周边城市扩散，周边的企业总部、研发中心向武汉、长沙、南昌集中，实现圈域产业互动协调发展，通过"总部—制造基地"分离布局模式，在中心城市和中小城市之间建立起一条基于产业链不同功能环节的新的分工合作链条。

但"承接地热，转出地冷""承接总部热，转出总部冷"的现象并非个案，特别是在当前全球经济低迷、国内经济增速放缓的背景下，各地政府面临稳定经济增长的较大压力，如何正确处理产业转移与稳定经济增长的关系显得尤为重要。由于"双转移"战略旨在谋求长江中游城市群范围内整体利益最大化，而区域整体利益的最大化必须以资源的区域性配置为前提，并通过产业的区域空间聚集和转移来实现区域资源的优化配置，这必然会打破原有利益分配格局，倘若缺乏有效的利益协调机制，产业转移进程必将受到较大影响。

因此，"双转移"战略的顺利推进在很大程度上依赖于科学合理的区域利益协调机制的构建。建立健全总部经济财税利益分配机制，合理均衡企业总部与分支机构所在地的财税利益分配关系，让相关地区共享企业发展成果，促进相关地区共同支持企业做大做强，促进经济发展提质增效。构建产业基地转移中的"成本共担、利益共享"的利益分配机制，之所以要求双方共担成本是因为产业园区企业在创造税收和产值的同时会带来资源和能源消耗以及环境污染，如果转出地仅仅参与园区经济收益的分享而不承担相应成本，有失公平。因此，应允许转出地在分享园区经济利益的同时，将相应比例的资源和能源消耗纳入转出地的目标责任考核，此外，为了提高产业园区合作共建各方对园区生态环境的重视程度，还可以考虑在环境污染方面实行"谁引进，谁负责"制度，形成对合作共建各方在招商引资过程中生态环保方面的有效约束。

　　2．建立跨地区投资的利益协调机制

　　（1）推进区域经济利益融合

　　协调地方利益，首先有利于推进区域经济中的产业整合。产业结构问题是导致地方利益冲突的重要根源。由于地理位置靠近、交通便利、资源禀赋相近、经济发展水平相当，区域经济圈内产业存在一定程度的"产业同构"现象。但是，产业低水平同构不利于区域经济圈内产业的长远发展。只有产业结构得到调整，才能有效规制地方利益冲突，从而营造出良好的地方间关系，促进和带动整个区域一体化进程。

　　地方利益的协调，特别是产业利益的共享是实现区域合作产业整合的关键。而区域经济的合作优势在于以分工协作的经济联系整合成员的比较优势，在比较优势互补的基础上提升区域竞争力，进而实现区域利益最大化。因此，产业资源整合是实现区域利益共享的核心与关键。作为地理上毗邻的各地区，需找准各自区域发展中的主导产业，以构建区域合理的产业结构。

　　顺应当前国际区域产业分工合作由产业间分工向产品价值链分工转型的演变规律，按照"市场主导、政府推进、优势互补、互利共赢"的原则，大力推动产品价值链分工合作，从旅游文化等容易突破的产业入手，通过产业联盟、园区共建，建立长江中游城市群产业分工协作对接机制，尽快形成有竞争力的区域产业集群。

　　（2）积极推进产业联盟

　　一是制造业合作发展联盟。促进三省高新技术产业、汽车、冶金、石油化学工业等协会合作，建立行业协会合作联盟，传递各类行业信息，使会员单位获得新的商机，提升服务能级和水平，加快形成以武汉、长沙、南昌为中心的高技术产业带，以武汉、南昌为主体的汽车走廊，以武汉、黄石、鄂州、九江为主体的冶金工业带，以九江、武汉、宜昌、荆州、岳阳为主体的化学工业带，以武汉、长沙、南昌为中心的现代加工业走廊。

二是旅游合作发展联盟。建立健全长江中游城市群三省会城市旅游发展合作组织运行机制，逐步吸纳其他城市参与，共推"长江中游城市群旅游区"。打造若干精品旅游线路，构建区域旅游联合体，集中打造"魅力中三角"这一区域旅游品牌。联手推进长江中游地区旅游"一卡通"优惠联票，促进三省的旅游客源互动，实现旅游资源共享。建立游客异地投诉机制，实行"投诉互理、首接负责"。

三是文化产业合作发展联盟。整合公共文化资源，在图书馆、文化馆、博物馆、社区文化活动中心等资源交互集约利用上开展多层面、多形式、宽领域合作。促进湘鄂赣文化市场资源的优化配置与合理流动，建立长江中游地区演出洽谈机制，轮流举办演出业务洽谈会；推进文化企业结成合作联盟，共同开发市场资源，在优势互补中实现联动发展。

四是现代农业合作发展联盟。以长江为主轴，环鄱阳湖、环洞庭湖和环洪湖为重点区域，引导龙头企业以资本运营和优势品牌为纽带，开展跨区域、跨所有制的联合与合作，推进企业兼并重组，培育壮大一批带动农业产业发展的龙头企业，跨区域构建一体化优势农产品产业带和生产基地，跨区域联合推进农业基础设施建设，把长江中游城市群建设成全国最大的优质淡水水产品生产基地和商品基地；以湘鄂赣交界的幕阜山区连片开发为重点，积极推进咸宁、九江、岳阳等地的以竹产业为代表的林业合作。

（3）积极推进园区共建利益分享机制

联合长江中游地区各地有共建合作基础或意愿的园区，建立长江中游园区共建联盟，促进产业梯度转移和产业布局的优化。武汉经济技术开发区与洪湖市政府共建 69 平方公里的新滩新区，主要承接武汉汽车等产业转移，由洪湖市委托武汉经济技术开发区管理 50 年，约定财政增收部分五五分成。在宜昌开发区，也有共建的兴山工业园、五峰工业园、远安工业园等。此外，有黄石跨江与浠水共建的散花"鄂东滨江新区"，都约定了利益分享机制。

但两地都属一省之内，跨省的还很少。2012 年 8 月 17 日，公司全资子公司长沙东湖高新投资有限公司与湖南南庭投资有限公司签署了《出资协议书》，共同投资设立合资公司，合作开发创意产业园项目。合资公司注册资本为人民币 13 900 万元，其中长沙公司现金出资人民币 7 645 万元，占合资公司注册资本的 55%，南庭公司现金出资人民币 6 255 万元，占合资公司注册资本的 45%。收益将按股份比例分配。下一步长江中游城市群应在跨省园区上着力突破，重点可选择九江—小池区域、岳阳—洪湖监利区域、萍乡—株洲区域。

长江中游城市群要建立地区园区共建项目信息库，及时发布园区合作共建相关信息，为长江中游地区乃至全国地区的园区和企业搭建一个寻找合作共建信息及时、准确、真实、有效的信息平台；全面向园区共建联盟成员单位征集合作共建项目意向，完善充实园区共建项目信息库；统一开展项目宣传推介活动，促进各个园区的招商引资；为部分园区和企业提供项目投资信息，提高园区和企业之间的信息沟通强度，增加投资合作机会。

（五）生态建设与环境保护的区域合作机制创新

《全国主体功能区规划》将"长江中游地区"功能定位为两型社会建设示范区，《长江中游城市群发展规划》对长江中游城市群的战略定位之一就是"两型社会建设引领区"。要充分发挥两型社会建设的示范作用，推动长江中游城市群引领全国生态文明建设。拥有丰富水资源的长江中游城市群在全国占据生态战略地位。如何处理好长江中游城市群发展与生态安全格局之间的矛盾，是长江中游城市群迫切需要解决的重大课题。

1. 建立生态建设利益协调机制

（1）共建幕阜山"中国绿心"

长江中游城市群三个中心城市武汉、长沙、南昌基本呈等边三角形分布，幕阜山地区坐落其间，被三市之间的环状高速公路和铁路合围，形成了一个天然的"绿色心脏"地带。由于它是中国最大的"绿心"，同时又处于中部地区，也被学者称之为"中国绿心"。这里是土地革命时期全国六大革命根据地之——湘鄂赣苏区的核心，是中共领导秋收起义和建立县级红色政权最早的地区之一，也是中国工农红军第一面军旗升起的地方。

目前，幕阜山地区经济和社会发展还比较落后，由于各种原因既未列入国家级生态功能区，也未列入国家集中连片特困区，亟需国家政策支持。建议将幕阜山区增补为国家级生态功能区，加大转移支付力度。搞好森林和山地资源保护，推动长江中游城市群建设成为景观优美、生态优良、功能完善、宜居宜业、效益持久的生态网络体系。同时，将原湘鄂赣苏区列为国家级扶贫开发试验区，比照执行赣南中央苏区政策。与"中国绿心"品牌相配套，加快发展生态文化旅游，积极发展生态农业，开发绿色产品，建设绿色城镇，倡导绿色消费，努力将幕阜山地区打造成脱贫致富的先行区、华中地区旅游度假胜地、内陆地区新型能源基地、长江中下游生态安全屏障和绿色农产品生产加工基地。

（2）完善生态补偿机制

按照主体功能区定位，协调区域发展，加强各区域之间合作，对建立生态补偿机制提出了新要求。完善生态补偿机制，首先要建立生态补偿资金机制。由于限制开发区和禁止开发区为资源和环境的保护做出了牺牲，发展速度较为缓慢，因此，优先开发区以及重点开发区应向限制开发区以及禁止开发区进行资金和财政方面的补偿。例如，缴纳一定的生态补偿费和生态补偿税，由政府统一建立制度和规定数额。通过横向与纵向的方式来保证生态补偿机制的构建。针对生态环境保护，根据相关科学理论基础，制定出相应的补偿标准，在制定和实施过程中有法律和制度的保障。其次，生态补偿的部门要多元化，形成较为完整的体系。各部门分工仔细，各司其责，提高生态补偿效率，避免在管理上出现管理交叉、有问题互相推诿的现象。

按照谁开发谁保护、谁受益谁补偿的原则，在森林、湿地、流域水资源和矿产资源等领域，探索多样化的生态补偿方式。建立中央财政主导、地方财政参与的跨区域生态补偿基金，开展下游地区对上游地区、开发地区对保护地区、生态受益地区对生态保护地区的生态补偿试点，逐步在饮用水水源地、自然保护区、重要生态功能区、矿产资源开发和流域水环境保护等方面实行生态补偿。将汉江中下游和鄱阳湖、洞庭湖、洪湖、梁子湖、长湖等重要湿地纳入国家生态补偿试点范围。

2．建立区域环境保护协调机制

（1）建立长江中游地区污染联防联控联席会议制度

加强区域联动，由三省环境保护部相关部门牵头组织，建立长江中游地区污染联防联控联席会议制度，联席会议按照一年或者半年召开一次，共同协调区域内大气污染、水环境污染的一些共同问题。对于区域内的重大环境问题，如跨行政区域环境污染事故、区域环境污染转移等，对涉及区域环境和资源的城市规划、产业项目布局和其他需要环境评估、协商、决策等重大事项进行审查，或提供决策咨询。通过重大环境问题联席会议审查制度，提高区域内环境预警能力，确保区域生态安全。

（2）完善跨界污染联防联治机制

一是建立污染联防联控平台。以地级及以上城市为主，建立"一个区域级平台"＋"三个省级平台"的框架模式，打造区域水环境综合治理、大气污染控制、危险化学品与危险废物管理、土壤污染等生态环境监测网络和联防联控联治平台，建立跨区域流域环境执法合作机制、部门联动执法机制和信息(包括重大环境事件)通报机制，对生态环境的敏感区域、重大环境污染事件、环境保护需求和重点企业环境治理等实现信息共享。

二是建立完善区域常规性联合检查机制、突发性污染事件的事故处置机制和污染防治基础设施的共建共享机制。加强区域内各省（区）水环境功能区划协调，在国家环境保护部的领导下，共同确定跨省级行政区重要河流交界的水质控制断面和标准，建立跨行政区交界断面水质达标交接管理机制。建立完善跨界环境污染纠纷处置与应急联动机制，加强饮用水水源环境安全保障等突发环境事件预防阶段的合作，统筹规划交界区域内的污水收集和处理系统，制定跨省级行政区河流突发性水污染事故应急预案。跨省、跨市、跨县联动，加快洞庭湖、鄱阳湖、洪湖等湖区综合治理。

三是建立危险废物跨省转移污染联防联治协调机制，加强信息共享，适时开展联合监督检查，依法打击跨省非法转移危险废物行为。完善危险废物跨省转移联合监管执法机制、处置利用跨区域服务体系及应急保障机制；开展危险废物处置利用行业准入研究，推进处置利用设施资源共享。

（3）完善区域大气污染联防联控机制

一是开展区域大气污染防治规划和立法。由三省环境保护行政主管部门联手，吸收相关部门和有关专家参加，共同编制实施长江中游地区区域大气污染联防联控规划。推广湖北省立法禁止秸秆露天燃烧和综合利用的经验，全面实施秸秆禁烧工作，通过立法防治大气污染。

二是开展空气质量联合监测和预报。在重点控制区域率先启动 PM2.5 监测和数据发布，在统一监测和评价方法的基础上，建立统一的监测信息发布平台。推进跨省市的空气质量联合预报。

三是针对灰霾的污染控制，建立合作预警机制。结合全国机动车环保检验合格标志管理制度的实施，加快三省"黄标车"和低速载货车的淘汰工作，对机动车污染排放实施统一标识管理。

3．建立节能降耗协调推进机制

（1）健全碳排放权交易机制

目前，全国碳排放权交易试点省（市）有 7 个，湖北是中部地区唯一试点。截至 2014 年底，湖北碳市场成交量占全国总量的 50%以上，在市场参与度、投资者数量和省外引资金额均居全国第一，引资效果初步显现。要充分利用这一大好形势，首先向长江中游地区拓展，提供碳排放指标、准 CDM 项目、碳基金、碳期货等交易的碳金融产品，逐步形成全国碳排放权交易中心和碳金融中心。

支持江西设立中国南方森林碳汇基金，推进碳汇造林和碳减排指标有偿使用交易，支持南方林业产权交易所建成区域性林权交易市场。三省接壤地区有丰富的林地资源、丰富的沼气体系以及水电、风电、太阳能发电等清洁能源项目，可以共同推动我国首个碳排放交易试点县，将通山建成三省边界地区碳排放权交易中心。同时，鼓励新余等区域性碳排放权交易市场建设。

（2）推进跨区域电能交易和新能源应用

促进跨地区电能交易，通过市场化手段，开展"以大代小"等形式的发电权交易，将发电量向高效环保机组集中。探索建立可再生能源电力配额及交易制度和新增水电用电权跨省区交易机制。

推进城市群在新能源汽车、太阳能、生物质能开发、煤的清洁高效利用等领域进行低碳技术合作研究与应用。推广实施合同能源管理技术，鼓励节能公司跨省实施合同能源管理项目。

推进三省统筹规划长江中游地区电动汽车能源供给布局，制定区域电动汽车城际互联充换电设施布点规范，制定统一的运营管理系统技术标准及规范，构建统一的互联运营服务网络和信息系统，实现区域电动汽车充换电服务网络省际互联。

（3）协调统一产业准入门槛

加强长江中游地区产业政策和环保政策的沟通与衔接，联合制定区域性的产业准入门槛，制定并实施共同的行业准入标准。要把治理大气污染和改善生态环境作为长江中游城市群产业结构优化的重要目标，建立统一的区域产业准入和环保政策体系，共同研究制定长江中游城市群承接产业转移准入标准，对单位产品能耗和排污减量等指标提出严格要求，淘汰落后的产能企业和产品；修订鼓励与限制发展的产业目录，确定调整行业清单；协调与统一投资项目的节能评估和审查管理办法。

（六）对内对外开放的区域合作机制创新

在深化国内区域合作，加快推进重点地区的一体化发展进程的同时，优化对外开放格局，协同推进对内对外开放合作，建立利益共享型的开放经济运行模式，实现以开放促合作、以合作带开发。

1. 加强与东部沿海和周边地区互动合作

（1）深化长江经济带的合作发展

统筹建立长江经济带合理的产业转移机制，加快长三角、长江中游城市群、成渝三大城市群中心城市间的功能衔接，着力构建以上海为龙头，武汉、重庆为支撑的多层次长江航运中心。探索重点开发区域承接产业转移有效模式，推进长三角相关产业沿长江向长江中游城市群和成渝经济区有序转移。以长江干线为主轴，以上海、武汉、重庆为中心，建立沿线港口合作机制，促进长江港口联动发展。

（2）加强与其他地区的合作发展

深化与京津冀、关中城市群的合作。积极推进科技领域展开合作，促进东湖国家自主创新示范区与中关村、西安高新区共同探索官产学研一体化创新发展模式。

深化与珠三角的合作。进一步加强与珠三角城市群的合作力度，创新发展模式，鼓励联合协作开发机制，兴建"园中园"，促进资金和技术向长江中游城市群转移。

深化与东北老工业基地的合作。积极与东北老工业基地展开合作，共同探索以深化国有企业改革为重点的体制机制创新，尝试建立接续替代产业扶持机制，促进资源型城市转型。

2. 积极国际交流与合作

依托武汉长江航运中心地位，充分利用长江航运管理的机构——长江航务管理局和长江航道局、长江海事局和长江航运集团等集聚武汉的优势，推进长江与密西西比河、莱茵河、伏尔加河等流域间合作机制，并以此为突破口，推进长江中游城市群走向国际舞台。

（1）与美国密西西比河流域的合作

2012 年 10 月中旬，中美双方在武汉举办"中国长江—美国密西西比河战略合作论坛"（简称"两江"论坛，是定期会议机制，轮流在中美两国举行）。"两江"都高度重视绿色航运发展，但两国的国情不同，航运的现代化程度不一样，航运绿色发展的水平和方式也有很大的不同。密西西比河航运绿色发展创造并积累了很多好的经验，值得长江航运在绿色发展学习借鉴。武汉可以利用定期召开中美长江—密西西比河战略合作论坛，凝聚和增强共识，加强港口建设与运营，展航运服务交流，探索内河航运进出口、物流仓储、加工增值和中转运输服务等业务，提升双方港口航运服务能力。同时，全面推进临港经济发展、港口自由贸易区及综合保税区建设与管理等领域的合作。

（2）开展与莱茵河流域的合作

武汉与法国、德国等莱茵河流域重要国家一直有着重要联系。法国是西方大国中第一个与中国建交的国家，在武汉设有总领事馆，领区范围为整个长江中游地区，并开辟有巴黎至武汉国际航线。武汉与法国近年来合作领域不断扩大、成果不断丰富，尤其是双方自 2010 年签署武汉城市圈可持续发展领域合作意向书以来，在城市规划、公共交通、建筑节能、新型材料等领域合作取得重要进展。在巩固与法国合作的同时，还要与莱茵河流域其他国家加强交流。

（3）与俄罗斯伏尔加河流域的合作

中俄两国领导人提出了加快推动和加强中国长江中游城市群与俄罗斯伏尔加河流域城市群的区域合作。39号文件再次强调"推进中上游地区与俄罗斯伏尔加河沿岸联邦区合作"。武汉与俄罗斯合作已有较好基础，如东风汽车有限公司投资232万美元，在俄设立东汽俄罗斯有限公司；烽火科技与俄罗斯电信服务商携手合作；武汉锐科数通科技公司与俄罗斯合作单位共同运营别尔茨克市有线数字电视等业务；湖北省以东湖高新技术开发区为依托成立"湖北省中俄科技合作中心"，并在莫斯科设立代表处。但是，武汉及长江中游城市群与俄罗斯目前经贸合作的规模不大，且大都以贸易为主，经贸合作过程中也存在很多障碍与问题。从长远和全局看，双方合作潜力巨大、前景广阔，通过两国中央和地方政府的积极推动，构建平台，创造条件，中俄经贸合作一定会有大的突破，特别是在汽车、石化等产业方面合作的空间还非常大。武汉还可以与俄罗斯伏尔加河流域城市群开展环境保护、产业发展、政府贷款、企业投资、技术创新、文化发展等领域合作。还可以举办"中国长江—俄罗斯伏尔加河战略合作论坛"，双方轮流主办。

3．共同打造内陆开放高地

（1）完善长江流域大通关体制

2014年9月，海关总署颁发《关于开展长江经济带海关区域通关一体化改革的公告》，决定启动长江经济带海关区域通关一体化改革，建立区域通关中心，构建统一的申报平台、风险防控平台、专业审单平台和现场接单平台，形成涵盖长江经济带海关通关全流程的一体化管理机制和运行模式，实现长江经济带通关作业一体化。以此为契机，加强长江中游地区口岸通关一体化建设，加快建立大通关电子口岸统一信息平台，推进电子口岸互联互通和资源共享，建立完善的口岸综合服务体系，完善口岸联络协调机制，全面实行"一次申报、一次查验、一次放行"。支持符合条件的地方建立自由贸易区和综合保税区。

（2）畅通对外开放大通道

积极融入海上丝绸之路和丝绸之路经济带开放战略，依托亚欧国际铁路货运大通道、东盟国际大通道，完善区域交通网络，降低货物运输成本，扩大国际贸易。依托长江黄金水道，推进武汉东湖综合保税区、湖南衡阳综合保税区、湘潭综合保税区、岳阳城陵矶综合保税区全面对接上海自贸区，推进长江干线武汉至安庆 6 米航道、武汉至宜昌 4.5 米航道工程建设，加快武汉长江中游航运中心建设进程，把海上丝绸之路延伸到武汉，真正实现孙中山先生的武汉"实吾人沟通大洋计划之顶水点"的宏伟蓝图。围绕"汉新欧"大陆桥，加强长江中游城市群与新疆口岸合作建设，进一步畅通祖国内地与中亚、西亚的陆地通道，开展对中亚、西亚国家的经贸活动和资源开发活动。充分发挥武汉新港启运港政策优势，加强与上海国际航运中心的密切合作，着力引进一批国际采购集团、第三方物流企业和国际航运集团，畅通国际贸易通道。

（3）打造对外交流合作平台

加强政府、企业信息交流，共同打造商务合作平台，实现商务信息互通共享。加快企业跨区域物流总部基地和国际商品交易中心分销平台建设。建立长江中游城市群会展联盟，共同做大做强"中部投资贸易博览会"等会展品牌，完善城市群联合招商和贸易平台，合作开拓国际市场。

（七）基本公共服务的区域合作机制创新

推进区域内基本公共服务等制度规则的对接，逐步实行政策互惠、资证互认、信息互通，深入推进新型城镇化，创造有利于区域合作的社会政策环境。

1. 推进公共服务资源共享

（1）推进政务信息互联互通

信息经济学认为，达到帕累托效率最优状态的条件是完全信息。区域经济主体的行为决策是否有利于双方（多方）合作的展开，同样依赖于区域之间信息是否具有对称性。为了使区域间的资源配置达到最优状态，首先要克服区域间信息不对称的缺陷。因此，这就要求长江中游地区之间的经济政策和相关措施等政务信息尽可能公开透明，最大限度地增加区域经济合作中的可预测性，减少由于相互信息封锁而导致的区域合作风险，建立政务信息共享机制，推动政府门户网站的互连互通与信息友好交换，共同提高区域政务决策管理和服务水平。

（2）推进社会保障制度相互衔接

建立和完善劳动保障、医保、公积金管理等业务系统的互联和信息资源集成，建立三省社保卡管理模式的转换机制以及数据转换平台。拓展社会保障信息服务系统的应用，注重在社会保障卡上汇集多种政府服务管理功能，逐步实现"一卡多用"，进一步优化社保卡使用环境。探索实施异地就医结算和"医保直通车"制度，实现区域内异地就医与本地就医同比例报销。建立新型农村合作医疗跨省结算机制，逐步实现参合农村居民信息资源互联共享、定点医疗机构互认和跨区域实时监管，建立参合患者异地就诊协同管理机制。

建立医疗卫生联动共享的体制机制。一是积极推进长江中游城市群医疗卫生信息系统建设。以网络联结长江中游城市群各级卫生行政部门、公共卫生应急指挥机构、疾病控制机构、医疗机构和中心血站等，为医疗救治和突发公共卫生事件处置提供实时信息平台。二是创新长江中游城市群医疗资源共享机制。鼓励长江中游城市群内的大医院通过兼并、托管和入股等方式，参与本省及其他省的医院经营管理，推进人才流动、技术设备共享和医疗协作。推进实施长江中游城市群医院对接制度，对转诊病人互认检查结果，凭转诊单直接入院。

建立社会保险关系跨区域衔接的体制机制。一是探索建立异地领取养老金资格认证机制。推进三省各级社保经办机构间协调，共同开发异地协助资格认证网上操作系统，建立异地协助资格认证信息传递的共用平台。对异地居住的企业离退休人员、享受社会保险供养待遇人员等对象，其养老保险待遇资格认证以方便服务对象为原则，由其居住地社保经办机构或街道（乡镇）劳动保障工作机构办理，并定期通报反馈。二是建立健全医保跨省报销机制。积极建立长江中游城市群异地就医结算机制，逐步实现异地就医医疗费用联网结算，完善异地就医管理服务，探索建立参保地委托就医地进行管理的协作机制。

（3）推进公共文化资源共享

支持"中三角演艺联盟""中三角公共图书馆联盟""非物质文化遗产联盟"发展，加快省市级图书馆和高校图书馆电子数据交换，实现电子文献信息资源共享；共同发展区域远程教育和网上学校，实现数字图书馆、资料馆、档案馆和音像馆的互通互用。

2．推进土地与户籍改革对接联动

（1）稳妥规范推进人地挂钩试点

《国家新型城镇化规划（2014－2020 年）》提出"探索实行城镇建设用地增加规模与吸纳农业转移人口落户数量挂钩政策"。从发挥规模效应对经济增长的推动力的角度来说，推进长江中游城市群率先打破地区间的市场分割，通过改革户籍制度和农村土地产权制度，促进劳动力的跨地区流动。推进长江中游城市群土地的再配置要与户籍改革联动，对于吸纳异省农业转移人口较多的迁入地城镇，根据吸纳农业转移人口的数量，适度增加建设用地供给，从而提高城市化和经济集聚的水平。

土地和户籍制度的联动改革还需要配合地方政府官员绩效的考核体制改革。如果实现了劳动力跨地区的自由流动和土地指标的跨区域再配置，那么，势必造成人口转出地区的经济总量增长相对较慢，如果地方官员的绩效考核基于地区的经济总量增长绩效，那么，区域合作将得不到较落后地区的支持。因此，探索推进对官员考核体制做出大的调整，可以在考核体系中同时兼顾人均 GDP（或人均收入）的增长和 GDP 总量的增长，在地方政府官员的考核体制中更多加入公共服务和民生的指标，从而避免地方政府阻碍区域协调发展战略的实现。

突破土地规划的行政区域限制，在国家相关部门的协调下，制订长江中游地区土地利用总体规划，从而增强长江中游城市群地区经济的整体竞争能力。探索在长江中游城市群实施城镇建设用地增加与农村建设用地减少相挂钩、城镇建设用地增加规模与吸纳农村人口进入城镇定居规模相挂钩、新增城镇建设用地指标与当地土地开发和整理数量相挂钩等"三挂钩"政策。通过区域间横向的财政转移支付等措施，推动长江中游城市群内建设用地指标跨区域交易。

（2）建立农业转移人口市民化成本分担机制

现在长江中游城市群中小城市和小城镇户籍基本放开。由于这些城镇大多数聚集功能较弱，农民工落户意愿不强。而其愿意落户的省会城市和大城市，虽然产业承载能力和吸纳就业能力强，但由于公共服务负担等多种因素影响，致使农业转移人口市民化步伐缓慢。由于农业转移人口市民化给当地带来的收益远低于支出，地方政府推进农业转移人口市民化的动力不足，如果不能为转移人口提供同等的公共服务保障，单纯户籍形式上的市民化就没更多实质意义。深入推进湖北武汉、孝感、仙桃、宜城，湖南株洲、资兴和江西鹰潭新型城镇化试点，探索建立农村转移人口市民化成本分担机制。农民工市民化的公共成本主要有：子女的义务教育支出；保障性住房支出，社会保障费用（城镇职工基本养老保险、基本医疗保险和基本失业保险）等。对于自愿退出农村土地权益的农业转移人口市民化中的公共成本，需要由中央政府、省级政府和县市政府来共同分担。

中央政府责任：中央政府主要承担跨省农业转移人口市民化的公共成本，重点在义务教育、医疗卫生、就业扶持、社会保障等方面，加强对农业转移人口流入省份的补助，并对流入地保障房建设及相关配套用地指标进行保障。具体可通过财政专项转移支付，将中央财政原先对流出地义务教育、医疗卫生、就业扶持、社会保障等方面的补助，按照农业转移人口市民化的实际规模转移到流入地，中央政府并对城镇建设用地指标，按照各地的流出与流入的人口规模，进行省际统筹调配。

省级政府责任：一方面，省级政府通过财政配套，为跨省迁移的农业转移人口公共服务投入分担部分成本。另一方面，重点对省内跨市县迁移的农业转移人口公共服务投入提供支持。具体可建立农业转移人口市民化专项资金，通过省级财政转移支付的方式，对本省籍的农业转移人口在省内跨区转移提供公共服务支持，重点在义务教育、医疗卫生、就业扶持、社会保障等方面，加强对农业转移人口流入地的补助，并做好相应的保障房建设及其配套用地指标的调配工作。

县市政府责任：这里的县市政府指农业转移人口流入地政府，主要承担农业转移人口市民化过程中城市扩张所引发的市政基础设施以及功能设施的建设成本，按照当地的公共服务标准，对跨省、跨市县迁移农业转移人口的公共成本，如义务教育、医疗卫生、就业扶持、社会保障等，负责中央财政、省级财政补贴之后不足部分的投入，并承担本辖区内农业转移人口市民化的公共服务支出，以及保障房、城市设施建设和公共管理等方面的成本。

参考文献

［1］汪阳红.优化国土空间开发格局的体制机制研究.经济研究参考，2012 (49).

［2］汪伟全.区域经济圈内地方利益冲突与协调:以长三角地区为例.上海：上海人民出版社，2011.

［3］陈湘满.论流域开发管理中的区域利益协调.经济地理，2002（9）

［4］孙海燕.区域协调发展机制构建.经济地理，2007（3）.

［5］方创琳.中国城市群形成发育的政策保障机制与对策建议.中国人口·资源与环境，2011（10）.

［6］彭荣胜．区域经济协调发展的内涵、机制与评价研究．河南大学博士论文，2007.

［7］赵峰，姜德波．长三角区域合作机制的经验借鉴与进一步发展思路.中国行政管理，2011（2）.

［8］卫鹏鹏.中国区域经济协调发展机制研究.中国地质大学出版社，2009.

［9］秦尊文.武汉城市圈的形成机制与发展趋势，中国地质大学出版社，2010

［10］秦尊文.第四增长极：崛起的长江中游城市群，社会科学文献出版社，2012.

［11］魏后凯 成艾华.携手共同打造中国经济发展第四极——长江中游城市群发展战略研究.江汉论坛，2012（4）.

后 记

　　为贯彻党中央、国务院关于加快培育长江中游城市群的指示精神，落实《国家新型城镇化规划 2014—2020》和国务院《关于依托黄金水道推动长江经济带发展的指导意见》，2014 年 7 月，受湖北省人民政府和中国社会科学院委托，中国城市经济学会启动了"长江中游城市群发展战略研究"课题。

　　该课题开展以来，中国社会科学院院长、党组书记王伟光，湖北省委书记李鸿忠，多次听取汇报，指导调研工作；中国社会科学院副院长李培林、湖北省委常委、宣传部部长尹汉宁等领导，给研究工作以强有力的领导和支持。根据中国社会科学院和湖北省委、省政府主要领导同志的指示，组成了以中国社会科学院副秘书长、中国城市经济学会会长晋保平，湖北省委副秘书长姚仲凯，省政府副秘书长程用文为组长，中国社会科学院城环所所长潘家华、湖北省委宣传部副部长喻立平和湖北省社会科学院院长宋亚平为副组长的调研工作组，组织实施课题调研工作。

　　2014 年 7—10 月期间，中国城市经济学会组织相关学者组成"长江中游城市群发展战略研究"课题组，根据研究需要，课题组成员由中国社会科学院相关研究所和湖北省社会科学院、湖南省社会科学院、江西省社会科学院等单位的经济学、社会学、政治学、政策与环境保护等领域专家学者组成。在调研过程中，课题组选择了 5 个重点领域和 81 个重点调研问题，对湖北、湖南、江西三省的武汉、荆州、襄阳、咸宁、黄石、岳阳、长沙、南昌、九江等 12 个城市和工业、农业、港口、开发区等 47 个重大项目进行实地调研，召开座谈会 18 次，举办专题研讨会 8

次。

2015年4月8日，由中国社会科学院和湖北省人民政府联合主办，中国城市经济学会、中国社会科学院城市发展与环境研究所、湖北省社会科学院承办的"长江论坛"在湖北省武汉市东湖宾馆举行。出席论坛的有国家发展和改革委员会、国土资源部、国家环保部、中国社会科学院、湖北、湖南、江西等国家部委和省的领导和专家，来自全国各地的部分高校和科研院所的学者，两百余人。在这次以长江中游城市群发展战略研究为主题的高端论坛上，第十届全国政协副主席、中国工程院主席团名誉主席徐匡迪，湖北省委书记李鸿忠，中国社会科学院副院长李培林，湖北、湖南、江西、上海和四川等省市的专家，湘鄂赣三省有关部门及市县领导，围绕长江中游城市群发展的新模式、新机制、新途径等主题，进行了演讲、发言和点评。

"长江中游城市群发展战略研究"课题组的专家也应邀在论坛上报告了阶段成果。中国社会科学院、湖北省委、省政府主要领导高度认同课题组的研究成果，建议论坛结束后，要进一步完善研究报告，形成针对性强，给中央提供可操作的政策建议，并正式出版研究报告，服务社会需要。

本课题研究所列重大问题，实现领衔专家负责制。领衔专家有：晋保平（整体设计），魏后凯（第一章），黄群慧（第二章），夏杰长（第三章），潘家华（第四章），秦尊文（第五章和第六章）。中国城市经济学会秘书长梁本凡研究员对各专题内容的汇集整理做了大量工作。统稿工作由秦尊文和梁本凡完成。中国城市经济学会会长晋保平和副会长潘家华审定了书稿。

本课题研究的完成，得到了湖北省人民政府和中国社会科学院的联合资助；得到了国家有关部委、湖北省、湖南省、江西省以及调研涉及城市与部门的指导和配合；得到了中国社会科学院科研局、城市发展与环境研究所、农村发展研究所、工业经济研究所、财经战略研究院和湖北、湖南、江西三省社会科学院领导和专家的大力支持。

课题组的全体调研人员不辞劳苦，严谨认真，做了大量深入细致的分析研究工作。各报告领衔专家和执笔学者大胆探索，反复论证，数易其稿。中国城市经济学会秘书处的全体工作人员出色地完成了课题研究中的各项组织、协调、服务及后勤保障工作，为课题研究的顺利完成提供了高效优质的服务支撑。中国社会科学出版社张林编审细致负责的工作态度和敬业精神，令人钦佩。在此，作者谨对上述各方的指导、支持、帮助、努力和奉献，表示衷心的感谢。

2015 年 6 月 20 日